PREFACE

모의시험은 다음 연도 변호사시험을 대비할 수 있는 가장 중요한 가늠자 역할을 수행 한다고 생각합니다. 이에 도서출판 인해는 최근 실시된(2025.10.17.~21) 제3차 모의시험(법전협 주관)에 대한 해설을 완성하여 『유니온 2025년도 제3차 변호사시험 모의시험 기출문제집』(사례·기록형)을 출간하게 되었습니다. 그 특징을 간단하게 살펴보면 다음과 같습니다.

첫째, 변호사, 강사, 그리고 전문연구원들로 구성된 연구진이 반복된 집단토론과 교차검토를 통해 가장 신뢰할 수 있는 해설을 완성하였습니다.

둘째, 채점기준표를 반영하였을 뿐만 아니라 실전 답안지 분량의 명쾌한 해설이 될 수 있도록 콤팩트한 해설을 지향하였습니다.

셋째, 사례형의 경우 전체 목차와 핵심키워드를 파악할 수 있도록 서두에 '개요'을 제시하였으며, 기록형의 경우 '메모장'을 제시함으로써 실전 감각을 극대화할 수 있도록 노력하였습니다.

모쪼록 본서를 통해 시험을 준비하는 모든 분들에게 합격의 영광이 있기를 간절히 바랍니다. '도서출판 인해' 역시 더 좋은 교재를 만들기 위하여 노력을 멈추지 않을 것임을 약속드립니다.

또한 이 책이 출간되기까지 세심하게 신경써주신 도서출판 인해 사장님과 예쁘게 편집해주신 이진희, 오나경, 김다솜 디자이너에게도 감사의 마음을 전합니다.

2025.10.

MGI 메가고시 연구소 대표 백현관

UNION 만족도·평가도·판매량 **1위**

2025년도 제3차
변호사시험 모의시험 기출문제집

공법·형사법·민사법

사례·기록형

CONTENTS

사례형

공　법 ----- 009p

형사법 ----- 041p

민사법 ----- 069p

기록형

공　법 ----- 135p

형사법 ----- 205p

민사법 ----- 277p

2025년도 제3차
변호사시험
모 의 시 험
기출문제집

공법 · 형사법 · 민사법

사례형

2025년도 제3차
변호사시험 모의시험 기출문제집

사례형

공법

2025년도 제3차 변호사시험 모의시험-논술형(사례형)

시험과목	공법(사례형)	응시번호		성 명	

응시자 준수사항

【공통사항】
1. 시험 시작 전 문제지의 봉인을 손상하는 경우, 봉인을 손상하지 않더라도 문제지를 들추는 행위 등으로 문제 내용을 미리 보는 경우 그 답안은 영점으로 처리됩니다.
2. 시험시간 중에는 휴대전화, 스마트워치, 무선이어폰 등 무선통신 기기를 비롯한 전자기기를 지녀서는 안 됩니다.
3. **답안은 반드시 문제번호에 해당하는 번호의 답안지**(제1문은 제1문 답안지 내, 제2문은 제2문 답안지 내)**에 작성**하여야 합니다. 즉, 해당 문제의 번호와 답안지의 번호가 일치하지 않으면 그 답안은 영점으로 처리됩니다. 다만, 수기로 작성하는 답안지에 한해 답안지를 제출하기 전 시험관리관이 답안지 번호를 정정해 준 경우에는 정상적으로 채점됩니다.
4. 답안지에는 문제 내용을 쓸 필요가 없으며, 답안 이외의 사항을 기재하거나 밑줄 기타 어떠한 표시도 하여서는 안 됩니다.
5. 지정된 시각까지 지정된 시험실에 입실하지 않거나 시험관리관의 승인 없이 시험시간 중에 시험실에서 퇴실한 경우, 그 시간 시험과 나머지 시간의 시험에 응시할 수 없습니다.
6. 시험시간 중에는 어떠한 경우에도 문제지를 시험실 밖으로 가지고 갈 수 없고, 그 시험시간이 끝난 후에는 문제지를 시험장 밖으로 가지고 갈 수 있습니다.

【IBT 방식】
1. 시험시간은 프로그램에 의해 자동 시작, 종료되며 시험이 종료되면 답안을 수정하는 등 답안 작성을 일절 할 수 없습니다.

【수기 방식】
1. 답안은 흑색 또는 청색 필기구(수성펜이나 연필 사용 금지) 중 한 가지 필기구만을 사용하여 답안 작성란(흰색 부분) 안에 기재하여야 합니다.
2. 답안지에 성명과 수험번호 등을 기재하지 않아 인적사항이 확인되지 않는 경우에는 영점으로 처리되는 등 불이익을 받게 됩니다. 특히 답안지를 비워 다시 작성하는 경우, 성명 등의 기재를 빠뜨리지 않도록 유의하여야 합니다.
3. 답안을 정정할 경우에는 두 줄로 긋고 다시 써야 하며, 수정액·수정테이프 등은 사용할 수 없습니다.
4. 시험 종료 시각에 임박하여 답안지를 교체했더라도 시험시간이 끝나면 그 즉시 새로 작성한 답안지를 회수합니다.
5. 시험시간이 지난 후에는 답안지를 일절 작성할 수 없습니다. 이를 위반하여 **시험시간이 종료되었음에도 불구하고 계속 답안을 작성할 경우 그 답안은 영점으로 처리됩니다.**
6. **배부된 답안지는 백지 답안이라도 모두 제출**하여야 하며, **답안지를 제출하지 아니한 경우 그 시간 시험과 나머지 시험에 응시할 수 없습니다.**

법학전문대학원협의회
THE ASSOCIATION OF KOREAN LAW SCHOOLS

제 1 문

 2023년 하반기 서울 등 주요 도시 주택 가격이 급상승하고 부동산 시장이 과열되자 정부는 투기수요 차단을 위해 당시 주택담보인정비율(LTV) 40%보다 강력한 규제가 필요하다고 판단했다. 이에 금융위원회위원장은 2023. 12. 18. '투기지역 및 투기과열지구 내 시가 20억 원 초과 아파트에 대한 주택구입용 주택담보대출 금지조치'(이하 '이 사건 대출금지조치'라 한다)를 2023. 12. 19.부터 시행하도록 하는 금융행정지도 공문을 각 시중은행에 보냈다. 1년 이내 관련 고시개정을 예고하고 미준수시 불이익은 없으나 고시 개정 전이라도 자발적으로 준수할 것을 요구하며 그 이행여부를 확인하기 위한 현장점검반을 운용한다는 내용이었다.
 투기과열지역인 경기도 과천시 한 아파트단지에 시가 20억 원 초과 아파트 1채를 보유한 甲은 2023. 12. 1. 같은 단지 내 더 넓은 평형의 아파트 1채에 대한 매수계약을 체결하고 부족한 매매대금 지불을 위해 2023. 12. 20. 보유 아파트를 담보로 A은행에 주택담보대출을 신청하였으나 이 사건 대출금지조치를 이유로 거절당했다.
 이에 甲은 2023. 12. 30. 이 사건 대출금지조치로 인한 기본권침해를 주장하면서 헌법재판소법 제68조 제1항에 의한 헌법소원심판을 청구하였다. 금융위원회위원장은 2024. 5. 16. 이 사건 대출금지조치 관련 내용을 은행업감독규정에 반영하였다.
 한편, 2025년 5월초 과천 지역에 치명적인 코로나19 변종 바이러스의 대규모 유행 조짐이 보이자 과천시장은「감염병의 예방 및 관리에 관한 법률」(이하 '감염병예방법'이라 한다) 제49조 제1항 제2호에 근거하여 2025. 5. 5.부터 5. 18.까지 2주일간 과천시 모든 실내체육시설 내 집합을 금지하는 행정명령을 발령하였다. 과천시에서 소규모 실내체육시설(헬스장)을 운영하는 乙은 위 행정명령으로 사실상 영업을 할 수 없게 되었고, 정부의 현금·금융지원정책만으로는 피해회복이 어려웠다. 乙은 감염병예방법 제70조 제1항(이하 '이 사건 손실보상조항'이라 한다)이 감염병환자등이 있는 장소나 감염병병원체에 오염되었다고 인정되는 장소에 대하여 폐쇄, 출입금지 등 조치로 인한 손실의 경우와는 달리, 감염병을 예방을 위한 집합금지조치로 인한 손실에 대하여는 손실보상규정을 두지 않은 것이 평등권을 침해한다고 판단하였다.
 이에 乙은 2025. 6. 2. 이 사건 손실보상조항에 대하여 헌법재판소법 제68조 제1항에 의한 헌법소원심판을 청구하였다. 그 후 2025. 7. 2. 감염병예방법 제49조 제1항 제2호에 따른 조치로 인하여 발생한 손실을 보상하는「소상공인 보호 및 지원에 관한 법률」개정안이 제정·공포되었다.

1. 甲의 헌법소원심판청구의 적법요건 중 심판의 대상성에 대하여 검토하시오. (15점)

2. 이 사건 대출금지조치에 의해 제한되는 甲의 기본권을 특정하고, 해당 기본권이 법률유보원칙 및 과잉금지원칙에 위배하여 침해되는지 검토하시오. (35점) (평등권은 논외로 함)

3. 이 사건 손실보상조항이 乙의 평등권을 침해하는지 검토하시오. (20점)

4. 한편, 과천시장은 민원인의 이용 편의 등 효율적인 주차장 관리를 위해 청사 경내에 위치한 행정재산인 부설주차장을 위탁운영하기로 결정하고, 「공유재산 및 물품관리법」에 의거하여 위탁관리용역 운영계약(이하 '위탁계약') 공개 입찰공고를 하였다. 입찰 결과 丙이 낙찰자로 결정되었고, 과천시장은 丙과 계약기간 2년, 연사용료 1억 원 등을 내용으로 하는 위탁계약을 체결하여 부설주차장 운영자 결정 절차가 완료되었다. 그 후 丙이 납부기한까지 사용료를 납부하지 않자 과천시장은 위탁계약을 해지하였다. 그런데 丙이 계약 해지 이후에도 수개월 동안 부설주차장을 무단으로 점유하고 이를 계속 운영하자, 과천시장은 무단점유 기간에 대한 변상금부과처분을 하였고, 丙은 이를 납부하였다.

(※ 아래 각 설문은 독립적임)

(1) 丙은 부설주차장 위탁계약 해지에 무효사유인 하자가 있음을 주장하며 이를 소송상 다투고자 한다. 丙이 제기해야 하는 소송을 설명하시오. (15점)

(2) 변상금부과처분에 취소사유인 하자가 있었고, 이를 이유로 丙은 이미 납부한 변상금 상당 금액에 대한 부당이득반환청구소송을 제기하였다. 丙은 승소할 수 있는가? (단, 변상금부과처분에는 불가쟁력이 발생하였음) (15점)

참조조문 bar examination

※ 아래의 법령 중 일부는 가상의 것으로, 이와 다른 내용의 현행 법령이 있다면 아래의 법령을 현행 법령에 우선하는 것으로 할 것

「은행법」

제34조(건전경영의 지도) ① 은행은 은행업을 경영할 때 자기자본을 충실하게 하고 적정한 유동성을 유지하는 등 경영의 건전성을 확보하여야 한다.
② 은행은 경영의 건전성을 유지하기 위하여 다음 각 호의 사항에 관하여 대통령령으로 정하는 바에 따라 금융위원회가 정하는 경영지도기준을 지켜야 한다.
1. 자본의 적정성에 관한 사항
2. 자산의 건전성에 관한 사항
3. 유동성에 관한 사항
4. 그 밖에 경영의 건전성 확보를 위하여 필요한 사항

「은행법 시행령」
제20조(경영지도기준 등) ① 법 제34조 제2항에 따른 경영지도기준에는 다음 각 호의 사항이 포함되어야 한다.
1. 국제결제은행의 기준에 따른 위험가중자산에 대한 자기자본비율 등 은행의 신용위험에 대응하는 자기자본의 보유기준에 관한 사항
2. 대출채권 등 은행이 보유하는 자산의 건전성 분류기준에 관한 사항
3. 신용공여를 통합하여 관리할 필요가 있다고 인정하여 금융위원회가 정하여 고시하는 자에 대한 신용공여 관리기준에 관한 사항
4. 유동성부채에 대한 유동성자산의 보유기준에 관한 사항
5. 그 밖에 은행 경영의 건전성 확보를 위하여 금융위원회가 정하여 고시하는 사항

「은행업감독규정」(2024. 5. 16. 금융위원회고시 제2024-5호)
제29조의2(주택담보대출에 대한 리스크관리) ① 은행은 주택담보대출 취급시 법 제34조에 따라 경영의 건전성이 유지되도록 <별표6>에서 정하는 담보인정비율, 총부채상환비율, 기타 주택담보대출 취급 및 만기연장에 대한 제한 등을 준수하여야 한다.
② 금융감독원장은 은행의 경영건전성 등을 감안하여 긴급하다고 인정하는 경우 <별표6>에서 정한 담보인정비율 및 총부채상환비율을 10퍼센트포인트 범위 이내에서 가감조정할 수 있다. 이 경우 금융감독원장은 그 내용을 지체 없이 금융위원회에 보고하여야 한다.

<별표 6> 주택관련 담보대출에 대한 리스크관리기준
제1장 총칙
1. (용어의 정의) 이 기준에서 사용하는 용어의 정의는 다음과 같다.
  버. "초고가아파트"라 함은 시가 20억원을 초과하는 아파트를 말한다.
제5장 주택관련 담보대출 취급 제한 및 유의사항
8. (투기지역 및 투기과열지구 내 초고가아파트 구입 목적 주택관련 담보대출 취급제한) 은행은 투기지역 및 투기과열지구 소재 초고가아파트를 구입할 목적으로 주택 담보대출(주택관련 수익증권 담보대출을 포함한다)을 취급할 수 없다.

「금융규제 운영규정」(국무총리훈령)
제2조(정의) 이 훈령에서 사용하는 용어의 뜻은 다음 각 호와 같다.
  4. "금융행정지도"란 금융위원회 또는 금융감독원이 금융회사등의 경영건전성을 확보하고 금융소비자를 보호하는 등 금융행정의 목적을 달성하기 위하여 금융회사등의 자발적인 협력에 기초하여 그 금융회사등에 일정한 행위를 하거나 하지 아니하여 줄 것을 요청하는 행위(조문의 형식으로 하는 행위 등 일반적이고 추상적인 형식으로 하는 행위를 포함한다)를 말한다. (단서 생략)

제7조(금융행정지도의 원칙) ④ 금융위원회 및 금융감독원은 금융회사등이 금융행정지도에 따르지 아니하였다는 것만을 이유로 하여 불이익한 조치를 하여서는 아니된다.

「감염병의 예방 및 관리에 관한 법률」

제1조(목적) 이 법은 국민 건강에 위해(危害)가 되는 감염병의 발생과 유행을 방지하고, 그 예방 및 관리를 위하여 필요한 사항을 규정함으로써 국민 건강의 증진 및 유지에 이바지함을 목적으로 한다.

제47조(감염병 유행에 대한 방역 조치) 질병관리청장, 시·도지사 또는 시장·군수·구청장은 감염병이 유행하면 감염병 전파를 막기 위하여 다음 각 호에 해당하는 모든 조치를 하거나 그에 필요한 일부 조치를 하여야 한다.
  1. 감염병환자등이 있는 장소나 감염병병원체에 오염되었다고 인정되는 장소에 대한 다음 각 목의 조치
     가. 일시적 폐쇄
     나. 일반 공중의 출입금지
     다. 해당 장소 내 이동제한
     라. 그 밖에 통행차단을 위하여 필요한 조치

제49조(감염병의 예방 조치) ① 질병관리청장, 시·도지사 또는 시장·군수·구청장은 감염병을 예방하기 위하여 다음 각 호에 해당하는 모든 조치를 하거나 그에 필요한 일부 조치를 하여야 하며, 보건복지부장관은 감염병을 예방하기 위하여 제2호, 제2호의2부터 제2호의4까지, 제12호 및 제12호의2에 해당하는 조치를 할 수 있다.
  1. 관할 지역에 대한 교통의 전부 또는 일부를 차단하는 것
  2. 흥행, 집회, 제례 또는 그 밖의 여러 사람의 집합을 제한하거나 금지하는 것
  (3. ~11. 생략)
  12. 감염병 유행기간 중 의료인·의료업자 및 그 밖에 필요한 의료관계요원을 동원하는 것
  12의2. 감염병 유행기간 중 의료기관 병상, 연수원·숙박시설 등 시설을 동원하는 것
  13. 감염병병원체에 오염되었거나 오염되었을 것으로 의심되는 시설 또는 장소에 대한 소독이나 그 밖에 필요한 조치를 명하는 것
  14. 감염병의심자를 적당한 장소에 일정한 기간 입원 또는 격리시키는 것

제70조(손실보상) ① 보건복지부장관, 시·도지사 및 시장·군수·구청장은 다음 각 호의 어느 하나에 해당하는 손실을 입은 자에게 제70조의2의 손실보상심의위원회의 심의·의결에 따라 그 손실을 보상하여야 한다.
  1. 제36조 및 제37조에 따른 감염병관리기관의 지정 또는 격리소 등의 설치·운영으로 발생한 손실
  1의2. 제39조의3에 따른 감염병의심자 격리시설의 설치·운영으로 발생한 손실
  2. 이 법에 따른 조치에 따라 감염병환자, 감염병의사환자 등을 진료한 의료기관의 손실
  3. 이 법에 따른 의료기관의 폐쇄 또는 업무 정지 등으로 의료기관에 발생한 손실
  4. 제47조제1호, 제4호 및 제5호, 제48조제1항, 제49조제1항제4호, 제6호부터 제10호까지, 제12호, 제12호의2 및 제13호에 따른 조치로 인하여 발생한 손실

「소상공인 보호 및 지원에 관한 법률」(2025. 7. 2. 법률 제20700호로 개정된 것)
제12조의2(「감염병의 예방 및 관리에 관한 법률」에 따른 조치로 인하여 발생한 손실보상)
① 중소벤처기업부장관은 「감염병의 예방 및 관리에 관한 법률」 제49조제1항제2호에 따른 조치로서 영업장소 사용 및 운영시간 제한 등 대통령령으로 정하는 조치로 인하여 소상공인에게 경영상 심각한 손실이 발생한 경우 해당 소상공인에게 그 부담을 완화하기 위한 손실보상을 하여야 한다.

부 칙
제1조(시행일) 이 법은 공포 후 3개월이 경과한 날부터 시행한다.

제2조(손실보상에 관한 적용례) 제12조의2의 개정규정은 이 법이 공포된 날 이후 발생한 손실부터 적용한다. 다만, 정부는 공포된 날 전에 코로나바이러스감염증-19와 관련하여 「감염병의 예방 및 관리에 관한 법률」 제49조제1항제2호에 따른 집합금지, 영업제한 등 행정명령으로 인하여 발생한 심각한 피해에 대해서는 조치 수준, 피해규모 및 기존의 지원 등을 종합적으로 고려하여 피해를 회복하기에 충분한 지원을 한다.

「공유재산 및 물품 관리법」
제20조(사용허가) ① 지방자치단체의 장은 행정재산에 대하여 그 목적 또는 용도에 장애가 되지 아니하는 범위에서 사용허가를 할 수 있다.
② 지방자치단체의 장은 제1항에 따라 사용허가를 하려면 일반입찰로 하여야 한다. 다만, 다음 각 호의 어느 하나에 해당하는 경우에는 제한경쟁 또는 지명경쟁에 부치거나 수의의 방법으로 허가할 수 있다.
<각 호 생략>

제22조(사용료) ① 지방자치단체의 장은 행정재산을 사용허가한 때에는 대통령령으로 정하는 요율과 계산방법에 따라 매년 사용료를 징수한다.

제25조(사용허가의 취소) ① 지방자치단체의 장은 제20조제1항에 따라 행정재산의 사용허가를 받은 자가 다음 각 호의 어느 하나에 해당하면 그 허가를 취소할 수 있다.
 1.~4. <생략>
 5. 제22조제2항에 따른 납부기한까지 사용료를 내지 아니한 경우
② 지방자치단체의 장은 사용허가한 행정재산을 국가나 지방자치단체가 직접 공용 또는 공공용으로 사용하기 위하여 필요로 하게 된 경우에는 그 허가를 취소할 수 있다.

제81조(변상금의 징수) ① 지방자치단체의 장과 제43조의2에 따라 일반재산의 관리·처분에 관한 사무를 위탁받은 자는 무단점유자에 대하여 대통령령으로 정하는 바에 따라 공유재산 또는 물품에 대한 사용료 또는 대부료의 100분의 120에 해당하는 금액(이하 "변상금"이라 한다)을 징수한다.

제 1 문 [해 설]

목 차

<설문 1의 해결>
I. 일반론
II. 검토
III. 결론

<설문 2의 해결>
I. 쟁점의 정리
II. 제한되는 기본권
 1. 재산권
 2. 계약의 자유
 3. 이 사건 대출금지조치로 인한 재산권과 계약의 자유 제한
III. 법률유보원칙
 1. 일반론
 2. 적용
 3. 소결
IV. 과잉금지원칙
 1. 과잉금지원칙 내용
 2. 과잉금지원칙 적용
  가. 목적의 정당성
  나. 수단의 적합성
  다. 최소침해성
  라. 법익균형성
 3. 소결
V. 결론

<설문 3의 해결>
I. 쟁점
II. 평등권의 의의와 내용

III. 평등권의 침해여부
 1. 비교대상 설정 및 차별취급의 존재
 2. 심사기준 확정
  가. 일반론
  나. 적용
 3. 차별의 정당성
  가. 입법목적의 정당성 및 수단의 적합성
  나. 차별의 합리성 및 필요성
  다. 소결
 4. 결론

<설문 4-(1)의 해결>
I. 문제의 제기
II. 행정재산의 목적외 사용허가
III. 위탁계약 및 위탁계약 해지의 법적 성질
 1. 위탁계약의 법적성질
 2. 위탁계약의 해지의 법적 성질
IV. 문제의 해결

<설문 4-(2)의 해결>
I. 문제의 제기
II. 부당이득반환청구소송의 법적 성질
III. 부당이득반환청구소송의 인용 여부
 1. 공정력(또는 구성요건적 효력)과 선결문제 일반론 – 행정기본법 제15조
 2. 공정력의 객관적 범위(선결문제) – 행정소송법 제11조 제1항
 3. 사안의 경우
IV. 사안의 해결

<설문 1의 해결 (15점)>

I. 일반론 (5점)

　헌법재판소법 제68조 제1항은 "공권력의 행사 또는 불행사로 인하여 기본권을 침해받은 자"에게 헌법소원심판을 청구할 수 있도록 규정하고 있는데, 여기에서 공권력이란 입법권·행정권·사법권을 포함한 국가기관의 고권적 작용을 말한다.

　한편 행정지도는 행정절차법 제2조 제3호에 의하면 행정기관이 일정한 행정목적을 실현하기 위해 상대방에게 일정한 행위를 하거나 하지 않도록 지도·권고·조언하는 행정작용을 의미한다.

　행정지도는 원칙적으로 법적 구속력이 없는 사실행위로서 공권력의 행사에 해당하지 않으나, 그 내용이 상대방의 자유나 권리를 제한하거나, 사실상 강제력을 수반하는 등 규제적·구속적 성격을 가진 경우에는 헌법소원의 대상이 되는 공권력의 행사로 본다.[1]

II. 검토 (9점)[2]

　이 사건 대출금지조치는 "금융행정지도"라는 형식으로, 주택담보대출의 관리기준 개정을 예고하면서 개정 전이라도 금융기관이 이를 자발적으로 준수하도록 요청한 것이다.

　또한 '금융행정지도에 따르지 아니하였다는 이유로 불이익을 주지 않는다'는 금융규제운영규정 제7조 제4항의 내용이 부기되어 있으므로, 형식상으로는 행정절차법상 행정지도에 해당한다.

　그러나 이 사건 대출금지조치는 일정한 경우 모든 은행에 대하여 주택담보대출을 금지하도록 유도하는 규제적 내용을 담고 있다. 또한 당시 부동산 시장 안정이라는 정책적 필요성이 매우 컸고, 동일한 내용의 고시 개정이 예고되어 있었으며, 준수 여부를 점검하기 위한 현장점검반의 운영이 예정되어 있었던 점에 비추어 보면 상대방인 은행 입장에서 이 사건 대출금지조치에 따르지 않을 것을 기대하기는 어려웠던 것으로 보이므로, 이 사건 대출금지조치는 그 상대방에 대하여 사실상의 강제력을 미친 것으로 인정된다. 따라서 이 사건 대출금지조치는 규제적·구속적 성격을 갖는 행정지도로서 헌법소원의 대상이 되는 공권력의 행사에 해당한다.[3]

III. 결론 (1점)

　이 사건 대출금지조치는 헌법소원의 대상이 되는 공권력의 행사에 해당한다.

---

[1] 헌재 2023.03.23. 2019헌마1399 참조
[2] 이 사건 대출금지조치가 금융기관에 대해 각종 행정기관을 가진 금융위원회가 우월적 지위에서 권력적으로 행사하였다는 이유로 권력적 사실행위로서 헌법소원의 대상이 되는 공권력 행사에 해당한다고 서술한 경우에도 그 논증을 고려하여 배점 가능하다(헌재 2023.03.23. 2019헌마1399 재판관 3인의 별개의견 참조).
[3] 헌재 2023.03.23. 2019헌마1399 법정의견 참조

<설문 2의 해결 (35점)>

Ⅰ. 쟁점의 정리 (2점)

이 사건 대출금지조치가 甲의 어떤 기본권이 제한되는지, 그리고 이러한 제한이 법률유보원칙 및 과잉금지원칙에 위배되는지 여부가 문제된다.

Ⅱ. 제한되는 기본권 (6점)

1. 재산권

헌법 제23조 제1항이 보장하고 있는 재산권은 경제적 가치가 있는 모든 공법상·사법상의 권리를 뜻한다. 이러한 재산권의 범위에는 동산·부동산에 대한 모든 종류의 물권은 물론, 재산가치 있는 모든 사법상의 채권과 특별법상의 권리 및 재산가치 있는 공법상의 권리 등이 포함되나, 단순한 기대이익·반사적 이익 또는 경제적인 기회 등은 재산권에 속하지 않는다고 보아야 한다.[4]

2. 계약의 자유

헌법 제10조 행복추구권에 포함되는 일반적 행동의 자유에서 파생되는 계약자유의 원칙은 계약을 체결할 것인지의 여부, 체결한다면 어떠한 내용의, 어떠한 상대방과의 관계에서, 어떠한 방식으로 계약을 체결하느냐 하는 것도 당사자 자신이 자기의사로 결정하는 자유와 원치 않으면 계약을 체결하지 않을 자유를 의미한다.[5]

3. 이 사건 대출금지조치로 인한 재산권과 계약의 자유 제한

甲은 이 사건 대출금지조치로 인하여 자신의 부동산을 담보로 은행과 대출계약을 체결할 수 없게 되었으므로, 재산권과 계약의 자유가 제한된다.

Ⅲ. 법률유보원칙 (10점)

1. 일반론 (3점)

기본권은 헌법 제37조 제2항에 의하여 국가안전보장·질서유지 또는 공공복리를 위하여 필요한 경우에 한하여 이를 제한할 수 있으나, 그 제한의 방법은 원칙적으로 법률로써만 가능하고 제한의 정도도 기본권의 본질적 내용을 침해할 수 없고 필요한 최소한도에 그쳐야 한다. 그런데 위 조항에서 규정하고 있는 기본권제한에 관한 법률유보의 원칙은 '법률에 의한 규율'을 요청하는 것이 아니라 '법률에 근거한 규율'을 요청하는 것이므로, 기본권의 제한에는 법률의 근거가 필요할 뿐이고 기본권 제한의 형식이 반드시 법률의 형식일 필요는 없다. 또한 이 사건 대출금지조치에 법률적 근거가 구비되어 있는지 여부를 판단함에 있어서는 아래와 같은 이 사건 대출금지조치의 특성 및 그로 인한 기본권 제한의 정도가 고려되어야 한다[6].

---

[4] 헌재 2019.12.27. 2018헌바236등 참조
[5] 헌재 2019.12.27. 2017헌마1366등 참조

2. 적용 (6점)[7][8]

금융위원회는 은행법 제34조 및 동 시행령 제20조 제1항에 근거하여 은행의 건전한 운영을 감독할 권한을 가지며, 은행업감독규정 <별표 6>을 개정할 권한도 가지고 있다. 또한 이 사건 대출금지조치는 이러한 규제권한의 행사 범위 내에서, 규정 개정 전까지 자율적 준수를 요청한 행정지도에 불과하고, 준수하지 않더라도 불이익이 없다고 명시되어 있으므로 기본권 제한의 정도는 상대적으로 경미하다. 따라서 법률유보원칙에 위배되지 않는다

3. 소결 (1점)

이 사건 대출금지조치는 법률에 근거한 규율로서, 법률유보원칙에 위배되지 않는다.

IV. 과잉금지원칙 (15점)[9]

1. 과잉금지원칙 내용 (2점)

과잉금지의 원칙이란 국가가 국민의 기본권을 제한하는 내용의 작용을 함에 있어서, 준수하여야 할 기본원칙을 의미하는 것으로서 국민의 기본권을 제한하려는 작용의 목적이 헌법 및 법률의 체제상 그 정당성이 인정되어야 하고(목적의 정당성), 그 목적의 달성을 위하여 그 방법이 효과적이고 적절하여야 하며(방법의 적절성), 국가가 선택한 기본권 제한의 조치가 목적달성을 위하여 설사 적절하다 할지라도 보다 완화된 형태나 방법을 모색함으로써 기본권의 제한은 필요한 최소한도에 그치도록 하여야 하며(피해의 최소성), 그 작용에 의하여 보호하려는 공익과 침해되는 사익을 비교 형량할 때 보호되는 공익이 더 커야 한다(법익의 균형성)는 헌법상의 원칙이다.[10]

2. 과잉금지원칙 적용 (12점)[11]

가. 목적의 정당성 (2점)

이 사건 대출금지조치는 부동산 가격 급등을 억제하여 주택시장의 안정을 도모하고, 은행의 건전한 대출 관행을 유지하려는 공익적 목적에서 이루어진 것으로 그 목적의 정당성이 인정된다.

나. 수단의 적합성 (2점)

주택담보대출을 제한하는 조치는 부동산 수요를 억제하여 주택가격 안정화에 기여하고, 20억 원 초과 아파트에 대해서 주택담보 대출을 금지하는 것은 이러한 초고가 주택에 대

---

6) 헌재 2005.05.26. 99헌마513등 참조
7) 사안 포섭에 따라 위헌론도 가능하다.
8) 헌재 2023.03.23. 2019헌마1399 법정의견 참조
9) 사안 포섭에 따라 위헌론도 가능하다.
10) 헌재 2000.06.01. 99헌마553
11) 헌재 2023.03.23. 2019헌마1399 법정의견 참조

한 수요억제를 통하여 주택가격 상승을 완화할 것이므로 정책 목적 달성을 위한 적합한 수단이다. 그러므로 이 사건 대출금지조치는 수단의 적합성도 인정된다.

다. 최소침해성 (5점)

이 사건 대출금지조치는 투기지역·투기과열지구 내에서 시가 20억 원을 초과하는 초고가 아파트 구입 목적의 주택담보대출만을 금지한 것으로, 적용 대상이 장소·대상·목적 측면에서 구체적으로 한정되어 있다. 즉, 모든 주택거래에 대한 일률적 규제가 아니라, 투기적 수요가 집중되는 특정 지역·특정 가격대의 고가 주택 거래에만 한정된 것이다. 또한 이 조치는 적용 대상이 장소·대상·목적 측면에서 한정되어 있으며, 예외도 존재한다. 이는 일시적이고 부분적인 조치로서, 기존의 완화된 규제만으로는 시장 안정이 어려운 상황에서 선택된 불가피한 조치였다.

따라서 침해의 최소성 요건을 충족한다.

라. 법익균형성 (3점)

초고가 주택의 잠재적 구매자들이 금융기관을 통한 자금조달 기회를 상실하는 사익의 불이익보다, 주택시장 안정과 금융질서 유지라는 공익이 훨씬 크므로 법익의 균형성도 인정된다.

3. 소결

따라서 이 사건 대출금지조치는 과잉금지원칙에 위배되어 청구인의 재산권 및 계약의 자유를 침해하지 않는다.

V. 결론 (2점)

이 사건 대출금지조치는 甲의 재산권 및 계약의 자유를 제한하나, 법률유보원칙 및 과잉금지원칙에 위배되지 않으므로 헌법에 위반되지 않는다.

<설문 3의 해결 (20점)>

I. 쟁점 (2점)

이 사건 손실보상조항은 감염병 전파 위험이 있는 장소가 일시적으로 폐쇄되거나 일반 공중의 출입이 금지된 경우에 한해 손실보상을 인정하고 있다. 그런데 감염병의 예방을 위하여 시행된 집합금지조치로 인하여 영업이 사실상 불가능해진 乙의 경우에는 보상규정이 마련되어 있지 않다.

이에 따라 동일하게 영업이 중단된 영업장 간에 손실보상 여부를 달리 취급하는 것이 평등권을 침해하는지가 문제된다.

Ⅱ. 평등권의 의의와 내용 (3점)

헌법 제11조의 평등원칙은 입법자에게 본질적으로 같은 것을 자의적으로 다르게, 본질적으로 다른 것을 자의적으로 같게 취급하는 것을 금지하고 있다. 다만 이는 절대적 평등이 아니라 합리적 근거 없는 차별을 금지하는 상대적 평등을 의미하며, 입법자가 사회적 여건과 정책목표를 고려하여 합리적 이유에 기초한 차별을 두는 것은 허용된다.[12]

Ⅲ. 평등권의 침해여부 (15점)

1. 비교대상 설정 및 차별취급의 존재 (3점)

감염병환자 방문시설의 폐쇄·출입금지조치는 법령상 강제조치로서 영업을 전면 중단시키며, 집합금지조치 또한 실내체육시설처럼 고객이 모여야 영업이 가능한 업종에 대해서는 사실상 영업중단의 결과를 초래한다.

양자는 모두 영업손실이 발생한다는 점에서 본질적으로 유사한 상황에 있다.

그럼에도 불구하고 이 사건 손실보상조항은 전자에 대해서만 손실보상을 인정하고, 후자에 대해서는 아무런 보상규정을 두지 않으므로 동일한 결과에 대한 차별적 취급이 존재한다.

2. 심사기준 확정 (2점)

가. 일반론

일반적으로 차별이 정당한지 여부에 대해서는 자의성 여부를 심사하지만, 헌법에서 특별히 평등을 요구하고 있는 경우나 차별적 취급으로 인하여 관련 기본권에 대한 중대한 제한을 초래하게 된다면 입법형성권은 축소되어 보다 엄격한 심사척도가 적용 된다.[13]

나. 적용

이 사건 손실보상조항은 감염병 예방정책과 관련된 재정적 보상체계의 입법영역으로서, 헌법이 특별히 평등을 요구하는 영역에 해당하지 않으며, 차별취급이 乙의 직업수행의 자유나 재산권을 본질적으로 제한하는 정도에도 이르지 않는다.

따라서 완화된 자의금지원칙에 의한 평등심사 기준이 적용된다

3. 차별의 정당성 (10점)[14][15]

가. 입법목적의 정당성 및 수단의 적합성

감염병예방법상 손실보상제도는 감염병환자 또는 의심환자의 발생 등으로 인한 직접적 방역조치로 인해 불가피하게 손실을 입은 자를 보호함으로써 방역조치에 대한 사회적 수용성을 제고하고, 신속한 방역협조를 유도하려는 것이다.

---

[12] 헌재 1999.05.27. 98헌바26; 헌재 2015.05.28. 2013헌바82등 참조
[13] 헌재 2011.02.24. 2008헌바56
[14] 사안포섭에 따라 위헌론도 가능하다.
[15] 헌재 2024.08.29. 2021헌마175 법정의견 참조

이는 공중보건의 보호라는 헌법상 정당한 목적에 기초한 것이다.

또한 감염병환자 방문시설의 폐쇄·출입금지조치는 행정청의 명령에 따라 즉각적인 영업정지와 구체적 재산상 손실이 발생하므로, 이를 보상대상으로 한 것은 입법목적 달성을 위한 합리적·적합한 수단이다.

나. 차별의 합리성 및 필요성

집합금지조치는 영업의 방법을 일시적으로 제한할 뿐 시설·장비의 사용·수익권을 박탈하는 것이 아니므로, 헌법상 재산권 제한에 해당한다고 보기 어렵다.

즉, 감염병환자 방문시설의 폐쇄는 직접적 손실을 수반하지만, 예방적 집합금지조치는 간접적 손실에 그치며 그 정도도 예측하기 어렵다. 특히 코로나19와 같은 미증유의 사태에서는 장기간의 집합제한조치로 인한 손실규모를 사전에 예측하기 어려웠고, 이를 일률적으로 보상하기 위한 예산·행정적 기반도 마련되어 있지 않았다.

따라서 입법자가 집합금지조치로 인한 손실보상규정을 미리 두지 않은 것은 예측가능성과 정책재량 범위 내의 합리적 결정으로 볼 수 있다.

다. 소결

이러한 점을 종합하면, 이 사건 손실보상조항이 집합금지조치로 인한 손실보상 규정을 두지 않은 것은 입법재량의 한계를 일탈한 자의적 차별이라고 보기 어렵다.

4. 결론

따라서 이 사건 손실보상조항이 집합금지조치로 인한 손실을 보상대상에서 제외한 것은 입법목적의 정당성과 차별의 합리성이 인정되므로 乙의 평등권을 침해하지 않는다.

<설문 4-(1)의 해결 (15점)>

I. 문제의 제기 (2점)

위탁관리용역 운영계약(이하 '위탁계약')을 체결했다가, 사용료 미납을 이유로 계약을 해지한 경우, 그 해지행위의 법적 성질이 무엇이며, 이에 하자가 있다고 주장하는 丙이 이를 어떤 소송 형태로 다투어야 하는지가 문제된다.

II. 행정재산의 목적외 사용허가 (5점)

공유재산 및 물품관리법(이하 공유재산법)[16] 제20조 제1항은 "행정재산은 그 본래의 목적 외의 용도로 사용할 수 없으며, 관리청의 허가를 받아야 한다"고 규정하고 있다.

행정재산의 목적 외 허가의 법적성질에 대하여 학설은 사법관계설(사법상 계약설)과

---

[16] 문제에서 설시한 조문 참조.

공법관계설(행정처분설)이 대립하고, 판례는 "국유재산 등의 관리청이 하는 행정재산의 사용. 수익에 대한 허가는 순전히 사경제주체로서 행하는 사법상의 행위가 아니라 관리청이 공권력을 가진 우월적 지위에서 행하는 행정처분으로서 특정인에게 행정재산을 사용할 수 있는 권리를 설정하여 주는 강학상 특허에 해당한다"고 판시하여 공법관계설(행정처분설)의 입장이다.17)

검토하면 공유재산법 제22조 제1항에 따른 사용료의 일방적 부과징수권, 동법 제25조 제1항, 제2항에 따른 상대방의 귀책사유를 묻지 않는 일방적 취소(철회)권 등을 비추어 볼 때, 행정재산의 목적외 사용허가는 대등한 지위에서의 계약이 아닌 우월적 지위를 가진 행정처분으로 볼 수 있으므로, 판례가 타당하다.

III. 위탁계약 및 위탁계약 해지의 법적 성질 (6점)

1. 위탁계약의 법적성질

공유재산법 제20조 제2항은 "행정재산의 사용허가는 경쟁입찰에 의하여야 한다"고 규정하고 있다. 이는 행정재산 사용허가라는 공법적 행위를 함에 있어서 그 상대방을 결정하는 절차를 경쟁입찰이라는 사경제적 형식을 빌린 것에 불과하고, 위탁계약 절차를 거쳤다고 하여 사용허가 자체의 법적 성질이 사법상 계약으로 변하는 것은 아니다. 즉, 행정재산 사용허가의 본질은 여전히 공법상 행정처분이며, 입찰 및 계약이라는 사경제적 형식을 취하였다고 하여 그 법적 성질이 사법상 계약으로 변하는 것은 아니다.

따라서 이 사건 위탁계약은 실질적으로 행정재산의 목적외 사용허가를 내용으로 하는 강학상 특허로서 재량행위에 해당한다.18)

2. 위탁계약의 해지의 법적 성질

사용료 미납을 이유로 한 위탁계약 해지는 단순한 계약관계 종료가 아니라, 공유재산법 제25조에 따른 행정재산 사용허가의 취소에 해당한다.

따라서 위탁계약 해지를 다투는 경우 항고소송을 제기해야 한다.

IV. 문제의 해결 (2점)

이 사건 부설주차장은 과천시 소유의 행정재산이며, 그 운영을 위탁한 행위는 행정재산의 목적 외 사용허가로서 강학상 특허에 해당하며, 재량행위이다.

따라서 과천시장이 사용료 미납을 이유로 한 위탁계약 해지는 공유재산법 제25조에 근거한 사용허가 취소처분에 해당한다.

그러므로 위탁계약의 해지에 무효사유의 하자가 있어 丙이 이를 소송상 다툴 경우 민사소송이나 당사자소송이 아니라, 항고소송으로서 위탁계약 해지처분 무효확인소송을 제기해야 한다.

---

17) 대판 2006.03.09. 2004다31074
18) 대판 2006.03.09. 2004다31074

<설문 4-(2)의 해결 (15점)>

Ⅰ. 문제의 제기 (2점)

과천시장이 행정재산을 무단점유한 丙에게 변상금부과처분을 하였고, 이 처분에 취소사유의 위법이 있으나 불가쟁력이 발생한 상태에서 丙이 이미 납부한 변상금의 부당이득반환청구소송을 제기한 경우, 공정력과 선결문제의 관계상 그 청구가 인용될 수 있는지가 문제된다.

Ⅱ. 부당이득반환청구소송의 법적 성질 (2점)

위법한 처분에 기초한 국민의 과오납 등 공법상 부당이득반환청구권의 경우, 그 성질상 당사자 소송에 해당한다는 것이 다수설[19]이나, 판례[20]는 행정상대방이 행정청에 이미 납부한 돈이 민법상 부당이득에 해당한다고 주장하면서 그 반환을 청구하는 것은 민사소송절차를 따라야 한다고 판시한다.

Ⅲ. 부당이득반환청구소송의 인용 여부 (9점)

1. 공정력(또는 구성요건적 효력)과 선결문제 일반론 – 행정기본법 제15조

행정기본법 제15조에 따르면 "처분은 권한이 있는 기관이 취소 또는 철회하거나 기간의 경과 등으로 소멸되기 전까지는 유효한 것으로 통용된다. 다만, 무효인 처분은 처음부터 그 효력이 발생하지 아니한다." 이러한 행정행위의 취소 전까지의 유효한 통용력을 구분하여 상대방에 대한 구속력을 공정력, 법원 등 다른 국가기관에 대한 구속력을 구성요건적 효력이라고 한다.[21]

2. 공정력의 객관적 범위(선결문제) – 행정소송법 제11조 제1항

행정소송법 제11조 제1항은 처분등의 효력 유무 또는 존재 여부를 민사소송의 수소법원이 심사하는 것을 상정하고 있다.

처분의 효력 제거(처분의 취소)가 선결문제인 경우 민사법원이 이를 심사할 수 있는지에 대하여, 판례는 수소법원에 처분을 취소할 권한이 없으므로 본안판단을 할 수 없고, 당연무효가 아닌 한 불가쟁력이 발생하면 당사자는 그 행정처분의 효력을 다툴 수 없다는 입장이다.[22]

생각건대 행정기본법 제15조의 명문의 규정과 법적 안정성, 국가기관간 권한존중 등을 고려할 때 처분은 유효한 것으로 전제해야 하므로, 판례의 태도가 타당하다.

---

[19] 정하중, 「공법상 부당이득반환청구권의 독자성」, 한국행정판례연구회(2010), 15(1), p.12-13 참조.
[20] 대판 2021.12.30. 2018다241458
[21] 하명호, 행정법 제6판, p.174 참조; 다만 판례는 아직 공정력을 구성요건적 효력과 구분하지는 않고 있다(대판 1991.04.23. 90누8756).
[22] 대판 1991.04.23. 90누8756

3. 사안의 경우

부당이득이 되기 위해서는 변상금 납부의 원인이 된 행정처분이 무효이거나 효력이 소멸되어야 한다. 그런데 사안의 변상금부과처분은 취소사유에 그치며, 丙이 적법한 기간내 항고소송을 제기하지 않은 불가쟁력은 전제된다.

따라서 부당이득반환청구소송의 수소법원은 변상금부과처분의 위법성을 이유로 그 효력을 부정할 수 없는 바, 변상금 반환을 명할 수 없다.

IV. 사안의 해결 (2점)

따라서 丙의 청구는 기각되어야 하며, 결국 丙이 변상금 상당액의 반환을 구할 수 있는 방법은 없다.

제 2 문

甲은 사실상의 도로로서 인근 주민들의 통행로로 이용되고 있는 B도 A시 관내의 토지(이하 '이 사건 토지')를 매수한 후, 2023. 5. 2. 이 사건 토지 위에 3층 단독주택을 건축하고자 A시장에게 건축허가를 신청하였다. A시장은 2023. 6. 8. "甲의 이 사건 토지가 「건축법」상 도로에 해당하여 건축을 허용할 수 없다."라는 사유로 건축허가 신청을 거부하는 처분(이하 '1차 거부처분')을 하였고, 甲은 처분서를 다음 날 수령하였다. 甲은 1차 거부처분에 불복하여 2023. 6. 20. 이의신청을 제기하였다. 이의신청 시 甲은 '이 사건 토지가 「건축법」상 도로가 아님을 입증하는 법률 검토의견서', '건축에 대한 인근 주민 동의서' 등의 서류를 추가로 제출하였다. 그러나 A시장은 2023. 7. 2. 기존 입장을 유지하는 내용의 이의신청 기각결정의 통지와 함께 그에 대한 불복방법을 고지하였고, 甲은 다음 날 결정서를 통지받았다.

甲은 이의신청 기각결정에 불복하여 관할 행정심판위원회(이하 '위원회')에 의무이행심판을 청구하였고, 위원회는 "이 사건 토지는 「건축법」상 도로에 해당한다고 볼 수 없으므로 A시장은 甲의 건축허가 신청에 대하여 건축허가를 발령하라."는 내용의 인용재결을 하였다. 위 재결에 따라 A시장은 甲의 신청을 재심사하였으나, "이 사건 토지가 인근 주민들의 통행에 제공된 사실상의 도로인데, 주택을 건축하여 주민들의 통행을 막는 것은 사회공동체와 인근 주민들의 이익에 반하므로 甲의 건축을 허용할 수 없다."라는 사유를 들어 건축허가 신청을 재차 거부하는 처분(이하 '2차 거부처분')을 하였다.

1. 만약 甲이 의무이행심판을 청구하지 않고 곧바로 이의신청 기각결정을 대상으로 2023. 9. 20. 취소소송을 제기하였다면, 소송의 대상과 제소기간은 적법한가? (20점)

2. A시장의 2차 거부처분과 관련하여 다음 질문에 답하시오.
   (1) A시장의 2차 거부처분은 재결의 기속력에 위반되는가? (20점)
   (2) 甲은 A시장이 인용재결에도 불구하고 2차 거부처분을 하였음을 이유로 「행정심판법」에 따른 직접처분을 신청할 수 있는가? (10점)

3. 한편, A시장은 A시 공무원 乙이 직무 관련 금품을 수수하여 징계를 받은 사실이 있음에도 불구하고 乙을 지방사무관으로 특별승진시켰는데, 乙은 A시장의 6촌 동생이었다. 이 경우 관할 B도지사는 乙에 대한 특별승진이 재량권의 일탈・남용에 해당하는 처분임을 이유로 A시장에게 특별승진의 취소를 내용으로 하는 「지방자치법」에 따른 시정명령을 발령할 수 있는가? (20점)

4. 丙은 북한접경지역 A시에 거주하는 북한인권운동가로 2020년 7월부터 매월 첫째 주 토요일 오전마다 대형풍선을 통해 ① 북한 주민의 인권 실태를 고발하는 전단, ② 한국의 경제발전상을 보여주는 사진과 자료 ③ 라면·의약품 등 생필품을 북한으로 살포하였다. 북한 당국은 대형풍선 살포 때마다 ① 접경지역 포격, ② 확성기 방송, ③ 오물풍선 살포로 대응하였고, 이로 인해 A시 주민들의 긴급대피가 반복되었다. 2020년 10월에는 북한의 포격으로 A시 민간인 2명이 부상당하는 사고까지 발생하였다. 이후 2020. 12. 29. 남북합의서 위반행위로서 전단 등 살포를 하여 국민의 생명·신체에 위해를 끼치거나 심각한 위험을 발생시키는 것을 금지하고 이를 위반하는 경우 처벌하는 내용을 담은 「남북관계 발전에 관한 법률」 개정안이 제정·공포되었다. 丙은 북한 당국의 보복행위는 자신이 의도한 바가 전혀 아님에도 불구하고 자신의 표현행위를 금지하고, 형벌로 처벌하는 「남북관계 발전에 관한 법률」 제24조 제1항 제3호 및 같은 법 제25조 중 제24조 제1항 제3호에 관한 부분(이하 '이 사건 법률조항들'이라 한다)이 표현의 자유를 침해한다고 주장하면서 헌법재판소법 제68조 제1항에 의한 헌법소원심판을 청구하였다. 아래의 내용을 검토하시오.
   (1) 이 사건 법률조항들이 과잉금지원칙에 위배되어 丙의 표현의 자유를 침해하는지 여부 (20점)
   (2) 이 사건 법률조항들이 책임주의원칙에 위배되어 丙의 표현의 자유를 침해하는지 여부 (10점)

참조조문 bar examination

※ 아래 조문은 실제와 다를 수 있으며, 이와 다른 내용의 현행 법령이 있다면 제시된 법령이 현행 법령에 우선함

「건축법」
제11조(건축허가) ① 건축물을 건축하거나 대수선하려는 자는 특별자치시장·특별자치도지사 또는 시장·군수·구청장의 허가를 받아야 한다. 다만, 21층 이상의 건축물 등 대통령령으로 정하는 용도 및 규모의 건축물을 특별시나 광역시에 건축하려면 특별시장이나 광역시장의 허가를 받아야 한다.

「남북관계 발전에 관한 법률」
제4조(정의) 이 법에서 사용하는 용어의 정의는 다음과 같다.
 1. "남북회담대표"라 함은 특정한 목적을 위하여 정부를 대표하여 북한과의 교섭 또는 회담에 참석하거나 남북합의서에 서명 또는 가서명하는 권한을 가진 자를 말한다.

2. "대북특별사절"이라 함은 북한에서 행하여지는 주요 의식에 참석하거나 특정한 목적을 위하여 정부의 입장과 인식을 북한에 전하거나 이러한 행위와 관련하여 남북합의서에 서명 또는 가서명하는 권한을 가진 자를 말한다.
3. "남북합의서"라 함은 정부와 북한 당국간에 문서의 형식으로 체결된 모든 합의를 말한다.
4. "군사분계선 일대"라 함은 「군사기지 및 군사시설 보호법」 제2조제7호에 따른 민간인통제선 이북지역을 말한다.
5. "전단등"이라 함은 전단, 물품(광고선전물·인쇄물·보조기억장치 등을 포함한다), 금전 또는 그 밖의 재산상 이익을 말한다.
6. "살포"라 함은 선전, 증여 등을 목적으로 전단등을 「남북교류협력에 관한 법률」 제13조 또는 제20조에 따른 승인을 받지 아니하고 북한의 불특정 다수인에게 배부하거나 북한으로 이동(단순히 제3국을 거치는 전단등의 이동을 포함한다. 이하 같다)시키는 행위를 말한다.

제24조(남북합의서 위반행위의 금지) ① 누구든지 다음 각 호에 해당하는 행위를 하여 국민의 생명·신체에 위해를 끼치거나 심각한 위험을 발생시켜서는 아니 된다.
  1. 군사분계선 일대에서의 북한에 대한 확성기 방송
  2. 군사분계선 일대에서의 북한에 대한 시각매개물(게시물) 게시
  3. 전단등 살포
② 통일부장관은 제1항 각 호에서 금지된 행위를 예방하기 위하여 필요한 경우에는 관계 중앙행정기관의 장 또는 지방자치단체의 장에게 협조를 요청할 수 있다. 이 경우 관계 중앙행정기관의 장 또는 지방자치단체의 장은 특별한 사유가 없으면 협조하여야 한다.

제25조(벌칙) ① 제24조제1항을 위반한 자는 3년 이하의 징역 또는 3천만원 이하의 벌금에 처한다. 다만, 제23조제2항 및 제3항에 따라 남북합의서(제24조제1항 각 호의 금지행위가 규정된 것에 한정한다)의 효력이 정지된 때에는 그러하지 아니하다.
② 제1항의 미수범은 처벌한다.

「남북교류협력에 관한 법률」
제13조(반출·반입의 승인) ① 물품등을 반출하거나 반입하려는 자는 대통령령으로 정하는 바에 따라 그 물품등의 품목, 거래형태 및 대금결제 방법 등에 관하여 통일부장관의 승인을 받아야 한다. 승인을 받은 사항 중 대통령령으로 정하는 주요 내용을 변경할 때에도 또한 같다.
② 통일부장관은 제1항의 승인 또는 변경승인을 할 때에는 중요하다고 인정되는 사항은 미리 관계 행정기관의 장과 협의하여야 한다.
③ 통일부장관은 제1항에 따라 반출이나 반입을 승인하는 경우 남북교류·협력의 원활한 추진을 위하여 대통령령으로 정하는 바에 따라 반출·반입의 목적 등 조건을 붙이거나, 승인의 유효기간을 정할 수 있다.
④ 통일부장관은 제1항에 따라 반출이나 반입을 승인할 때에는 물품등의 품목, 거래형태 및 대금결제 방법 등에 관하여 일정한 범위를 정하여 포괄적으로 승인할 수 있다.

⑤ 통일부장관은 제1항에 따라 물품등의 반출이나 반입을 승인받은 자(이하 "교역당사자"라 한다)가 다음 각 호의 어느 하나에 해당하는 경우에는 그 승인을 취소할 수 있다. 다만, 제1호의 경우에는 그 승인을 취소하여야 한다.
1. 거짓이나 그 밖의 부정한 방법으로 반출이나 반입을 승인받은 경우
2. 제3항에 따른 조건을 위반한 경우
3. 제14조에 따라 공고된 사항을 위반한 경우
4. 제15조제1항에 따른 조정명령을 따르지 아니한 경우
5. 제15조제3항에 따른 보고를 하지 아니하거나 거짓으로 보고한 경우
6. 남북교류·협력을 해칠 명백한 우려가 있는 경우
7. 국가안전보장, 질서유지 또는 공공복리를 해칠 명백한 우려가 있는 경우

제20조(수송장비의 운행) ① 남한과 북한 간에 선박·항공기·철도차량 또는 자동차 등(이하 "수송장비"라 한다)을 운행하려는 자는 통일부장관의 승인을 받아야 한다.
② 통일부장관은 제1항에 따라 수송장비의 운행을 승인하는 경우 남북교류·협력의 원활한 추진을 위하여 대통령령으로 정하는 바에 따라 운행노선 등 조건을 붙이거나, 5년 이내의 유효기간을 정할 수 있다.
③ 통일부장관은 제1항에 따라 운행 승인을 받은 자가 다음 각 호의 어느 하나에 해당하면 그 승인을 취소할 수 있다. 다만, 제1호의 경우에는 그 승인을 취소하여야 한다.
 1. 거짓이나 그 밖의 부정한 방법으로 운행 승인을 받은 경우
 2. 제2항에 따른 조건을 위반한 경우
 3. 남북교류·협력을 해칠 명백한 우려가 있는 경우
 4. 국가안전보장, 질서유지 또는 공공복리를 해칠 명백한 우려가 있는 경우
④ 제1항에 따른 승인의 기준 및 절차와 제2항에 따른 유효기간의 설정 등에 관하여 필요한 사항은 대통령령으로 정한다.

「한반도의 평화와 번영, 통일을 위한 판문점 선언」(2018. 4. 27.)
 2. 남과 북은 한반도에서 첨예한 군사적 긴장상태를 완화하고 전쟁 위험을 실질적으로 해소하기 위하여 공동으로 노력해나갈 것이다. (중간 생략)
① 남과 북은 지상과 해상, 공중을 비롯한 모든 공간에서 군사적 긴장과 충돌의 근원으로 되는 상대방에 대한 일체의 적대행위를 전면 중지하기로 하였다. 당면하여 5월 1일부터 군사분계선 일대에서 확성기 방송과 전단살포를 비롯한 모든 적대행위들을 중지하고 그 수단을 철폐하며, 앞으로 비무장지대를 실질적인 평화지대로 만들어 나가기로 하였다.
(이하 생략)

제 2 문 [해 설]

목 차

<설문 1의 해결>
Ⅰ. 문제의 제기
Ⅱ. 이의신청 기각결정의 항고소송 대상성
 1. 통상의 이의신청 기각결정의 경우
 2. 이의신청 기각결정이 새로운 신청에 대한 2차 거부처분의 성격을 띠는 경우
Ⅲ. 이의신청에 대한 기각결정을 대상으로 행정쟁송을 제기할 경우 쟁송기간
Ⅳ. 사안의 해결

<설문 2-(1)의 해결>
Ⅰ. 문제의 제기
Ⅱ. 재결의 기속력
 1. 재결의 기속력의 의의 및 범위
 2. 재처분의무의 내용(행정심판법 제49조 제3항)
 3. 사안의 경우
Ⅲ. 사안의 해결

<설문 2-(2)의 해결>
Ⅰ. 문제의 제기
Ⅱ. 재처분의무의 실효성 확보를 위한 직접처분
Ⅲ. 사안의 해결

<설문 3의 해결>
Ⅰ. 문제의 제기
Ⅱ. 위법·부당한 명령·처분에 대한 시정명령(지방자치법 제188조)
 1. 시정명령의 대상 사무
 2. 통제의 정도
Ⅲ. 지방자치법 제188조 제1항의 '법령위반'에 '재량권의 일탈·남용'이 포함되는지 여부
Ⅳ. 문제의 해결

<설문 4의 해결>
<설문 4-(1)의 해결>
Ⅰ. 제한되는 기본권 - 정치적 표현의 자유
Ⅱ. 과잉금지원칙 위배 여부
 1. 과잉금지원칙의 내용과 심사밀도
 2. 과잉금지원칙 심사
  가. 입법목적의 정당성
  나. 수단의 적합성
  다. 최소침해성
  라. 법익균형성
 3. 결론
<설문 4-(2)의 해결>
Ⅰ. 책임주의원칙 일반론
Ⅱ. 책임주의 원칙 위배여부
Ⅲ. 결론

<설문 1의 해결 (20점)>

Ⅰ. 문제의 제기 (2점)

이의신청 기각결정이 항고소송의 대상으로서 처분성이 인정되는지, 이의신청 기각결정이 새로운 신청에 대한 2차 거부처분의 성격을 띠는 경우, 그 법적성질과 제소기간 기산점이 행정기본법 제36조 4항과 관련하여 문제된다.

II. 이의신청 기각결정의 항고소송 대상성 (10점)

1. 통상의 이의신청 기각결정의 경우

판례[23]는 통상의 이의신청을 기각하는 결정은 종전의 처분을 단순히 확인하는 사실 내지 관념의 통지인 사실행위에 불과하므로 그 자체로 국민의 권리·의무에 새로운 변동을 초래하지 않는 바, 처분성이 인정되지 않는다고 판시한다.

이 경우 원처분 자체가 항고소송의 대상이 되고, 원처분 시를 기산점으로 행정쟁송을 제기해야 하며, 행정심판을 별도로 제기한 경우에는 재결서 정본 송달시 혹은 법령에서 제소기간을 이의신청 결과의 통보일 등으로 별도로 정한 경우에는 그에 따른다.

2. 이의신청 기각결정이 새로운 신청에 대한 2차 거부처분의 성격을 띠는 경우

판례[24]는 수익적 행정처분을 구하는 신청에 대한 거부처분이 있은 후 상대방이 다시 신청을 한 경우에는 신청의 제목 여하에 불구하고 그 내용이 새로운 신청을 하는 취지라면 관할 행정청이 이를 다시 거절하는 것(기각결정)을 새로운 거부처분으로 보고, 새로운 거부처분의 성격을 갖는 기각결정도 항고소송의 대상으로 삼을 수 있다고 한다.

III. 이의신청에 대한 기각결정을 대상으로 행정쟁송을 제기할 경우 쟁송기간 (6점)

이의신청 기각결정이 새로운 거부처분으로 인정되는 경우, 행정소송법 제20조 제1항에 따라 "처분이 있음을 안 날"부터 90일 내에 소를 제기해야 한다.

또한 행정기본법 제36조 제4항은 "이의신청에 대한 결과를 통지받은 날부터 제소기간을 계산한다"고 명시하고 있어, 이 경우 제소기간의 기산점은 기각결정 통지 수령일이 된다.

따라서 甲은 이의신청에 대한 결과를 통지받은 날부터 90일 이내인 2023. 10. 2.까지 행정 심판 또는 행정소송을 제기할 수 있다.

IV. 사안의 해결 (2점)

甲은 당초 거부처분에 대해 이의신청을 하면서 ① 해당 토지가 건축법상 도로가 아니라는 법률검토 의견서, ② 인근 주민의 동의서 등 새로운 자료를 제출하였다.

이는 단순한 불복이 아니라 새로운 사실관계와 법적 근거에 기초한 새로운 신청으로 평가된다. 따라서 과천시장의 이의신청 기각결정은 1차 거부처분과는 별개의 새로운 거부처분에 해당하며, 甲은 이를 대상으로 곧바로 취소소송을 제기할 수 있다.

또한 甲이 2023. 7. 3. 이의신청 결과를 통보받은 후 2023. 9. 20.에 소를 제기한 것은 90일 이내이므로 제소기간 역시 적법하다.

---

[23] 대판 2012.11.15. 2010두8676
[24] 대판 2021.01.14. 2020두50324

<설문 2-(1)의 해결 (20점)>[25]

I. 문제의 제기 (2점)

의무이행심판의 인용재결에도 불구하고 A시장이 동일한 신청에 대해 다시 거부처분을 한 경우, 그 처분이 재결의 기속력, 특히 재처분의무의 객관적 범위에 위반되는지 여부가 문제되고, 재처분의무 위반시 처분의 효력 여부가 문제된다.

II. 재결의 기속력 (16점)

1. 재결의 기속력의 의의 및 범위

행정심판법 제49조 제1항에 따르면, 인용재결은 당해 사건에 관하여 행정청을 기속한다. 재결의 기속력은 ① 행정청이 재결의 판단에 반하는 처분을 반복하거나 그 결과를 유지하는 것을 금지하는 반복금지효, ② 위법한 처분의 결과를 제거할 의무인 결과제거의무, ③ 재결의 취지에 따라 새로운 처분을 해야 하는 재처분의무를 포함한다.

재결의 기속력은 ① 재결에 관계된 행정청(주관적 범위), ② 그 재결이 확정된 이후(시간적 범위), 그리고 ③ 재결의 취지 및 이유로부터 논리적으로 도출되는 사항(객관적 범위)에 미친다.

행정청이 재결의 취지에 반하는 처분을 한 경우, 그 처분은 기속력 위반으로서 원칙적으로 무효이다.

2. 재처분의무의 내용(행정심판법 제49조 제3항)

행정심판법 제49조 제3항에 따르면, 거부처분의 이행을 명하는 재결이 있으면 행정청은 지체 없이 이전의 신청에 대하여 재결의 취지에 따라 처분을 하여야 한다. 즉, 의무이행심판에서 처분명령재결이 있는 경우 재결의 취지에 따른 재처분의무를 부과를 규정하고 있다.

다만, 아래의 사유 중 하나에 해당하면 재처분의무 위반이라고 볼 수 없다.

① 적법한 재량행위인 경우: 재결이 적법한 재량행사에 따라 거부할 수 있다고 판단된 경우에는, 재차 거부하더라도 재결의 취지에 반한다고 볼 수 없다.

② 처분사유가 복수인 경우: 동일한 기본적 사실관계가 아닌, 전혀 다른 사유에 기초하여 거부한 경우에는 기속력이 미치지 않는다. 이때, 기본적 사실관계 동일성의 의미에 대하여 판례는 처분사유를 법률적으로 평가하기 이전의 구체적 사실관계에 착안하여, 그 기초가 되는 사회적 사실관계가 기본적인 점에서 동일한 경우를 의미한다고 판시한다.

③ 법령의 변경 등 새로운 사정 발생: 최초의 거부 이후 법령 개정이나 사실관계 변경으로 새로운 거부사유가 발생한 경우, 그에 근거한 거부는 기속력 위반이 아니다.

④ 절차상 하자 보완의 경우: 이전 거부처분이 절차상 하자로 취소되었으나, 하자를 보완하여 다시 거부하는 경우에도 재결의 취지에 반한다고 볼 수 없다.

---

[25] 대판 2019.10.31. 2017두74320

3. 사안의 경우

이 사건에서 A시장은 1차 거부처분에서 "해당 토지가 건축법상 도로에 해당하여 건축을 허용할 수 없다"는 이유로 신청을 거부하였다. 그런데 처분명령재결 이후에도, A시장은 "해당 토지가 인근 주민들의 통행에 제공된 사실상의 도로로서, 주택을 건축하면 주민들의 통행권을 침해하여 공공의 이익에 반한다"는 이유로 다시 거부처분을 하였다.

2차 거부처분은 단순히 도로로서의 법적 성격을 '법정도로'에서 '사실상의 도로'로 표현만 달리했을 뿐, 기본적인 사회적 사실관계는 동일하다.

따라서 이는 재결의 취지에 반하는 새로운 사유에 근거한 거부가 아니라, 종전 거부사유를 구체화한 것에 불과하므로, 재결의 기속력(재처분의무)을 위반한 것이다.

III. 사안의 해결 (2점)

결국 A시장의 2차 거부처분은 재결의 취지에 따른 재처분의무를 위반한 것으로서, 재결의 기속력에 반하는 무효인 처분이다.

<설문 2-(2)의 해결 (10점)>

I. 문제의 제기 (1점)

A시장이 인용재결에도 불구하고 2차 거부처분을 한 경우 인용재결의 기속력의 실효성을 확보하기 위한 수단으로서 직접처분의 신청이 가능한지 여부가 문제된다.

II. 재처분의무의 실효성 확보를 위한 직접처분 (8점)

행정심판법 제50조 제1항에 따르면 행정청이 재결의 취지에 따른 처분을 하지 아니한 때에는 재결청은 당사자의 신청에 따라 직접 처분할 수 있는데, 이는 행정청이 아무런 처분도 하지 않은 경우에 한하며, 재결의 취지에 반하는 재거부처분에 대해서는 간접강제만이 가능하다.

판례 또한 같은 취지에서 "행정심판법 제37조 제2항, 같은 법 시행령 제27조의2 제1항의 규정에 따라 재결이 직접처분을 하기 위하여는 처분의 이행을 명하는 재결이 있었음에도 당해 행정청이 아무런 처분을 하지 아니하였어야 하므로, 당해 행정청이 어떠한 처분을 하였다면 그 처분이 재결의 내용에 따르지 아니하였다고 하더라도 재결이 직접처분을 할 수는 없다"고 판시한다.26)

III. 사안의 해결 (1점)

이 사안에서 A시장은 인용재결이 있었음에도 불구하고 아무런 처분을 하지 않은 것이 아니라, 오히려 그 재결의 취지에 반하여 2차 거부처분을 하였다.

따라서 이는 "아무런 처분을 하지 않은 경우"에 해당하지 않으므로, 甲은 행정심판법 제50조 제1항에 따른 직접처분을 신청할 수 없다.

---
26) 대판 2002.07.23. 2000두9151

<설문 3의 해결 (20점)>

I. 문제의 제기 (2점)

지방자치단체의 장이 한 자치사무에 관한 처분이 위법하거나 부당한 경우, 상급기관인 시·도지사가 지방자치법 제188조 제1항에 따라 시정명령을 발령할 수 있는지 관련하여, 시정명령의 대상과 요건이 문제된다.

이때 승진임용사무의 법적 성질이 문제되고, 지방자치법 제188조 제1항의 법령위반에 재량권의 일탈·남용(재량하자)이 포함되는지 여부가 문제된다.

II. 위법·부당한 명령·처분에 대한 시정명령(지방자치법 제188조) (8점)

1. 시정명령의 대상 사무

지방자치법 제188조 제1항에 따르면, 지방자치단체의 장이 그 사무에 관하여 법령을 위반한 경우, 시·도지사는 기간을 정하여 그 시정을 명할 수 있다. 이때 시정명령의 대상은 지방자치단체의 사무로서, 지방자치법 제13조 제1항에 따른 자치사무와 단체위임사무를 포함한다.

동조 제2항 제1호 마목은 자치사무의 예시로 '소속 공무원의 인사·후생복지 및 교육'을 들고 있고, 열거되지 않은 사무도 전권한성(보충성)의 원칙상 그 지역성 있는 사무인 한 우선적으로 자치사무로 보아야 한다.27) 판례28)는 자치사무 해당 여부에 대하여 법령의 규정 형식과 취지, 지역성 유무(사무의 성질상 전국적으로 통일적인 처리가 요구되는지 여부) 등을 종합적으로 고려하여 판단한다.

2. 통제의 정도

자치사무의 경우 주민자치의 본질상 지방자치단체의 자율성이 우선되므로, 상급기관은 위법한 경우에 한하여 통제 가능하다(지방자치법 제188조 제5항).

단체위임사무의 경우에는 국가적 이해관계가 크므로 위법 또는 현저히 부당한 경우 모두 통제 가능하다(지방자치법 제188조 제1항).

III. 지방자치법 제188조 제1항의 '법령위반'에 '재량권의 일탈·남용'이 포함되는지 여부 (8점)

이에 대하여 판례29)는 지방자치단체의 사무에 관한 그 장의 명령이나 처분이 법령에 위반되는 경우라 함은 "명령이나 처분이 현저히 부당하여 공익을 해하는 경우, 즉 합목적성을 현저히 결하는 경우와 대비되는 개념으로, 시·군·구의 장의 사무의 집행이 명시적인 법령의 규정을 구체적으로 위반한 경우뿐만 아니라 그러한 사무의 집행이 재량권을 일탈·

---
27) 박균성, 행정법강의 제17판(2020), p.1021 참조
28) 대판 2020.09.03. 2019두58650
29) 대판 2007.03.22. 2005추62(전합)

남용하여 위법하게 되는 경우를 포함한다고 할 것이므로, 시·군·구의 장의 자치사무의 일종인 당해 지방자치단체 소속 공무원에 대한 승진처분이 재량권을 일탈·남용하여 위법하게 된 경우 시·도지사는 지방자치법 제157조 제1항 후문에 따라 그에 대한 시정명령이나 취소 또는 정지를 할 수 있다"고 판시하여, '법령위반'의 의미에 재량권의 일탈·남용도 포함시키고 있다.

Ⅳ. 문제의 해결 (2점)

사안의 승진처분은 소속 공무원의 인사·후생복지 및 교육에 관한 사항으로서 지방자치법 제13조 제2항 제1호 마목의 자치사무이고, 재량행위에 해당한다.

A시장은 징계 전력이 있는 자신의 6촌 동생 乙을 특별승진시킨 것으로, 이는 객관적 공익과 인사행정의 공정성을 현저히 해하여 재량권을 일탈·남용한 위법한 처분이다.

따라서 이러한 승진임용은 지방자치법 제188조 제1항의 법령위반에 해당하며, B도지사는 그에 대해 특별승진의 취소를 내용으로 하는 시정명령을 발령할 수 있다.

<설문 4의 해결 (30점)>[30]

<설문 4-(1)의 해결 (20점)>[31]

Ⅰ. 제한되는 기본권 - 정치적 표현의 자유 (3점)

모든 국민은 자신의 정치적 의견과 정치사상을 외부에 표현할 정치적 표현의 자유를 가진다. 헌법 제21조 제1항에 따라 인정되는 정치적 표현의 자유는 정치적 언론·출판·집회·결사 등 모든 영역에서의 자유를 말한다.[32]

이 사건에서 丙의 전단 살포 행위는 북한 주민에게 대한민국의 체제와 현실을 알리고 북한 정권의 인권침해를 비판하려는 정치적·사상적 표현에 해당한다.

따라서 전단 등의 살포를 전면적으로 금지하고 형벌로 처벌하는 이 사건 법률조항들은 정치적 표현의 자유를 직접 제한하는 것으로서, 과잉금지원칙에 위배되는지 여부가 문제된다.

Ⅱ. 과잉금지원칙 위배 여부 (16점)

1. 과잉금지원칙의 내용과 심사밀도 (2점)

정치적 표현의 자유는 자유민주적 헌법의 근본가치이자 민주정치의 필수불가결한 요소이므로,[33] 정치적 표현의 자유, 그 중에서도 정치적 표현의 내용을 제한하는 것은 엄격한 요건하에서만 허용된다. 그런데 이 사건 법률조항 들은 표현의 내용 중에서도 북한 정권

---

[30] 헌재 2023.09.26. 2020헌마1724 등 남북관계 발전에 관한 법률 일부 개정법률 위헌 확인
[31] 헌재 2023.09.26. 2020헌마1724 참조 사안포섭에 따라 위헌, 합헌 의견 모두 가능하다.
[32] 헌재 2004.03.25. 2001헌마710
[33] 헌재 2013.03.21. 2010헌바132등 참조

이 용인하지 않는 표현, 즉 북한에 비판적이거나 북한을 부정적으로 묘사하는 표현을 규제하는 것인바, 국가가 이러한 표현 내용을 규제 하는 것은 원칙적으로 중대한 공익의 실현을 위하여 불가피한 경우에 한하여 허용된다.34)

특히 정치적 표현의 내용 중에서도 특정한 견해, 이념, 관점에 기초한 제한은 과잉금지원칙 준수 여부를 심사할 때 더 엄격한 기준이 적용 되어야 한다.35)

2. 과잉금지원칙 심사 (14점)

가. 입법목적의 정당성 (2점)

이 사건 법률조항들은 전단 살포로 인한 북한의 도발을 방지하고, 접경지역 주민의 생명·신체를 보호하며, 평화통일의 기반을 조성하려는 데 목적이 있다.

이러한 국민의 생명·신체 보호 및 평화 유지라는 목적은 헌법상 정당한 바, 목적의 정당성이 인정된다.

나. 수단의 적합성 (2점)

전단 살포가 북한의 적대행위의 직접적 원인이라 단정하기 어렵지만, 그 빌미가 될 수는 있다. 따라서 전단 살포를 금지함으로써 일정 부분 국민의 안전을 도모할 수 있으므로, 입법 목적 달성을 위한 적합한 수단이라 할 수 있다.

다. 최소침해성 (6점)

그러나 이 사건 법률조항들은 '남북합의서 위반행위로서 국민의 생명·신체에 위해를 끼치거나 심각한 위험을 발생시킬 우려가 있는 경우'라는 불명확한 기준 아래, 전단 살포 행위를 전면적으로 금지하고 형사처벌하도록 규정하고 있다. '경찰관직무집행법 제5조 제1항에 따르면, 경찰은 생명·신체에 위해 우려가 있을 경우 경고. 억류·제지 등 필요한 조치를 할 수 있는 바, 접경 지역에서는 살포 징후가 포착되면 경찰이 현장을 통제하고, 시간·장소·전단 내용. 남북 긴장 상태 등을 고려해 유연하게 대응할 수 있고, 이러한 덜 침익적인 대안이 존재하는데도 불구하고 이 사건 법률조항은 전단 살포 행위를 전면적으로 금지하고 형사처벌 하도록 일률적으로 규정하고 있다. 또한 '집회 및 시위에 관한 법률'처럼 사전신고제와 금지 통고 절차를 도입해 위험이 현저한 경우만 제한하도록 하는 방법도 입법목적을 해치지 않으면서도 덜 침익적인 대안이 될 수 있다.

또한 북한의 반응 여부는 대한민국 국민의 행위에 의해 예측·통제하기 어려운 외부 요인에 달려 있으므로, '위해 발생의 우려'라는 구성요건은 과도하게 포괄적이다.

따라서 이 사건 법률 조항들은 침해의 최소성을 충족하지 못한다.

---

34) 헌재 2002.12.18. 2000헌마764 참조
35) 헌재 2020.12.23. 2017헌마416 참조

라. 법익균형성 (4점)

국민의 생명·신체의 안전은 중대한 공익이지만, 북한의 적대행위는 전단 살포와 무관하게 반복되어 온 구조적 현상으로, 이 사건 법률조항이 국민의 안전 확보에 실질적으로 기여할 가능성은 높지 않다.

반면, 이 조항으로 인해 북한 정권 비판, 북한 주민 대상 정보전달, 문화·종교 표현 등 다양한 정치·사상적 표현이 광범위하게 금지된다.

이는 민주사회에서 표현의 자유가 갖는 중대한 헌법적 가치를 심각하게 훼손하는 것으로서 달성되는 공익보다 제한되는 사익의 불이익이 훨씬 커 법익균형성도 인정되기 어렵다.

3. 결론 (1점)

이 사건 법률조항들은 과잉금지원칙에 위배되어 丙의 표현의 자유를 침해한다

<설문 4-(2)의 해결 (10점)>[36]

I. 책임주의원칙 일반론 (3점)

형벌은 법질서가 부정적으로 평가한 행위에 대한 비난을 본질로 한다. 따라서 범죄는 법질서에 의해 부정적으로 평가되는 행위, 즉 행위반 가치와 그로 인한 부정적인 결과의 발생, 즉 결과반가치가 인정되는 경우에 성립하나, 여기서 범죄를 구성하는 핵심적 징표이자 형벌을 통해 비난의 대상으로 삼는 것은 '법질서가 부정적으로 평가한 행위에 나아간 것', 즉 행위반가치에 있다.

결국 비난의 대상은 책임 있는 행위에 한정되고, 행위자에게 결과 발생에 대한 예견 가능성 및 지배 가능성이 없는 경우에는 그 결과에 대한 책임을 물을 수 없으며, 이러한 책임주의 원칙은 형사법의 기본원리로서, 헌법상 법치국가의 원리에 내재하는 원리인 동시에, 국민 누구나 인간으로서의 존엄과 가치를 가지고 자신의 책임에 따라 스스로 행동을 결정할 것을 보장하고 있는 헌법 제10조의 취지로부터 도출되는 원리이다.

II. 책임주의 원칙 위배여부 (6점)

이 사건 법률조항은 전단 등 살포로 인하여 "국민의 생명·신체에 위해를 끼치거나 심각한 위험을 발생시킨 경우"를 처벌하고, 그 미수범까지도 처벌하도록 규정하고 있다.

그러나 전단 살포 행위 자체는 직접적 위해를 초래하지 않으며, 실제 위해나 위험은 북한의 보복성 군사행동에 의해 발생한다. 이러한 북한의 행위는 대한민국 국민이 예견하거나 통제할 수 있는 영역이 아니므로, 그로 인한 결과를 전단 살포자에게 귀속시키는 것은 결과 발생에 대한 지배 가능성이 없는 자에게 형사책임을 묻는 것이다.

나아가 이 사건 법률조항은 '위해나 위험 발생의 우려'만으로도 처벌 가능하게 하고, 그

---

[36] 헌재 2023.09.26. 2020헌마1724 참조, 사안포섭에 따라 위헌론, 합헌론 전부 가능하다.

미수범까지 처벌함으로써, 실제로 아무런 위험이 발생하지 않은 경우에도 비난 가능성이 없는 행위자에게 형벌을 부과할 수 있게 한다. 이는 형벌권의 본질적 한계를 일탈한 것으로서, 책임주의 원칙에 반한다.

결국, 행위자의 통제 불가능한 북한의 대응행위를 근거로 형벌을 부과하는 것은 결과에 대한 인과관계 및 고의가 없는 자를 처벌하는 것이며, 이는 헌법이 보장하는 책임주의 원칙과 표현의 자유의 본질적 내용을 침해한다.

Ⅲ. 결론 (1점)

이 사건 법률조항들은 책임주의원칙에 위배되어 丙의 표현의 자유를 침해한다.

2025년도 제3차
변호사시험
모 의 시 험
기출문제집

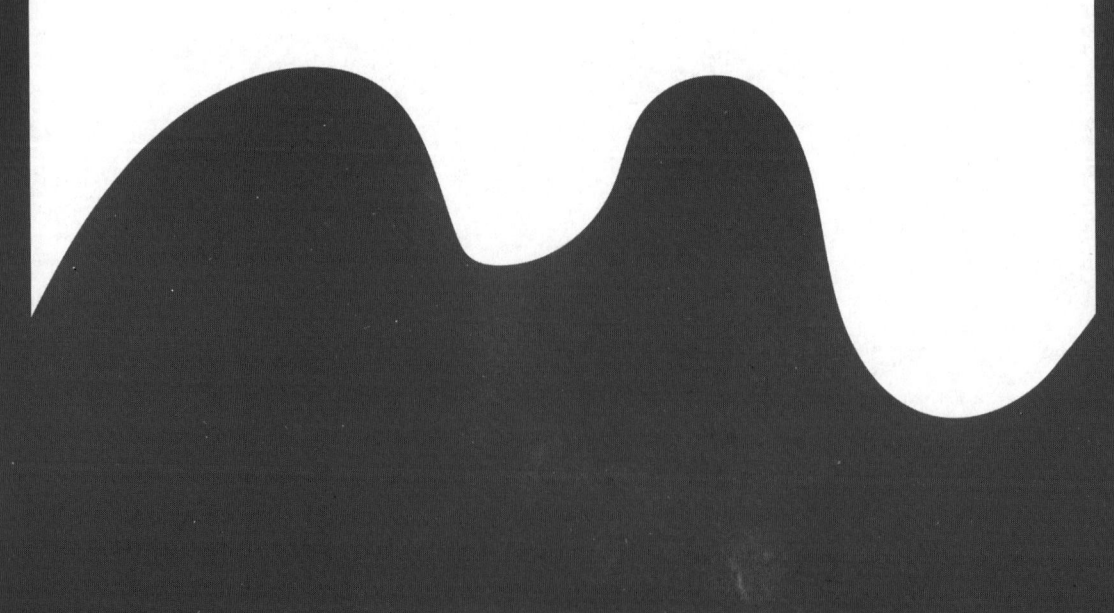

사례형
형사법

2025년도 제3차 변호사시험 모의시험-논술형(사례형)

시험과목	형사법(사례형)	응시번호		성 명	

응시자 준수사항

【공통사항】

1. 시험 시작 전 문제지의 봉인을 손상하는 경우, 봉인을 손상하지 않더라도 문제지를 들추는 행위 등으로 문제 내용을 미리 보는 경우 그 답안은 영점으로 처리됩니다.
2. 시험시간 중에는 휴대전화, 스마트워치, 무선이어폰 등 무선통신 기기를 비롯한 전자기기를 지녀서는 안 됩니다.
3. **답안은 반드시 문제번호에 해당하는 번호의 답안지**(제1문은 제1문 답안지 내, 제2문은 제2문 답안지 내)**에 작성**하여야 합니다. 즉, 해당 문제의 번호와 답안지의 번호가 일치하지 않으면 그 답안은 영점으로 처리됩니다. 다만, 수기로 작성하는 답안지에 한해 답안지를 제출하기 전 시험관리관이 답안지 번호를 정정해 준 경우에는 정상적으로 채점됩니다.
4. 답안지에는 문제 내용을 쓸 필요가 없으며, 답안 이외의 사항을 기재하거나 밑줄 기타 어떠한 표시도 하여서는 안 됩니다.
5. 지정된 시각까지 지정된 시험실에 입실하지 않거나 시험관리관의 승인 없이 시험시간 중에 시험실에서 퇴실한 경우, 그 시간 시험과 나머지 시간의 시험에 응시할 수 없습니다.
6. 시험시간 중에는 어떠한 경우에도 문제지를 시험실 밖으로 가지고 갈 수 없고, 그 시험 시간이 끝난 후에는 문제지를 시험장 밖으로 가지고 갈 수 있습니다.

【IBT 방식】

1. 시험시간은 프로그램에 의해 자동 시작, 종료되며 시험이 종료되면 답안을 수정하는 등 답안 작성을 일절 할 수 없습니다.

【수기 방식】

1. 답안은 흑색 또는 청색 필기구(수성펜이나 연필 사용 금지) 중 한 가지 필기구만을 사용하여 답안 작성란(흰색 부분) 안에 기재하여야 합니다.
2. 답안지에 성명과 수험번호 등을 기재하지 않아 인적사항이 확인되지 않는 경우에는 영점으로 처리되는 등 불이익을 받게 됩니다. 특히 답안지를 바꾸어 다시 작성하는 경우, 성명 등의 기재를 빠뜨리지 않도록 유의하여야 합니다.
3. 답안을 정정할 경우에는 두 줄로 긋고 다시 써야 하며, 수정액·수정테이프 등은 사용할 수 없습니다.
4. 시험 종료 시각에 임박하여 답안지를 교체했더라도 시험시간이 끝나면 그 즉시 새로 작성한 답안지를 회수합니다.
5. 시험시간이 지난 후에는 답안지를 일절 작성할 수 없습니다. 이를 위반하여 **시험시간이 종료되었음에도 불구하고 계속 답안을 작성할 경우 그 답안은 영점으로 처리됩니다.**
6. **배부된 답안지는 백지 답안이라도 모두 제출**하여야 하며, **답안지를 제출하지 아니한 경우 그 시간 시험과 나머지 시험에 응시할 수 없습니다.**

법학전문대학원협의회
THE ASSOCIATION OF KOREAN LAW SCHOOLS

제 1 문

(1) 甲은 친구 乙이 경제적으로 어렵다는 소문을 듣고 乙에게 카페에서 만나자고 하였다. 카페에서 乙을 기다리던 甲은 옆 테이블의 A가 통화 중 신용카드 비밀번호를 말하는 것을 듣고 메모해 두었다. 잠시 후 A가 일어서면서 그의 현금카드 겸용 신용카드를 테이블 아래에 떨어뜨리고 밖으로 나간 뒤, 테이블을 정리하던 카페주인 B가 떨어진 위 신용카드를 보관하려고 주워가는 것을 보았다. 乙이 도착하자 甲은 乙에게 그 동안의 사정을 설명하면서, "카페주인에게 가서 네 카드라고 하고 받아오라."라고 하자, 乙은 B에게 가서 "여기서 카드를 분실한 것 같은데 혹시 보관하고 있느냐?"라고 물었고 B는 카드를 보여주면서 "이것이냐?"라고 확인하자 乙은 그렇다고 하며 카드를 건네받아 카페를 나왔다. 乙로부터 카드를 건네받은 甲은 인근 은행 현금인출기에서 A의 카드를 이용하여 예금 300만 원을 출금한 후 자신의 친동생 丙에게 전화로 금전의 출처를 이야기하면서 300만 원을 丙의 계좌로 입금한 후 보관을 부탁하였다. 丙은 그 돈을 은행에서 출금하여 유흥비로 사용하였다.

(2) 보이스피싱 조직원 甲은 다음 날 乙을 만나, 보이스피싱 범죄를 위장하기 위한 회사라는 사실을 숨기고 "누군가 주는 돈을 받아 우리 회사에 가져다 주기만 하면 되는 고액의 알바자리가 있다"라고 하였다. 금전적으로 어려웠던 乙은 꺼림직한 생각이 들었지만 甲의 제안을 받아들였다. 며칠 후 甲은 乙에게 "○○빌딩 입구에 가서 누군가가 주는 쇼핑백을 우리 사무실로 가져오면 50만 원을 주겠다."라고 하였다. 이에 ○○빌딩 입구에 도착한 乙은 쇼핑백을 들고 있는 70대 C를 발견하고 다가가 쇼핑백을 건네받았다. 그 순간 D가 갑자기 다가와 乙을 붙잡으면서 쇼핑백을 뺏으려 하자 乙은 D가 경찰을 위장한 날치기범이라고 생각하고 D의 다리를 강하게 걸어찬 후 도주하였다. 그런데 사실 D는 보이스피싱 피해자 C의 신고로 잠복 중이던 사법경찰관이었으며, D는 乙의 타격으로 전치 5주의 상해를 입었다. 가까스로 현장을 벗어 난 乙은 쇼핑백에 현금 5천만 원이 들어 있는 것을 확인하였다. 乙은 그 중에서 2천만 원을 甲 몰래 자신의 집에 숨기고 甲에게는 3천만 원이 든 쇼핑백을 건넸다.

1. (1)에서 甲, 乙, 丙의 죄책은? (25점)

2. (1)에서 만약, 甲이 乙에게 전후 사정을 숨기고, "B에게 내 카드를 맡겨놓았는데 내가 직접 돌려받기 어려운 사정이 있으니, 네가 가서 너의 카드라고 하면서 받아오라."라고 하였고, 乙은 그 말을 그대로 믿고 B에게 가서 자신의 카드라고 하면서 건네받았다면, 이 경우 甲의 죄책은? (10점)

3. (2)에서 甲, 乙의 죄책은? (25점)

4. (1)과 관련하여, B는 甲과 乙의 행동이 녹화된 매장내 CCTV 영상파일의 사본이 담겨있는 USB를 수사기관에 임의제출 하였다. 검사가 이 USB를 甲의 유죄증거로 법원에 제출한 경우 그 USB를 증거로 사용할 수 있는가? (15점)

5. (1)과 관련하여, 이미 甲에 대한 유죄판결이 확정된 후, 뒤늦게 잡힌 乙의 사건을 수사하던 사법경찰관 P1은 甲을 참고인으로 출석시켜 乙의 범행과 관련된 조사를 하고 이를 진술조서에 남겼는데, 乙의 공판에 출석한 甲이 자신의 진술조서와 관련된 신문에서 증언을 거부한 경우, 증언거부가 정당한 경우와 그렇지 않은 경우를 나누어 그 진술조서의 증거능력 여부를 설명하시오. (15점)

6. 300만 원을 탕진한 丙은 2024. 2. 23. 05:30 무렵 △△식당에서 식사 후 대금을 지불하지 않아 관할 경찰서장으로부터 통고처분을 받은 후 같은 날 11:00 경 다시 XX식당에서 무전취식 신고를 받은 사법경찰관 P2에게 적법한 절차를 거쳐 현행범으로 체포되었다. 조사 과정에서 P2는 통고처분 대상 범행을 비롯한 丙의 동종전력을 발견하고 "통고처분을 취소하고 상습사기로 형사입건하고자 한다."는 취지의 수사보고서를 작성, 검찰에 송치하였다. 검사 S가 2024. 3. 4. 이 사건 범죄사실 전부에 대해 상습사기로 공소를 제기하였다면, 법원이 취해야 할 조치는? (10점)

제 1 문 [해 설]

목 차

<설문 1의 해결>

I. 甲의 죄책
1. 乙에게 A의 카드를 B로부터 건네받게 한 행위
 가. 사기죄 교사범(형법 제347조, 제31조) 성립 여부
 나. 장물취득죄(형법 제362조 제1항)
2. A의 계좌에서 300만 원을 인출하고 丙에게 입금한 행위
 가. 절도죄(형법 제329조) 성립 여부
  1) 관련 법리
  2) 사안의 해결
3. 결론

II. 乙의 죄책
1. 甲의 부탁을 받고 B로부터 카드를 건네받은 행위
 가. 사기죄(형법 제347조) 또는 절도죄(형법 제329조) 성립 여부
  1) 문제점
  2) 판례
  3) 사안의 해결
2. 결론

III. 丙의 죄책
1. 甲의 부탁을 받고 자신의 계좌로 금전을 이체받은 행위
 가. 장물보관죄(형법 제362조 제1항)의 성립 여부
  1) 300만원의 예금채권이 장물이 될 수 있는지 여부
  2) 대체장물과 환전통화의 장물성 여부
  3) 친족간의 범행 (제365조 제2항)의 적용여부
2. 유흥비로 사용한 행위
 가. 횡령죄(형법 제355조 제1항)의 성립 여부
  1) 관련 판례
  2) 사안의 경우
3. 사안의 해결

<설문 2의 해결>

I. 쟁점의 정리
II. 사기죄의 간접정범(형법 제347조, 제34조 제1항)이 성립하는지 여부
1. 乙의 사기죄 성립여부
2. 甲의 사기죄 간접정범 성립여부
 가. 관련법리
 나. 사안의 경우
III. 결론

<설문 3의 해결>

I. 甲의 죄책
1. 사기죄(형법 제347조) 성립
2. 범죄단체활동죄(형법 제114조) 성립
3. 죄수판단
4. 결론

II. 乙의 죄책
1. 사기죄(형법 제347조)의 공동정범 내지 방조범 성립 여부
 가. 공동정범으로 보는 경우
 나. 무죄 또는 방조범으로 보는 경우
 다. 사안의 해결
2. 폭행치상죄(형법 제262조) 성립 여부
 가. 문제점
 나. 학설 및 판례
 다. 검토
 라. 사안의 해결
3. 횡령죄(형법 제355조) 성립 여부
 가. 피해자 C에 대한 횡령죄 성립 여부
 나. 공범인 甲에 대한 횡령죄 성립 여부
4. 장물취득죄(형법 제362조) 성립여부

<설문 4의 해결>
1. CCTV 동영상 파일 압수의 적법성
2. 사본으로서 USB의 증거능력
  가. 관련법리
  나. 사안의 경우
3. 범행장면 동영상의 증거의 성격
  가. 문제점
  나. 견해의 대립
4. 검토 및 결론

<설문 5의 해결>
Ⅰ. 참고인진술조서의 증거능력 요건(형사소송법 제312조 제4항)
Ⅱ. 증언거부권 행사와 제314조 적용 여부

1. 제314조의 의의
2. 정당하게 증언거부권을 행사한 경우
  가. 학설 및 판례
  나. 검토
3. 증언거부권의 정당한 행사가 아닌 경우
  가. 학설 및 판례
  나. 검토
4. 결론

<설문 6의 해결>
Ⅰ. 문제점
Ⅱ. 범칙금제도의 의의
Ⅲ. 통고처분의 경우

<설문 1의 해결(25점)>

Ⅰ. 甲의 죄책 (10점)

1. 乙에게 A의 카드를 B로부터 건네받게 한 행위

가. 사기죄 교사범(형법 제347조, 제31조) 성립 여부

乙이 기망의 방법으로 B를 속여 A의 신용카드를 교부받았다면 이는 B의 처분행위를 유발하여 카드가 교부된 것이므로, 乙의 행위는 사기죄에 해당하고 甲은 이에 대한 교사범이 된다.

나. 장물취득죄(형법 제362조 제1항)

공동정범 이외의 자에게 장물취득죄가 성립할 수 있고, 甲이 이후 그 카드를 넘겨받은 것은 이미 범죄로 취득된 재산을 취득한 행위에 해당하여 장물취득죄가 성립한다.[1]

2. A의 계좌에서 300만 원을 인출하고 丙에게 입금한 행위

가. 절도죄(형법 제329조) 성립 여부

1) 관련 법리

현금인출기에서 타인의 카드를 이용하여 현금을 인출한 행위에 대해서 무죄설, 컴퓨터사용사기죄설, 절도죄설 등이 대립하고 판례는 절도죄라는 입장에서 절취한 신용카드를 이용하여 현금자동지급기에서 현금을 인출한 경우, 현금자동지급기 관리자의 의사에 반하여 그의 지배를 배제하고 그 현금을 자기의 지배하에 옮겨 놓는 것이 되어 절도죄를 구성한다고 판시한다.[2]

---

[1] 甲과 乙을 사기죄의 공동정범으로 보는 경우 사기죄의 실행행위에 지나 않아 장물취득죄는 불성립한다.

한편, 현금서비스를 받은 경우가 아니라 예금을 인출한 경우이므로 신용카드 부정사용죄는 성립하지 않는다.[3]

2) 사안의 해결

甲은 A의 계좌에서 현금을 인출하여 丙 계좌로 송금하였는데, 현금을 인출한 행위는 현금자동지급기 관리자의 의사에 반하여 현금을 자기 지배하로 옮긴 것이므로 절도죄가 성립한다. 반면, 300만원을 송금한 행위는 甲의 절도죄의 불가벌적 사후행위에 해당하여 별도로 죄가 성립하지 않는다.

3. 결론

甲에게는 A의 카드에 대한 사기죄의 교사범 및 현금인출행위에 대한 절도죄가 성립하며, 각 죄는 실체적 경합관계에 있다.

II. 乙의 죄책 (5점)

1. 甲의 부탁을 받고 B로부터 카드를 건네받은 행위

가. 사기죄(형법 제347조) 또는 절도죄(형법 제329조) 성립 여부

1) 문제점

기망에 의한 카드 교부의 경우, 절도죄가 성립하는지, 사기죄가 성립하는지 문제된다.

2) 판례

이에 대하여 판례는 사기죄에서 처분행위는 착오에 빠진 피해자의 행위를 이용하여 재산을 취득하는 것을 본질적 특성으로 하는 사기죄와 절도죄를 구분하는 역할을 하며, 기망의 방법으로 타인으로 하여금 처분행위를 하도록 하여 재물 또는 재산상 이익을 취득한 경우에는 절도죄가 아니라 사기죄가 성립한다고 판시한다.[4]

3) 사안의 해결

카페주인 B는 카드의 실질적 보관 및 처분 권한을 가진 자로서, 乙의 기망에 속아 카드를 교부하였는 바, 처분행위를 하였으므로 사기죄가 성립한다.

2. 결론

乙에게는 사기죄가 성립한다.

---

[2] 대판 1995.07.28. 95도997 등 참조
[3] 대판 2003.11.14. 2003도3977
[4] 대판 2022.12.29. 2022도12494

Ⅲ. 丙의 죄책 (10점)

1. 甲의 부탁을 받고 자신의 계좌로 금전을 이체받은 행위

가. 장물보관죄(형법 제362조 제1항)의 성립 여부

1) 300만원의 예금채권이 장물이 될 수 있는지 여부

예금채권이 재산상 이익이라 장물성이 인정될 수 있는지 여부에 관하여, 판례는 재물에 해당하는 현금을 교부하는 방법이 예금계좌로 송금하는 형식으로 이루어진 것에 불과하여, 장물성이 인정된다고 판시한다.5)

2) 대체장물과 환전통화의 장물성 여부

이에 대하여 판례는 장물인 현금을 금융기관에 예금의 형태로 보관하였다가 이를 반환받기 위하여 동일한 액수의 현금을 인출한 경우에 예금계약의 성질상 인출된 현금은 당초의 현금과 물리적인 동일성은 상실되었지만 액수에 의하여 표시되는 금전적 가치에는 아무런 변동이 없으므로 장물로서의 성질은 그대로 유지된다고 봄이 상당하다고 판시한다.6)

3) 친족간의 범행(제365조 제2항)의 적용여부

丙은 甲의 친동생이므로, 민법 제779조 제1항 제1호의 가족에 해당하고, 같은 주거에서 일상생활을 공동으로 한다는 사정이 없는 한, 형법 제365조 제2항의 친족상도례 규정이 적용된다.

2. 유흥비로 사용한 행위

가. 횡령죄(형법 제355조 제1항)의 성립 여부

1) 관련 판례

판례는 절도범인으로부터 장물보관의뢰를 받은 자가 그 정을 알면서 이를 인도받아 보관하고 있다가 임의처분하였다 하여도 장물보관죄가 성립되는 때에는 이미 그 소유자의 소유물추구권을 침해하였으므로 그 후의 횡령행위는 불가벌적 사후행위에 불과하여 별도로 횡령죄가 성립하지 않는다고 판시한다.7)

2) 사안의 경우

丙이 장물인 금전을 사용한 행위는 추가적인 횡령죄를 구성하지 않는다.

3. 사안의 해결

丙에게는 장물보관죄만 성립하고, 형법 제365조 제2항의 친족상도례가 적용된다.

---

5) 대판 2010.12.09. 2010도6256
6) 대판 2000.03.10. 98도2579
7) 대판 1976.11.23. 76도3067

<설문 2의 해결(10점)>

I. 쟁점의 정리

甲에게 사기죄의 간접정범이 성립하는지 여부가 문제된다.

II. 사기죄의 간접정범(형법 제347조, 제34조 제1항)이 성립하는지 여부

1. 乙의 사기죄 성립여부

乙은 甲의 지시에 따라 행위를 하였으나, 해당 행위가 기망행위라는 점을 인식하지 못하였으므로 사기죄의 고의가 인정되기 어렵다.

이에 따라 乙 자신에게는 사기죄가 성립하지 않는다.

2. 甲의 사기죄 간접정범 성립여부

가. 관련법리

간접정범이란 자기의 범의 하에 고의나 책임능력이 없는 자, 또는 도구화된 타인을 이용하여 범죄를 실행하는 형태를 말하는데(형법 제34조 제1항), 이용당한 자에게 고의가 부정되고, 이용한 자에게 범의가 인정되는 경우에는 이용한 자가 정범으로서의 죄책을 진다.

나. 사안의 경우

甲은 乙의 행위를 이용하여 피해자를 기망하고 재산상 이익을 취득하였으므로, 고의 없는 타인을 도구로 이용한 간접정범에 해당한다.

III. 결론

甲은 사기죄의 간접정범으로서 형법 제347조, 제34조 제1항의 죄책을 진다.

<설문 3 의 해결(25점)>

I. 甲의 죄책 (5점)

1. 사기죄(형법 제347조) 성립

甲은 보이스피싱 조직의 구성원으로서, 피해자 C로부터 현금 5천만원을 편취할 의사로 범행에 가담하였는바 사기죄가 성립한다.

2. 범죄단체활동죄(형법 제114조) 성립

보이스피싱 조직은 지속적·체계적으로 범죄를 목적으로 결합된 단체에 해당하고, 甲은 그 조직의 일원으로서 적극적으로 범행에 가담하였는 바, 범죄단체의 구성원으로서 그 활동에 참여한 경우에 해당하여 형법 제114조의 범죄단체활동죄가 성립한다.

3. 죄수판단

판례는 양죄는 각각 별개의 범죄구성요건을 충족하는 독립된 행위이고 서로 보호법익도 달라 법조경합 관계로 목적된 범죄인 사기죄만 성립하는 것은 아니라, 실체적 경합관계라고 판시한다.[8]

4. 결론

따라서 甲에게는 사기죄와 범죄단체활동죄가 모두 성립하며, 두 죄는 실체적 경합관계에 있다.

II. 乙의 죄책 (20점)

1. 사기죄(형법 제347조)의 공동정범 내지 방조범 성립 여부[9] (7점)

가. 공동정범으로 보는 경우

보이스피싱 사건에서 현금수거책은 전체 범행의 구조나 구체적 기망 내용을 모두 인식하지 못했더라도, 적어도 피해자의 금전을 수거하여 조직에 전달한다는 사실을 미필적으로나마 인식하고 이에 가담하였다면, 전체 보이스피싱 범행방법이나 내용까지 구체적으로 인식하지 않았더라도 그 가담 의사만으로도 사기죄의 공동정범으로 평가할 수 있다.

나. 무죄 또는 방조범으로 보는 경우

반면, 자신의 행위가 범죄에 이용된다는 인식이 전혀 없었던 경우에는 고의가 부정되어 죄책이 없고, 단지 정범의 범행을 용이하게 한다는 정도를 인식한 경우에는 방조범이 성립한다.

다. 사안의 해결

사안에서 乙은 '꺼림칙한 생각이 들었다'고 하면서도 고액의 알바 제안을 수락하였으므로, 현금 수거행위가 불법자금 전달임을 적어도 미필적으로 인식한 것으로 볼 수 있다. 따라서 사기죄의 공동정범이 성립할 여지가 있고, 적어도 방조의 고의는 인정되므로 방조범이 성립한다.

---

[8] 대판 2017.10.26. 2017도8600
[9] 대판 2024.12.12. 2024도10141 참조

2. 폭행치상죄(형법 제262조) 성립 여부 (6점)

가. 문제점

乙은 피해자 C의 신고로 잠복 중이던 경찰 D를 범인으로 오인하고 다리를 걸어차 상해를 입혔는데, 이는 위법성조각사유의 객관적 전제사실의 착오에 해당하는 것으로, 착오의 법적 효과가 문제된다.

나. 학설 및 판례

위법성 조각사유의 전제사실에 대한 착오가 있는 경우의 해결에 대한 학설은 ① 고의는 위법성 인식을 포함하고 있다고 보고 고의를 조각하는 엄격고의설, ② 제16조에 따라 착오에 정당한 이유가 있다면 책임을 조각하는 엄격책임설, ③ 사실의 착오와의 구조적 유사성에 착안하는 유추적용설, ④ 2단계 범죄체계를 취하여 사실의 착오로 취급하자는 소극적 구성요건 표지이론, ⑤ 심정반가치가 결여된 것으로 보아 법적효과에서만 고의를 조각하는 견해인 법효과제한책임설 등이 있다.

판례는 착오에 대하여 정당한 이유가 있으면 위법성을 조각하는 입장이다.[10]

다. 검토

① 엄격책임설은 위법성 조각사유의 전제사실에 관한 착오에 사실에 관한 착오의 측면이 있다는 것을 간과하였고, ② 유추적용설은 범죄사실에 대한 착오와 위법성조각사유의 전제사실의 착오는 질적 차이가 있다는 점을 간과하였으며, ③ 소극적 구성요건 표지이론은 그 전제인 2단계 범죄체계는 위법성의 독자성을 부정하고 고의의 내용을 지나치게 확대한다는 비판이 있으며, ④ 판례는 책임비난의 문제를 위법성 조각의 문제로 혼동하였다는 비판을 받는다.

따라서 고의의 이중적 지위를 전제로 구성요건적 고의는 인정하나 책임고의를 조각하여, 과실범의 성부를 논하는 한편, 악의의 가담자에게 공범의 성립을 인정하는 법효과제한책임설이 가장 타당하다.

라. 사안의 해결

엄격책임설과 판례의 논리에 따르면 경찰 D를 범인으로 오인한 것은 정당한 이유가 없으므로 폭행치상죄가 성립하고, 법효과제한적 책임설, 유추적용제한책임설, 소극적 구성요건표지이론에 따르면 과실폭행을 처벌하는 규정이 없으므로 불가벌로서 죄가 성립하지 않는다.

---

[10] 대판 2024.07.25. 2023도16951

3. 횡령죄(형법 제355조) 성립 여부 (7점)

가. 피해자 C에 대한 횡령죄 성립 여부

乙이 교부받은 5천만 원은 이미 사기죄를 통해 취득한 범죄수익으로서, C에 대한 관계에서는 새로운 불법영득행위가 아니라 사기죄의 결과에 포함되는 행위에 불과하다.

따라서 피해자 C에 대한 별도의 횡령죄는 성립하지 않는다.

나. 공범인 甲에 대한 횡령죄 성립 여부

횡령죄가 성립하기 위해서는 타인의 재산을 보호, 관리하는 지위에 있고, 보호할만한 위탁관계가 존재해야하는데, 사안에서 甲의 소유나 甲과 乙 사이에 보호가치 있는 위탁관계가 존재하지 않으므로, 乙이 2천만 원을 영득했다고 하더라도 甲에 대한 횡령죄는 성립하지 않는다.

4. 장물취득죄(형법 제362조) 성립여부

사기죄로 취득한 재물에 대하여 공범의 취득행위는 사기죄의 실행행위에 지나지 않아 장물취득죄 성립하지 않는다.

<설문 4의 해결(15점)>

1. CCTV 동영상 파일 압수의 적법성 (2점)

형사소송법 제218조는 소유자나 소지자가 임의로 제출한 물건은 영장 없이 압수할 수 있다고 규정한다. 사안에서 CCTV 영상은 카페 주인이 자발적으로 수사기관에 제출한 것이므로, 영장 없이 수집하였더라도 적법한 압수로 평가된다. 따라서 USB 파일의 압수절차는 적법하다.

2. 사본으로서 USB의 증거능력 (5점)

가. 관련법리

사본의 증거능력의 경우에는 ① 원본증거를 법정에 제출할 수 없거나 제출이 곤란한 사정이 있고, ② 원본증거가 존재하거나 존재하였으며, ③ 제출된 증거가 원본증거와 정확하게 같다는 사실이 증명된 때 증거능력이 인정된다.

나. 사안의 경우

원본인 CCTV 하드디스크를 직접 법정에 제출하는 것이 사실상 곤란하고, USB 파일이 원본 영상과 동일한 내용을 담고 있음이 입증된다면, 해당 USB 파일은 위 요건을 충족하므로 증거능력이 인정된다.

3. 범행장면 동영상의 증거의 성격 (5점)

가. 문제점
CCTV 동영상의 법적성질에 대하여 범행상황과 그 전후 상황을 촬영한 동영상은 현장사진과 유사하고, 이에 대하여 전문법칙이 적용되는지 문제된다.

나. 견해의 대립
① 이에 대하여 범행현장을 촬영한 영상부분은 진술증거가 아니므로 전문법칙이 적용되지 않고, 따라서 USB 파일이 현장의 정확한 영상을 담고 있음을 입증하면 바로 증거능력 인정된다는 비진술증거설, ② 범행현장을 담고 있는 USB 파일도 사실의 보고라는 기능면에서 진술증거와 동일하고 인위적 조작의 위험이 있으므로 전문법칙을 적용해야 하고, 사안의 경우 USB 파일은 사인이 촬영한 것이므로 진술서에 준하여 형사소송법 제313조 제1항이 적용된다는 진술증거설, ③ 범행현장을 담고 있는 USB 파일은 비진술증거이지만 조작가능성이 있으므로 예외적으로 검증조서에 준하여 증거능력을 인정할 수 있고, 사안의 경우 USB 파일의 촬영주체가 사인이므로 검증조서에 관한 형사소송법 제312조 제6항을 유추적용하여 그 증거능력 유무 판단한다는 검증조서 유추적용설이 대립한다.

범행현장이 찍힌 CCTV 동영상의 증거능력을 정면으로 다룬 판례는 없으나 일반적으로는 비진술 증거설에 가까운 입장을 취하고 있으며, 실무에서도 비진술증거설에 입각하여 처리하고 있다.

4. 검토 및 결론 (3점)
생각건대, 범행현장의 상황을 그대로 녹화한 사인의 영상녹화물은 비진술증거에 해당한다고 보아야 할 것이다.[11]

따라서 사안에서 범행현장이 촬영된 CCTV 영상이 담긴 USB 파일은 비진술증거로서 전문법칙의 적용을 받지 않으므로, 영상이 사건과 관련되고, 조작 없이 촬영된 사실이 증명된다면 USB 파일은 증거능력이 있다.

<설문 5의 해결(15점)>

I. 참고인진술조서의 증거능력 요건(형사소송법 제312조 제4항) (3점)

참고인 진술조서는 ① 적법한 절차와 방식에 따라 작성될 것, ② 진정성립이 인정될 것, ③ 반대신문권이 보장될 것, ④ 특신상태를 증거능력의 요건으로 한다.

위 ③ 요건에 대하여, 반대신문은 단순히 형식적으로 신문기회가 주어졌다는 사정만으로는 부족하고, 피고인 또는 변호인이 실제로 원진술자에게 반대신문을 할 수 있었는지 여부가 실질적, 효과적으로 보장되어야 한다.

---

[11] 이창현, 형사소송법 제9판(2023), p.977 참조

Ⅱ. 증언거부권 행사와 제314조 적용 여부 (12점)

1. 제314조의 의의

제314조 제312조 또는 제313조의 경우에 진술을 요하는 자가 진술할 수 없는 때 다시 예외적으로 그 진술 없이 증거능력을 인정할 수 있는 요건을 규정하고 있다. 형사소송법이 피고인의 반대신문권 보장을 강화하고 전문법칙의 예외사유를 더욱 엄격하게 제한 하는 방향으로 개정되어 온 취지는 증언거부권의 정당한 행사로 인정되지 않는 증언거부에 대하여 형사소송법 제314조의 적용 여부를 판단할 때에도 중요한 고려 요소로 삼아야 한다.

예외적으로 전문증거의 증거능력이 인정되기 위해 갖추어야 할 요건에 대하여 다시 그 요건마저 갖추지 않아도 되는 예외를 규정한 것이므로, 그 적용 범위를 더욱 제한적으로 해석해야 한다.

2. 정당하게 증언거부권을 행사한 경우

가. 학설 및 판례

이에 대해서 서류의 작성자 또는 원진술자가 공판준비 또는 공판기일에 출석할 수 없는 경우는 물론이고 법정에 출석하더라도 그로부터 해당 서류의 진정성립에 관한 진술을 들을 수 없는 경우도 널리 포함한다고 해석하여야 한다는 견해가 있으나, 판례는 법정에 출석한 증인이 형사소송법 제148조, 제149조 등에서 정한 바에 따라 정당하게 증언거부권을 행사하여 증언을 거부한 경우는 형사소송법 제314조의 '그 밖에 이에 준하는 사유로 인하여 진술할 수 없는 때'에 해당하지 않는다고 판시한다.12)

나. 검토

생각건대, 현행 형사소송법은 제314조의 예외사유의 범위를 더욱 엄격하게 제한하고 있는데, 이는 직접심리 주의와 공판중심주의의 요소를 강화하려는 취지가 반영되어있는 바 위 취지를 고려할 때, 판례의 태도가 타당하다.

3. 증언거부권의 정당한 행사가 아닌 경우

가. 학설 및 판례

증인이 정당하게 증언거부권을 행사한 것으로 볼 수 없는 경우에는 형사소송법 제314조의 '그 밖에 이에 준하는 사유로 인하여 진술할 수 없는 때'에 해당한다는 견해가 있으나 판례는 수사기관에서 진술한 참고인이 법정에서 증언을 거부하여 피고인이 반대신문을 하지 못한 경우에는 정당하게 증언거부권을 행사한 것이 아니라도, 피고인이 증인의 증언거부 상황을 초래하였다는 등의 특별한 사정이 없는 한 형사소송법 제314조의 '그 밖에 이에 준하는 사유로 인하여 진술할 수 없는 때'에 해당하지 않는다고 판시한다.13)

---

12) 대판 2012.05.17. 2009도6788(전합)
13) 대판 2019.11.21. 2018도13945(전합)

나. 검토

생각건대, 증인이 정당하게 증언거부권을 행사한 경우와 증언거부권의 정당한 행사가 아닌 경우를 비교하면, 피고인의 반대신문권이 보장되지 않는다는 점에서 아무런 차이가 없는 바, 판례의 태도가 타당하다.

4. 결론

결국 증인이 정당하게 증언거부권을 행사하여 증언을 거부한 경우, 증언거부권의 정당한 행사가 아닌 경우 모두 수사기관에서 그 증인의 진술을 기재한 서류는 증거능력이 없다.

<설문 6의 해결(10점)> [14]

I. 문제점

통고처분을 받은 후 통고처분을 취소하고, 공소제기를 할 수 있는지 여부가 문제된다.

II. 범칙금제도의 의의

「경범죄 처벌법」상 범칙금제도는 범칙행위에 대하여 형사절차에 앞서 경찰서장의 통고처분에 따라 범칙금을 납부할 경우 이를 납부하는 사람에 대하여는 기소를 하지 않는 처벌의 특례를 마련해둔 것으로 법원의 재판절차와는 제도적 취지와 법적 성질에서 차이가 있다.[15]

범칙자가 통고처분을 불이행하였더라도 기소독점주의의 예외를 인정하여 경찰서장의 즉결심판 청구를 통하여 공판절차를 거치지 않고 사건을 간이하고 신속·적정하게 처리함으로써 소송경제를 도모하되, 즉결심판 선고 전까지 범칙금을 납부하면 형사처벌을 면할 수 있도록 함으로써 범칙자에 대하여 형사소추와 형사처벌을 면제받을 기회를 부여하고 있다.

III. 통고처분의 경우

경찰서장이 범칙행위에 대하여 통고처분을 한 이상, 범칙자의 위와 같은 절차적 지위를 보장하기 위하여 통고처분에서 정한 범칙금 납부기간까지는 원칙적으로 경찰서장은 즉결심판을 청구할 수 없고, 검사도 동일한 범칙행위에 대하여 공소를 제기할 수 없다. 또한 범칙자가 범칙금 납부기간이 지나도록 범칙금을 납부하지 아니하였다면 경찰서장이 즉결심판을 청구하여야 하고, 검사는 동일한 범칙행위에 대하여 공소를 제기할 수 없다.[16]

따라서 법원은 검사가 제기한 공소는 그 절차가 형사소송법 제327조 제2호에 따라 법률의 규정에 위반하여 무효인 때에 해당하여 공소기각판결을 하여야 한다.

---

14) 대판 2021.04.01. 2020도15194
15) 대판 2012.09.13. 2012도6612 등 참조
16) 대판 2020.04.29. 2017도13409, 대판 2020.07.29. 2020도4738 참조

제 2 문

(1) A건설회사 대표이사 甲은 K시의 도로포장공사를 수주하고자 마음먹고 평소 알고 지내던 乙에게 "K시 건설과장 丙이 너의 삼촌이지? 내가 돈을 마련해 줄 테니 丙에게 전해주고 잘 부탁하여 우리 회사가 공사를 수주할 수 있는 비밀정보를 받아 오도록 해라. 잘되면 1억 원을 주겠다."라고 하면서 A회사가 경영위기에 대응하기 위하여 보관중이던 자금으로 현금 5,000만 원과 백화점 상품권 1,000만 원을 넣은 가방을 건넸다. 乙은 丙을 만나 "내가 투자해 둔 A 회사가 도로포장공사를 수주하지 못하면 큰 일 나게 생겼으니, 제발 공사를 수주할 수 있도록 정보를 주세요."라며 가방을 전달하였다. 그런데 상품권은 乙이 모두 챙겼고, 그 가방에는 현금 5,000만 원만 들어 있는 상태였다. 丙은 乙의 부탁을 들어주기로 마음먹고 이 공사의 수주에 관한 핵심 비밀정보를 乙에게 전달하였다.

(2) 이와 관련하여 甲, 乙, 丙이 병합심리를 받고 있던 중, 검사는 乙과 丙에 대하여 증인신문을 신청하였고, 변론이 분리된 증인신문에서 丙은 재판장으로부터 증언거부권을 고지받았음에도 이를 행사하지 않은 채, 자신의 범죄사실 관련 질문에 대하여 허위의 사실을 진술하였다.

(3) 乙은 丙과 함께 한 범행을 모두 자백하였으나 丙은 乙로부터 돈을 받은 적도 없고 비밀정보를 넘겨준 적도 없다고 주장하며 범행 일체를 부인하고 있다.

(4) 사법경찰관 P1은 乙의 사무실의 관련 문서에 대한 압수·수색영장의 집행을 위하여 乙에게 집행의 일시와 장소를 미리 통지하였는데 乙은 참여하지 않는다는 의사를 밝혔다. 그러자 P1은 乙의 변호인에게는 압수·수색영장의 집행 일시, 장소를 통지하는 등으로 압수·수색영장의 집행에 참여할 기회를 별도로 보장하지 않고 乙의 사무실에서 관련 문서를 압수하였다.

(5) 사법경찰관 P2가 丙의 금품 수수 증거확보를 위하여 丙의 휴대전화에 대한 압수·수색영장을 발부받아 그의 사무실을 방문한다는 사실을 전해 들은 丙은 압수·수색이 개시되기 직전에 사무실 밖 화단으로 자신의 휴대전화를 급하게 집어던졌고, 그 사실을 알지 못한 P2는 이 휴대전화를 유류물로 판단하고 영장 없이 압수한 후 이 휴대전화에 저장된 정보를 탐색하는 과정에서 丙이 범한 성폭력범죄의처벌등에관한특례법위반(카메라등이용촬영)죄의 증거를 발견하였다.

1. (1)에서 甲, 乙, 丙의 죄책은? (50점)

2. (2)에서 丙의 죄책은? (10점)

3. (3)에서 만약, 乙과 丙의 공판정 자백 이외에 달리 증거로 사용할 수 있는 증거가 없다면, 법원은 丙에 대하여 유죄를 선고할 수 있는가? (20점)

4. (4)에서 P1의 압수는 적법한가? (10점)

5. (5)에서 P2가 압수한 유류물인 휴대전화 속의 영상증거는 丙의 성폭력범죄의처벌등에관한특례법위반(카메라등이용촬영)죄의 증거로 사용될 수 있는가? (10점)

확 인 : 법학전문대학원협의회

제 2 문 [해설]

목 차

<설문 1의 해결>

Ⅰ. 甲의 죄책
  1. 乙에게 돈을 준 행위
     가. 제3자뇌물교부죄(제133조 제2항) 성립 여부
  2. 회사자금으로 뇌물을 준 행위
     가. 업무상 횡령죄(형법 제356조) 성립 여부
  3. 乙에게 공무상비밀누설을 교사한 행위
     가. 공무상비밀누설죄(형법 제127조)의 교사범 성립 여부
        1) 문제점
        2) 판례
        3) 사안의 경우
  4. 사안의 해결

Ⅱ. 乙의 죄책
  1. 알선의 대가로 돈을 받은 행위
     가. 특가법위반(알선수재)죄(제3조) 성립 여부
     나. 변호사법위반죄(제111조 제1항) 성립 여부
  2. 甲의 증뢰물을 丙에게 전달한 행위
     가. 제3자뇌물취득죄(형법 제133조 제2항) 성립 여부
     나. 뇌물공여죄(형법 제133조 제1항) 성립 여부
  3. 甲으로부터 받은 상품권을 착복한 행위
     가. 횡령죄(형법 제355조 제1항) 성립 여부
        1) 학설 및 판례
        2) 검토
        3) 사안의 해결
  4. 丙에게 공무상비밀누설을 교사한 행위
     가. 공무상비밀누설죄(형법 제127조)의 교사범 성립 여부
  5. 사안의 해결

Ⅲ. 丙의 죄책
  1. 乙로부터 5,000만 원을 받은 행위
     가. 특가법위반(뇌물)죄(제2조 제1항 제2호) 성립 여부
  2. 비밀을 누설한 행위
     가. 공무상비밀누설죄(형법 제127조)의 성립 여부
  3. 사안의 해결

<설문 2의 해결>

Ⅰ. 문제점
Ⅱ. 위증죄(형법 제152조 제1항)의 성립 여부
Ⅲ. 결론

<설문 3의 해결>

Ⅰ. 공범인 공동피고인 진술의 증거능력
Ⅱ. 공범자의 자백과 보강증거
  가. 문제점
  나. 학설 및 판례
  다. 검토
Ⅲ. 사안의 해결

<설문 4의 해결>

Ⅰ. 문제점
Ⅱ. 변호인의 참여권
Ⅲ. 결론

<설문 5의 해결>

Ⅰ. 문제점
Ⅱ. 유류물 압수와 관련성
  1. 임의제출물의 압수
  2. 임의제출물이 아닌 유류물
Ⅲ. 결론

<설문 1의 해결(50점)>

I. 甲의 죄책 (20점)

1. 乙에게 돈을 준 행위 (5점)

가. 제3자뇌물교부죄(제133조 제2항) 성립 여부

甲은 K시 도로포장공사 수주를 위해 乙를 통하여 K시 건설과장 丙에게 비밀정보를 받아오도록 부탁하면서, 금품이 든 가방을 乙에게 교부하였는바, 특가법 제2조는 형법 제133조를 대상범죄로 규정하고 있지 않으므로 특가법 제2조는 성립하지 않고, 형법 제133조 제2항이 성립한다.17)

2. 회사자금으로 뇌물을 준 행위 (5점)

가. 업무상 횡령죄(형법 제356조) 성립 여부

판례는 회사가 기업활동을 하면서 형사상의 범죄를 수단으로 하여서는 안 되므로 뇌물공여를 금지하는 법률 규정은 회사가 기업활동을 할 때 준수하여야 하고, 따라서 회사의 이사 등이 업무상의 임무에 위배하여 보관 중인 회사의 자금으로 뇌물을 공여하였다면 이는 오로지 회사의 이익을 도모할 목적이라기보다는 뇌물공여 상대방의 이익을 도모할 목적이나 기타 다른 목적으로 행하여진 것이라고 보아야 하므로, 그 이사 등은 회사에 대하여 업무상 횡령죄의 죄책을 면하지 못한다고 판시한다.18)

甲은 회사가 경영위기 대응을 위해 보관 중이던 자금 5,000만 원과 상품권을 이용해 뇌물을 제공하였는 바, 회사 자금을 사용한 이상, 甲은 회사에 대해 업무상 횡령죄의 죄책을 면할 수 없다.

3. 乙에게 공무상비밀누설을 교사한 행위 (3점)

가. 공무상비밀누설죄(형법 제127조)의 교사범 성립 여부

1) 문제점

甲은 乙을 통하여 공무원 丙으로 하여금 공무상 비밀을 누설하게 하였으므로, 甲에게 간접교사의 형태의 공무상비밀누설 교사죄 성립 여부가 문제된다.

2) 판례

판례는 2인 이상의 서로 대향된 행위의 존재를 필요로 하는 대향범에 대하여 공범에 관한 형법 총칙 규정이 적용될 수 없다고 하고, 이러한 법리는 해당 처벌규정의 구성요건 자체에서 2인 이상의 서로 대향적 행위의 존재를 필요로 하는 필요적 공범인 대향범을 전제로 한다고 판시한다.19)

---

17) 알선행위자가 비공무원인 경우에는 특가법에 처벌규정이 없으므로 중재자를 처벌할 수 없다.
18) 대판 2013.04.25. 2011도9238
19) 대판 2022.06.30. 2020도7866

또한 판례는 대향범에 대하여는 형법총칙의 규정이 적용되지 않으므로 처벌받지 않는 대향자에 대하여는 공범 관계를 인정할 수 없다고 판시한다.[20]

3) 사안의 경우

공무상비밀누설죄는 누설행위자와 누설을 받는 자의 대향적 행위를 반드시 필요로 하므로, 구성요건 자체에서 2인 이상의 서로 대향적 행위의 존재를 필요로 하는 경우에 해당하는 바, 대향범에 해당한다.

대향범에 대하여는 형법총칙의 규정이 적용되지 않는 판례의 태도에 따르면 乙이 공무원 丙에게 비밀누설을 요청하였더라도, 丙의 행위를 교사한 甲에게 교사범 성립을 인정할 수 없다.

4. 사안의 해결 (2점)

甲에게는 제3자뇌물교부죄와 업무상 횡령죄가 성립하며, 공무상비밀누설 교사죄는 성립하지 않는다.

II. 乙의 책책 (25점)

1. 알선의 대가로 돈을 받은 행위 (6점)

가. 특가법위반(알선수재)죄(제3조) 성립 여부

乙은 甲으로부터 공사 수주를 위한 부탁을 받고, 건설과장 丙에게 공사를 잘 봐달라고 청탁하는 대가로 금품을 수수하였다.

알선이라 함은 '일정한 사항에 관하여 어떤 사람과 그 상대방 사이에 서서 중개하거나 편의를 도모하는 것'을 말하므로[21], 甲을 대신하여 스스로 상대방에게 청탁하는 행위도 알선행위에 해당한다.

알선과 수수한 금품 사이에 전체적·포괄적으로 대가관계가 있으면 본죄 성립하는데[22], 청탁의 대가로 금품이나 이익의 약속을 받았으므로 대가관계 인정된다.

따라서 乙은 공사 관련 정보 제공이라는 편의를 도모한 대가로 금품을 약속받았으므로, 특가법 제3조의 알선수재죄가 성립한다.

나. 변호사법위반죄(제111조 제1항) 성립 여부

乙이 공무원의 직무에 속하는 사항에 관하여 금품을 수수할 것을 약속하였으므로, 변호사법위반죄도 성립한다

---

[20] 대판 2011.04.25. 2009도3642
[21] 대판 2014.10.30. 2012도12394
[22] 대판 2016.09.28. 2014도9903

2. 甲의 증뢰물을 丙에게 전달한 행위 (7점)

가. 제3자뇌물취득죄(형법 제133조 제2항) 성립 여부

판례에 따르면 뇌물공여에 사용될 것을 알면서 금품을 교부받은 경우 본죄가 성립하는데[23] 乙은 甲으로부터 받은 금품이 丙에게 전달될 뇌물이라는 점을 인식하고 甲으로부터 그 금품을 교부받았으므로 본죄가 성립한다.

나. 뇌물공여죄(형법 제133조 제1항) 성립 여부

제3자가 그 금품을 수뢰자에게 전달한 경우에 증뢰물전달죄 이외에 뇌물공여죄가 별도로 성립하는 것은 아니므로[24], 본죄는 불성립한다.

3. 甲으로부터 받은 상품권을 착복한 행위 (5점)

가. 횡령죄(형법 제355조 제1항) 성립 여부

1) 학설 및 판례

불법원인급여물 횡령죄 성립 여부에 관하여 ① 그 소유권이 수탁자에게 귀속되므로 타인의 재물이라고 할 수 없어 횡령죄가 성립하지 않는다는 부정설, ② 신임관계를 전제로 한 위탁관계가 인정되므로 횡령죄가 성립한다는 긍정설, ③ 소유권이전의사가 있는 불법원인급여의 경우에는 횡령죄가 성립하지 않지만, 소유권이전의사가 없는 불법원인위탁의 경우에는 횡령죄가 성립한다는 절충설 대립한다.

판례는 부정설의 입장에서 민법 제746조에 불법의 원인으로 인하여 재산을 급여하거나 노무를 제공한 때에는 그 이익의 반환을 청구하지 못한다고 규정한 뜻은 급여를 한 사람은 그 원인행위가 법률상 무효임을 내세워 상대방에게 부당이득반환청구를 할 수 없고, 또 급여한 물건의 소유권이 자기에게 있다고 하여 소유권에 기한 반환청구도 할 수 없어서 결국 급여한 물건의 소유권은 급여를 받은 상대방에게 귀속된다는 것이므로, 조합장이 조합으로부터 공무원에게 뇌물로 전달하여 달라고 금원을 교부받은 것은 불법원인으로 인하여 지급 받은 것으로서 이를 뇌물로 전달하지 않고 타에 소비하였다고 해서 타인의 물을 보관중 횡령하였다고 볼 수는 없다고 판시한다.[25]

2) 검토

생각건대, 불법원인급여물의 보관 업무는 보호할만한 가치 있는 업무가 아니므로 판례의 태도가 타당하다.

3) 사안의 해결

사안에서 乙이 뇌물로 사용될 금품을 착복하였더라도, 보호할만한 가치가 있는 업무가 아닌 바, 횡령죄는 성립하지 않는다.

---

23) 대판 1985.01.22. 84도1033
24) 대판 1997.09.05. 97도1572
25) 대판 1988.09.20. 86도628

4. 丙에게 공무상비밀누설을 교사한 행위 (5점)

가. 공무상비밀누설죄(형법 제127조)의 교사범 성립 여부

앞서 본 바와 같이, 공무상비밀누설죄는 필요적 공범(대향범)에 해당하므로, 형법총칙상 교사·방조 규정을 적용할 수 없다는 판례에 따르면, 乙이 丙을 교사하였더라도 공무상비밀누설 교사죄는 성립하지 않는다.

5. 사안의 해결 (2점)

특가법 위반(알선수재)죄(또는 변호사법위반죄)와 제3자뇌물취득죄가 성립하며, 양죄는 실체적 경합관계에 있다.

III. 丙의 죄책 (5점)

1. 乙로부터 5,000만 원을 받은 행위

가. 특가법위반(뇌물)죄(제2조 제1항 제2호) 성립 여부

판례는 수뢰후부정처사(형법 제131조)는 본죄의 구성요건에 포함되지 않으나 수뢰를 전제로 하므로, 본죄가 성립한다고 판시한다.[26)]

사안에서 丙은 공무원으로서 자신의 직무와 관련하여 5,000만 원을 수수하고, 그 대가로 공사 관련 비밀정보를 제공하였으므로, 수뢰후부정처사죄가 성립한다.

2. 비밀을 누설한 행위

가. 공무상비밀누설죄(형법 제127조)의 성립 여부

丙은 공무원으로서 직무상 알게 된 비밀을 외부인 乙에게 전달하였으므로, 공무상비밀누설죄의 구성요건인 공무원이 직무상 알게 된 비밀의 누설행위에 해당한다.

따라서 丙에게는 본죄가 성립한다.

3. 사안의 해결

특가법위반(뇌물)죄와 공무상비밀누설죄가 성립한다.

<설문 2의 해결(10점)>

I. 문제점

위증죄 성립여부가 문제된다.

---

26) 대판 2004.03.26. 2003도8077

II. 위증죄(형법 제152조 제1항)의 성립 여부

판례는 소송절차가 분리된 공범인 공동피고인은 다른 공범인 공동피고인에 대한 공소사실에 관하여 증인이 될 수 있으나, 증인이 되더라도 자신의 범죄사실에 관련한 질문에 대하여는 피고인의 지위는 여전히 계속되고 그러한 지위는 증인의 지위보다 우선적이므로, 피고인들이 증언거부권을 고지 받았음에도 증언거부권을 행사하지 아니한 채 허위의 진술을 하였다면, 자신의 범죄사실에 대하여 증인으로서 신문을 받았더라도 피고인으로서의 진술거부권 내지 자기부죄거부특권 등이 침해되었다고 할 수 없어 위증죄가 성립한다고 판시한다.27)

III. 결론

따라서 판례에 의하면 본죄 성립한다.

<설문 3의 해결(20점)>

I. 공범인 공동피고인 진술의 증거능력 (7점)

이에 대하여 판례는 형사소송법 제310조의 피고인의 자백에는 공범인 공동피고인의 진술은 포함되지 않으며, 이러한 공동피고인의 진술에 대하여는 피고인의 반대신문권이 보장되어 있어 독립한 증거능력이 있다고 판시한다.28)

사안에서, 丙이 반대신문권을 행사할 수 있는 상태에서 이루어진 乙의 법정 자백은 독립한 증거로서의 증거능력이 인정된다.

II. 공범자의 자백과 보강증거 (10점)

가. 문제점

사안에서 乙은 공판정에서 丙과의 공모 및 금품전달 사실을 모두 자백하였고, 丙은 범행을 전면 부인하였는데, 공범자가 자백한 경우 공범자의 자백 외에 보강증거가 필요한지 문제된다.

나. 학설 및 판례

이에 대하여 ① 공범자가 자백한 경우 자백한 자는 보강증거가 없어 무죄, 자백을 하지 않은 자는 공범자의 자백이 보강증거가 되어 유죄라는 불합리한 결과가 초래되므로, 공범자의 자백외에도 다른 보강증거가 필요하다는 긍정설, ② 형사소송법 제310조는 엄격히 해석해야하므로, 공범자의 자백 외 보강증거가 필요없다는 부정설, ③ 공판정 자백에는 불필요하지만 그 외에는 필요하다는 절충설이 대립한다.

---

27) 대판 2024.02.29. 2023도7528
28) 대판 2006.05.11. 2006도1944

판례는 부정설의 입장에서 형사소송법 제310조 소정의 "피고인의 자백"에 공범인 공동피고인의 진술은 포함되지 아니하므로 공범인 공동피고인의 진술은 다른 공동피고인에 대한 범죄사실을 인정하는 증거로 할 수 있는 것일 뿐만 아니라 공범인 공동피고인들의 각 진술은 상호간에 서로 보강증거가 될 수 있다고 판시한다.29)

다. 검토
생각건대, 전문법칙의 예외는 엄격히 해석해야 하므로, 판례의 태도가 타당하다.

Ⅲ. 사안의 해결 (3점)
긍정설에 의하면 乙의 진술을 丙의 유죄 증거로 사용할 수 없고, 부정설, 판례에 의하면 乙의 진술을 丙의 유죄증거로 사용할 수 있다.

<설문 4의 해결(10점)>
Ⅰ. 문제점
변호인의 참여권이 보장되었는지 여부가 문제된다.

Ⅱ. 변호인의 참여권
변호인의 참여권의 법적성질에 대하여, 판례는 형사소송법 제219조, 제121조가 규정한 변호인의 참여권은 피압수자의 보호를 위하여 변호인에게 주어진 고유권이므로 변호인에게도 피고인과는 별개로 참여권을 보장하여야 한다고 판시한다.30)

또한 판례는 이러한 입장에서, 설령 피압수자가 수사기관에 압수·수색영장의 집행에 참여하지 않는다는 의사를 명시하였다고 하더라도, 특별한 사정이 없는 한 그 변호인에게는 형사소송법 제219조, 제122조에 따라 미리 집행의 일시와 장소를 통지하는 등으로 압수·수색영장의 집행에 참여할 기회를 별도로 보장하여야 한다고 판시한다.31)

Ⅲ. 결론
따라서 이러한 통지 없는 P1의 압수는 위법하다.

---

29) 대판 1992.07.28. 92도917
30) 대판 2025.04.24. 2024도19106
31) 대판 2020.11.26. 2020도10729

<설문 5의 해결(10점)>

Ⅰ. 문제점

유류물 압수의 경우 관련성이 있는 정보만을 선별하여야 증거능력이 인정될 수 있는지 여부가 문제된다.

Ⅱ. 유류물 압수와 관련성

1. 임의제출물의 압수

형사소송법 제218조에 따른 임의제출물의 경우 사전, 사후영장을 필요로 하지 않는다.

판례는 다만 이 경우에도 원칙적으로 정보저장매체에 대한 압수수색에 있어, 압수·수색 당시 또는 이와 시간적으로 근접한 시기까지 정보저장매체를 현실적으로 지배·관리하면서 그 정보저장매체 내 전자정보 전반에 관한 전속적인 관리처분권을 보유·행사하고, 달리 이를 자신의 의사에 따라 제3자에게 양도하거나 포기하지 아니한 경우에는, 그 지배·관리자인 피의자를 정보저장매체에 저장된 전자정보 전반에 대한 실질적인 압수·수색 당사자로 평가할 수 있고, 관련성 있는 정보만을 선별하여 탐색하여야 하며, 위 과정에서 있어 실질적 피압수자의 참여가 필수적이라고 판시한다.[32]

2. 임의제출물이 아닌 유류물

그러나 판례는 임의제출물이 아닌 유류물의 압수·수색에 대해서는 영장에 의한 압수·수색. 검증에 관하여 적용되는 형사소송법 제215조 제1항이나, 임의제출물 압수에 관하여 적용되는 형사소송법 제219조에 의하여 준용되는 제106조 제1항, 제3항, 제4항에 따른 관련성의 제한이 적용되지 않으므로, 범죄수사를 위해 정보저장매체의 압수가 필요하고, 정보저장매체를 소지하던 사람이 그에 관한 권리를 포기하였거나 포기한 것으로 인식할 수 있는 경우에는, 수사기관이 형사소송법 제218조에 따라 피의자 기타 사람이 유류한 정보저장매체를 영장 없이 압수할 때 해당 사건과 관계가 있다고 인정할 수 있는 것에 압수의 대상이나 범위가 한정된다거나, 참여권자의 참여가 필수적이라고 볼 수는 없다고 판시한다.[33]

Ⅲ. 결론

따라서 판례의 입장에 의하면 P2의 성폭법위반의 영상증거에 대한 압수는 적법하며, 이를 증거로 사용할 수 있다.

---

[32] 대판 2022.01.27. 2021도11170 등 참조
[33] 대판 2024.07.25. 2021도1181

MEMO

2025년도 제3차 변호사시험 모의시험 기출문제집

사례형
민사법

2025년도 제3차 변호사시험 모의시험-논술형(사례형)

시험과목	민사법(사례형)	응시번호		성 명	

응시자 준수사항

【공통사항】
1. 시험 시작 전 문제지의 봉인을 손상하는 경우, 봉인을 손상하지 않더라도 문제지를 들추는 행위 등으로 문제 내용을 미리 보는 경우 그 답안은 영점으로 처리됩니다.
2. 시험시간 중에는 휴대전화, 스마트워치, 무선이어폰 등 무선통신 기기를 비롯한 전자기기를 지녀서는 안 됩니다.
3. **답안은 반드시 문제번호에 해당하는 번호의 답안지**(제1문은 제1문 답안지 내, 제2문은 제2문 답안지 내)**에 작성**하여야 합니다. 즉, 해당 문제의 번호와 답안지의 번호가 일치하지 않으면 그 답안은 영점으로 처리됩니다. 다만, 수기로 작성하는 답안지에 한해 답안지를 제출하기 전 시험관리관이 답안지 번호를 정정해 준 경우에는 정상적으로 채점됩니다.
4. 답안지에는 문제 내용을 쓸 필요가 없으며, 답안 이외의 사항을 기재하거나 밑줄 기타 어떠한 표시도 하여서는 안 됩니다.
5. 지정된 시각까지 지정된 시험실에 입실하지 않거나 시험관리관의 승인 없이 시험시간 중에 시험실에서 퇴실한 경우, 그 시간 시험과 나머지 시간의 시험에 응시할 수 없습니다.
6. 시험시간 중에는 어떠한 경우에도 문제지를 시험실 밖으로 가지고 갈 수 없고, 그 시험시간이 끝난 후에는 문제지를 시험장 밖으로 가지고 갈 수 있습니다.

【IBT 방식】
1. 시험시간은 프로그램에 의해 자동 시작, 종료되며 시험이 종료되면 답안을 수정하는 등 답안 작성을 일절 할 수 없습니다.

【수기 방식】
1. 답안은 흑색 또는 청색 필기구(수성펜이나 연필 사용 금지) 중 한 가지 필기구만을 사용하여 답안 작성란(흰색 부분) 안에 기재하여야 합니다.
2. 답안지에 성명과 수험번호 등을 기재하지 않아 인적사항이 확인되지 않는 경우에는 영점으로 처리되는 등 불이익을 받게 됩니다. 특히 답안지를 바꾸어 다시 작성하는 경우, 성명 등의 기재를 빠뜨리지 않도록 유의하여야 합니다.
3. 답안을 정정할 경우에는 두 줄로 긋고 다시 써야 하며, 수정액·수정테이프 등은 사용할 수 없습니다.
4. 시험 종료 시각에 임박하여 답안지를 교체했더라도 시험시간이 끝나면 그 즉시 새로 작성한 답안지를 회수합니다.
5. 시험시간이 지난 후에는 답안지를 일절 작성할 수 없습니다. 이를 위반하여 **시험시간이 종료되었음에도 불구하고 계속 답안을 작성할 경우 그 답안은 영점으로 처리됩니다.**
6. **배부된 답안지는 백지 답안이라도 모두 제출**하여야 하며, **답안지를 제출하지 아니한 경우 그 시간 시험과 나머지 시험에 응시할 수 없습니다.**

법학전문대학원협의회
THE ASSOCIATION OF KOREAN LAW SCHOOLS

제 1 문

제 1 문의 1

<기초적 사실관계>

甲은 乙의 인장을 도용하여 乙이 변호사 丙에게 소송을 위임하는 것처럼 丙을 속여 사건위임계약서와 소송위임장을 작성하였고, 丙은 乙을 대리하여 소장을 작성하여 丁을 상대로 대여금 청구의 소를 제기하였다. 위 사건 소송계속 후 丙은 준비서면을 제출하는 등 일련의 소송행위를 하였다. 한편 丁은 丙의 소송대리권에 관하여 따로 다투지 아니하였다.

※ 이하의 추가된 사실관계 및 질문은 상호 무관하고 독립적임.

<추가적 사실관계 1>

丙은 법원에 소취하서를 제출하였다. 뒤늦게 위 일련의 소송행위와 소취하서가 제출된 사실을 알게 된 소송능력자인 乙은 丙이 무권대리인이지만 丙이 한 일련의 소송행위 중 소취하 행위만을 제외하고 나머지 소송행위를 추인한다고 진술하였다. 이에 대하여, 丁은 (1) 자백간주로 인하여 丙의 소송대리권이 인정되므로 丙은 무권대리인이 아니고, (2) 설사 丙이 무권대리인이라도 위와 같은 일부 추인은 효력이 없다고 주장하였다.

<문제>

1. 丁의 각 주장에 대하여 법원은 어떻게 판단하여야 하는가? (15점)

<추가적 사실관계 2>

뒤늦게 위 일련의 소송행위를 알게 된 소송능력자인 乙은 법원에 무권대리인인 丙의 소송행위 전부에 관해 추인거절의 의사표시를 하였다. 그 후 乙은 丙을 만나 상담한 후 丙을 적법하게 선임하기로 하고 법원에 丙의 소송행위를 모두 추인하겠다는 의사표시를 하였다. 丁은 乙이 한 추인의 효력이 없다고 주장하였다.

<문제>

2. 丁의 주장에 대하여 법원은 어떻게 판단하여야 하는가? (10점)

제 1 문의 1 [해 설]

목 차

<설문 1-1의 해결>
I. 문제점
II. 丁의 (1) 주장에 대한 판단
 1. 관계법리
 2. 사안의 적용
III. 丁의 (2) 주장에 대한 판단
 1. 관계법리 - 무권대리인의 소송행위에 대한 일부추인
 2. 사안의 적용
IV. 결 론

<설문 1-2의 해결>
I. 문제점
II. 관계법리
III. 사안의 적용
IV. 결 론

<설문 1-1의 해결>

I. 문제점

소송대리권의 존재 여부가 자백간주의 대상인지 및 무권대리인의 소송행위에 대한 일부추인이 허용되는지가 문제이다.

II. 丁의 (1) 주장에 대한 판단

1. 관계법리

재판상 자백이나 자백간주의 경우 이는 변론주의를 전제로 한 것이므로 법원의 직권조사사항은 원칙적으로 재판상 자백이나 자백간주의 대상이 될 수 없다.

판례도 「소송대리권의 존부는 법원의 직권탐지사항으로서, 이에 대하여는 의제자백에 관한 규정이 적용될 여지가 없다[1]」고 본다.[2]

2. 사안의 적용

甲의 기망에 의하여 丙은 본인 乙로부터 적법하게 소송위임을 받은 것으로 알고 乙을 대리하여 丁을 상대로 대여금 청구의 소를 제기하였고, 제소단계에서의 소송대리권의 존부는 법원의 직권조사사항이므로, 무권대리인 丙의 소송행위에 관하여 丁이 따로이 다투

---

[1] 대판 1999.02.24. 97다38930
[2] 소송대리인에 의한 소제기의 경우에 대리인의 대리권 존재는 소송요건의 하나로서 법원의 직권조사 사항이므로 법원은 당사자의 주장을 기다리지 않고 대리권의 유무를 조사하여야 하고 따라서 당사자가 그 흠결을 시인한다고 하여 이를 직권으로 조사함은 위법이라고 할 수 없는 것이다(대판 1964.05.12. 63다712).

지 않았다 하여 제150조 제1항의 자백간주가 성립한다고 볼 수 없다.

따라서, 이와 다른 丁의 (1)주장 부분은 받아들일 수 없다.

Ⅲ. 丁의 (2) 주장에 대한 판단

1. 관계법리 - 무권대리인의 소송행위에 대한 일부추인

무권대리인의 소송행위는 무효이지만, 당사자가 이를 추인하면 소급하여 유효가 된다(민사소송법 제60조). 이때, 내용을 변경한 추인 또는 일부추인은 원칙적으로 허용되지 않는다.

다만, 판례는 「무권대리인이 변호사에게 위임하여 소를 제기하여서 승소하고 상대방의 항소로 소송이 2심에 계속 중 그 소를 취하한 일련의 소송행위 중 소취하 행위만을 제외하고 나머지 소송행위를 추인함은 소송의 혼란을 일으킬 우려없고 소송경제상으로도 적절하여 그 추인은 유효하다[3]」고 본다.

2. 사안의 적용

따라서, 乙이 丙이 한 일련의 소송행위 중 소취하 행위만을 제외하고 나머지 소송행위를 추인하는 것도 허용되므로, 이와 달리 이러한 일부 추인은 효력이 없다고 주장하는 丁의 이 부분 주장도 받아들일 수 없다.

Ⅳ. 결 론

丁의 (1)부분, (2)부분 각 주장은 모두 받아들일 수 없다.

<설문 1-2의 해결>

Ⅰ. 문제점

무권대리인의 소송행위에 대하여 추인거절의 의사표시를 한 후 다시 추인을 하는 것이 적법한지가 문제된다.

Ⅱ. 관계법리

무권대리인의 소송행위에 대하여 당사자가 추인을 거절한다면 그 소송행위는 소급하여 무효로 확정되는 것이므로, 「일단 추인거절의 의사표시가 있는 이상 그 무권대리행위는 확정적으로 무효로 귀착되므로 그 후에 다시 이를 추인할 수는 없다.」는 것이 판례이다.[4]

---

[3] 대판 1973.07.24. 69다60
[4] 대판 2008.08.21. 2007다79480

Ⅲ. 사안의 적용

乙은 무권대리인인 丙의 소송행위 전부에 관해 추인거절의 의사표시를 하였으므로, 확정적으로 소송행위는 무효인 것이고, 그 후 다시 이를 추인하겠다는 의사표시를 하였다 하더라도 추인의 효력은 없으므로, 丁의 주장은 타당하다.

Ⅳ. 결 론

丁의 주장은 타당하므로 법원은 乙의 추인이 효력이 없는 것으로 보아 원칙적으로 소를 각하하여야 한다.

제1문의 2 bar examination

<기초적 사실관계>

A교회는 甲에게 공설묘지 조성 및 진입로 개설공사를 도급하고, 묘원운영회사를 설립하여 그 수익금으로 위 공사대금을 지급하고자 乙회사를 설립하였으며, 그 후 甲과 乙은 2023. 6. 20. 위 공사의 내용을 일부 변경하고 공사대금을 10억 원으로 하는 공사도급계약을 체결하였다.

이후 乙은 위 공사대금채무의 변제를 위해 묘지를 분양하여 수분양자로부터 묘지사용료 등을 지급받을 수 있는 묘지사용관리권을 甲에게 양도하는 계약을 체결하였고, 甲은 乙을 상대로 해당 묘역에 관하여 묘지사용료를 수령할 지위에 있다는 확인의 소(이하 '전소'라 한다)를 제기하여 승소확정판결을 받았다.

※ 이하의 추가된 사실관계 및 질문은 상호 무관하고 독립적임.

<추가적 사실관계 1>

그 후 甲과 乙 사이에 잔존채무액이 얼마인지에 관하여 다툼이 있게 되었고, 乙은 위 10억 원의 공사대금채무 중 8억 원을 변제하였다고 주장하면서 甲을 상대로 "乙의 甲에 대한 2023. 6. 20.자 공사도급계약에 관한 채무는 2억 원을 초과하여서는 존재하지 아니함을 확인한다."는 내용의 공사대금채무 부존재확인의 소를 제기하였다. 이에 대하여 甲은 "乙이 8억 원이 아니라 7억 원만 변제하였다."고 주장하면서 잔존채무액을 다투고 있다.

<문제>

1. 법원의 심리 결과 위 공사도급계약에 기한 乙의 잔존채무액이 다음과 같은 경우에 법원은 각각 어떠한 판결주문을 선고하여야 하는가? (15점)
   (1) 잔존채무액이 3억 원인 경우
   (2) 잔존채무액이 1억 원인 경우

<추가적 사실관계 2>

그 후 한참이 지나 乙은 甲을 상대로 "乙의 甲에 대한 2023. 6. 20.자 공사도급계약에 관한 채무는 존재하지 아니함을 확인한다."는 내용의 공사대금채무 부존재확인

의 소(이하 '이 사건 소송'이라 한다)를 제기하였다.

이 사건 소송에서 乙은 위 공사대금채권이 이미 변제되어 소멸하였다고 주장하였고, 甲은 위 공사대금채권이 모두 소멸한 것은 맞지만 변제 때문이 아니라 경개계약의 성질을 갖는 위 묘지사용관리권 양도계약에 따라 기존의 공사대금채권이 소멸하고 새로운 채권이 성립한 것이라고 주장하였다.

법원은, 공사대금채권의 소멸이라는 법률효과가 동일하더라도 甲과 乙이 주장하는 법률요건이 달라서 甲과 乙 사이에 법률관계에 관한 다툼이 있고, 乙로서는 공사대금채무가 존재하지 아니한다는 판결을 받아야만 공사대금채무의 변제를 위해 체결된 묘지사용관리권 양도계약에 따른 甲의 권리행사를 저지할 수 있어서 이 사건 소송이 가장 유효적절한 수단이라는 이유로, 확인의 이익을 인정한 후 본안에 나아가 판단하였다.

<문제>

2. 확인의 이익을 인정한 법원의 판단은 적법한가? (10점)

제 1 문의 2 [해 설]

목 차

<설문 2-1의 해결>
Ⅰ. 문제점
Ⅱ. 관계법리
 1. 채무상한액을 정하지 않은 채무일부부존재확인의 소의 적법 여부
 2. 처분권주의와 채무일부부존재확인의 소
Ⅲ. 사안의 적용
 1. 잔존채무액이 3억 원인 경우
 2. 잔존채무액이 1억 원인 경우

<설문 2-2의 해결>
Ⅰ. 문제점
Ⅱ. 관계법리
 1. 확인의 이익
 2. 법률효과는 동일하나 각 당사자가 주장하는 법률요건이 다른 경우의 법리
 3. 현재 금전채무가 존재하지 않는다는 점에 다툼이 없으나, 그 소멸원인이 각 다른 경우의 법리
Ⅲ. 사안의 적용
Ⅳ. 결론

<설문 2-1의 해결>

Ⅰ. 문제점

채무일부부존재확인의 소에서 그 상한액을 특정하지 않은 경우 이를 허용할 것인지가 문제이고, 원고가 자인한 채무액수보다 적거나 많은 경우, 법원은 어떠한 판결을 하여야 하는지가 처분권주의와 관련하여 문제이다.

Ⅱ. 관계법리

1. 채무상한액을 정하지 않은 채무일부부존재확인의 소의 적법 여부

채무상한액을 정하지 않은 채무일부부존재확인의 소는 ① 청구취지가 명확하지 않아 부적법하다는 견해와 ② 청구원인을 통하여 충분히 특정할 수 있는 것이므로 적법하다는 견해가 대립하며, 판례는 적법하다는 전제하에 본안을 판단하고 있다.

2. 처분권주의와 채무일부부존재확인의 소

민사소송법 제203조는 법원은 당사자가 신청하지 아니한 사항에 대하여는 판결하지 못한다고 하여 처분권주의를 규정하고 있고, 처분권주의란 소송의 개시, 대상 및 범위, 종결 여부를 당사자가 주도하는 것을 말하며, 특히, 법원이 양적 일부판결을 하는 것은 처분권주의에 반하지 않는다.

특히, 채무일부부존재확인의 소에서 판례는 「원고가 상한을 표시하지 않고 일정액을 초과하는 채무의 부존재의 확인을 청구하는 사건에 있어서 일정액을 초과하는 채무의 존재

가 인정되는 경우에는, 특단의 사정이 없는 한, 법원은 그 청구의 전부를 기각할 것이 아니라 존재하는 채무부분에 대하여 일부패소의 판결을 하여야 한다5)」고 한다.

한편, 이와 달리, 원고 채무자가 자인한 액수보다 적은 판결은 인정되지 않는다. 이는 처분권주의에 반하기 때문이므로, 이 경우에는 원고 전부 승소판결을 하여야 한다.

Ⅲ. 사안의 적용

1. 잔존채무액이 3억 원인 경우

원고는 2억 원을 초과하여 존재하지 아니한다고 소를 제기하였으나 실제 잔존채무액이 이보다 많은 3억 원인 경우, '3억 원을 초과하여서는 존재하지 아니함을 확인한다. 원고의 나머지 청구는 기각한다.'는 내용의 일부기각판결을 내려야 한다.

2. 잔존채무액이 1억 원인 경우

이 경우 원고는 이미 소를 통하여 채무액이 2억 원에 해당한다는 것은 자인한 셈이므로, 원고 전부승소판결로 '2억 원을 초과하여서는 존재하지 아니함을 확인한다'는 내용의 판결을 내려야 한다.

<설문 2-2의 해결>

Ⅰ. 문제점

현재 금전채무가 없다는 점에 대하여 당사자 사이에 다툼이 없으나, 각 당사자가 주장하는 채무소멸사유가 일방은 변제, 타방은 경개와 같이 다른 경우, 공사대금채무 부존재확인의 소의 확인의 이익이 인정될 수 있는지가 문제된다.

Ⅱ. 관계법리

1. 확인의 이익

확인의 소는 원고의 법적 지위가 불안·위험할 때에 그 불안·위험을 제거함에 확인판결로 판단하는 것이 가장 유효·적절한 수단인 경우에 인정된다.

2. 법률효과는 동일하나 각 당사자가 주장하는 법률요건이 다른 경우의 법리

판례는 「법률관계, 특히 권리 또는 의무의 발생, 변경, 소멸이라는 법률효과는 원인 되는 법률요건이 충족될 경우에 그 결과로서 생긴다. 따라서 당사자가 주장하는 법률효과가 동일하다고 하더라도 주장하는 법률요건이 다를 때에는 당사자 사이에 법률관계에 관한 다툼이 없다고 볼 수 없다.」고 하여, 확인의 이익을 인정한 바 있다.6)

---
5) 대판 1994.01.25. 93다9422
6) 대판 2017.03.09. 2016다256968, 256975 : 갑이 을 주식회사의 계약 위반을 이유로 전속계약을 해지하였다고 주장하면

3. 현재 금전채무가 존재하지 않는다는 점에 다툼이 없으나, 그 소멸원인이 각 다른 경우의 법리

판례는 「금전채무에 대한 부존재확인의 소에서는 채무가 존재하는지 또는 잔존채무액이 얼마인지에 관하여 당사자 사이에 다툼이 있는 경우에 원고의 법적 지위에 불안·위험이 있는 것이고, 현재 금전채무가 없다는 점에 대하여 당사자 사이에 다툼이 없다면 원고의 법적 지위에 어떠한 불안·위험이 있다고 할 수 없으므로 특별한 사정이 없는 한 그 채무의 부존재확인을 구할 확인의 이익이 없다고 보아야 한다」고 한다.[7]

Ⅲ. 사안의 적용

乙의 甲을 상대로 한 이 사건 공사대금채무 부존재 확인소송에서 乙은 공사대금채권의 변제소멸을, 甲은 경개에 의한 소멸을 주장하는 것은, 위 관계법리 3.이 적용되는 사안이다.[8]

결국, 양 당사자 사이에 동일 채무에 대한 다툼이 있다고 할 수 없으므로 특별한 사정이 없는 한 확인의 이익이 없다.

그렇다면 이와 달리 확인의 이익을 인정하여 본안에 나아가 판단한 법원의 판결은 위법하다.

Ⅳ. 결 론

법원의 판단은 확인의 이익에 관한 법리를 위반하여 부적법하다.

서 전속계약의 효력이 존재하지 아니함의 확인을 구하는 소를 제기하자, 을 회사가 소송 중 준비서면의 송달로써 갑의 계약위반을 이유로 전속계약을 해지한다고 통지한 사안(관계법리 2.)

[7] 대판 2023.06.29. 2021다277525

[8] 위 관계법리 2.가 적용되는 사안은 각 계약상 의무불이행에 의한 손해배상채권을 별도로 행사할 것이 전제된 것이기 때문에, 사안의 경우와는 다르다. 판례도 이와 유사한 사안에서 「원심이 들고 있는 대판 2017.03.09. 2016다256968, 256975 판결은 사안이 달라서 이 사건에서 원용하기에 적절하지 않다.」고 하여 사안이 다름을 인정하였다(대판 2023.06.29. 2021다277525).

제1문의 3

甲은 乙에게 5,000만 원을 빌려주었고, 丙은 乙의 위 차용금채무를 연대보증하였다. 그런데 乙과 丙은 甲에게 위 차용금 및 보증금을 변제하지 않았다. 이에 甲은 2023. 8. 30. 丙만을 상대로 하여 보증금지급청구의 소(전소)를 제기하였다. 제1심법원은 2024. 4. 16. 甲의 승소판결을 선고하였고, 위 판결은 그 무렵 확정되었다.

그 후 甲이 위 판결을 근거로 丙의 재산에 대해 강제집행할 태세를 보이자, 乙과 丙은 2024. 8. 24. 甲을 상대로 하여 위 차용금채무 및 연대보증채무의 부존재확인을 구하는 소를 제기하였다. 이 소송에서 甲은 乙의 청구 부분을 인낙하였고, 이로써 甲과 乙 사이의 소송관계는 적법하게 종료되고, 丙의 甲에 대한 청구 부분만 남게 되었다. 그 후 丙은 채무부존재확인의 소를 청구이의의 소로 적법하게 변경하였다. 법원은 피고 甲이 전소 사실심 변론종결 이후에 乙의 청구를 인낙함으로써 乙의 甲에 대한 주채무가 소멸하였고 그에 따라 丙의 연대보증채무도 함께 소멸되었다고 보아 丙의 청구를 인용하는 판결을 선고하였다.

<문제>
丙의 청구를 인용한 법원의 판결은 타당한가? (15점)

제 1 문의 3 [해 설]

목 차

<설문 3의 해결>
Ⅰ. 문제점
Ⅱ. 관계법리
  1. 주채무자와 연대보증인이 공동원고인 경우의 공동소송형태
  2. 청구인낙의 법적 성질

가. 학 설
나. 판 례
  3. 기판력의 시적범위
Ⅲ. 사안의 적용
Ⅳ. 결 론

<설문 3의 해결>

Ⅰ. 문제점

청구인낙의 의사표시가 실체법상의 권리소멸의 효력을 갖는지가 청구인낙의 법적성질과 관련하여 문제되며, 주채무자와 연대보증인의 공동소송형태 및 기판력에 의하여 차단되는 주장이 무엇인지가 문제된다.

Ⅱ. 관계법리

1. 주채무자와 연대보증인이 공동원고인 경우의 공동소송형태

주채무자와 연대보증인 각기 자신의 채무부존재확인의 소를 제기하는 것은, 민사소송법 제65조의 '소송목적이 동일한 원인으로 말미암은' 경우에 해당하고, 나아가 실체법상의 관리처분권한이 전원에게 귀속되거나 판결의 효력이 서로에게 미치는 경우도 아니어서 통상공동소송에 해당한다.

따라서, 이 경우 공동소송인 독립의 원칙이 적용된다.

2. 청구인낙의 법적 성질

가. 학 설

청구인낙의 법적 성질에 대하여는 ① 실체법상의 권리포기나 의무승인과 같다는 사법행위설, ② 순수한 소송행위에 불과하며 실체법상의 효력은 인정되지 않는다는 소송법설 및 ③ 소송행위로서의 성질과 실체법상의 사법행위의 속성을 겸유한다고 보는 양성설의 견해가 대립한다.

나. 판 례

판례는 「청구의 인낙은 피고가 원고의 주장을 승인하는 소위 관념의 표시에 불과한 소

송상 행위로서 이를 조서에 기재한 때에는 확정판결과 동일한 효력이 발생되어 그로써 소송을 종료시키는 효력이 있을 뿐이고, 실체법상 채권·채무의 발생 또는 소멸의 원인이 되는 법률행위라 볼 수 없다.[9]」고 하여 소송행위설을 따르고 있다.

3. 기판력의 시적범위

기판력은 전소 확정판결의 변론종결시(무변론판결의 경우 판결선고시)를 기준으로 하여 그 이전에 이미 존재하던 사실관계에 대하여는 후소에서 다시 주장하는 것을 금지하고 있다. 이 때, 후소에서 차단되는 주장은 '사실관계'에 관한 것이어서 사실관계 이외의 법률의 개정, 판례의 변경 등은 포함되지 않는다.

Ⅲ. 사안의 적용

채권자 甲의 연대보증인 丙에 대한 보증금지급청구의 전소에서 甲 승소판결이 확정된 후 주채무자 乙과 연대보증인 丙이 제기한 채무부존재 확인의 통상공동소송에서 주채무자 乙의 청구인낙이 있다 하더라도 연대보증인 丙의 사건에까지 영향을 미치지 않는다.

한편, 채권자 甲과 연대보증인 사이에는 전소 甲 승소확정판결에 의한 기판력이 존재하므로, 동일 당사자 사이의 동일 연대보증채무에 대한 기판력이 미치는 동일관계 사건인 것이며, 전소 표준시인 사실심 변론종결시 이후의 채무자 乙의 청구인낙은 '사실관계의 변동'이라 할 수 없어 기판력에 의하여 동일 채무에 대한 다른 주장은 허용될 수 없다.

그럼에도 후소 법원이 "채권자 甲이 전소 사실심 변론종결 이후에 乙의 청구를 인낙함으로써 乙의 甲에 대한 주채무가 소멸하였고 그에 따라 丙의 연대보증채무도 함께 소멸되었다"고 보아 丙의 청구를 인용하는 판결을 선고한 것은 위법하다.

Ⅳ. 결 론

법원의 판단은 위법하다.

---

[9] 대판 2022.03.31. 2020다271919

제1문의 4 bar examination

A는 보험회사인 甲과의 사이에 피보험자가 보험기간 중 상해사고로 사망한 경우에 2억 원을 지급하는 것을 그 보장내용으로 하는 보험계약을 체결하였다. 이후 A는 보험계약에서 정한 사고를 당해 치료를 받던 중 사망하였고, A의 법정상속인 乙은 甲에게 보험금의 지급을 요청하였으나, 甲은 A가 고지의무를 위반하였음을 이유로 보험금의 지급을 거절하였다. 보험금의 존부나 범위에 관하여 다툼이 발생하자, 甲은 乙을 상대로 보험금 지급채무의 부존재확인을 구하는 소(본소)를 제기하였고, 본소 계속 중 乙은 甲을 상대로 보험금 2억 원의 지급을 구하는 반소를 제기하였다.

제1심법원은 甲의 본소 청구를 기각하는 한편, 乙의 반소 청구 중 5,000만 원을 인용하였다. 이에 乙만이 반소 청구 중 乙 패소 부분에 대하여 항소하였다.

항소심법원은 제1심판결을 취소하고 甲의 본소 청구를 인용하면서 乙의 반소 청구를 전부 기각하였다.

※ 甲의 본소는 소의 이익이 있는 적법한 소임을 전제로 한다.

<문제>
항소심법원의 판결은 타당한가? (15점)

제 1 문의 4 [해 설]

목 차

<설문 4의 해결>
Ⅰ. 문제점
Ⅱ. 반소의 적법여부 – 중복제소금지원칙 관련
 1. 중복제소금지원칙
 2. 관계법리
  가. 학 설

  나. 판 례
 3. 사안의 적용
Ⅲ. 상소불가분의 원칙과 불이익변경금지의 원칙
 1. 관계법리
 2. 사안의 적용
Ⅳ. 결 론

<설문 4의 해결>

Ⅰ. 문제점

전소 채무부존재확인의 소 이후 후소인 채무이행의 소가 제기된 것이 중복제소인지 및 본소와 반소 중 반소 원고만이 항소를 하였음에도 본소 부분까지 판단하여 판결한 것이 불이익변경금지원칙에 위반한 것인지가 문제이다.

Ⅱ. 반소의 적법여부 – 중복제소금지원칙 관련[10]

1. 중복제소금지원칙

① 당사자의 동일, ② 소송물의 동일 및 ③ 전소 소송계속 후의 후소 제기가 있는 경우, 후소는 중복제소로써 부적법 각하하여야 한다(민사소송법 제259조). 이때 후소는 반소의 방법도 포함되나, ② 소송물의 동일 요건과 관련하여, 확인의 소와 그 이행의 소의 경우에도 중복제소에 해당하는지가 문제된다.

2. 관계법리

가. 학 설

견해는 ① 전후소의 청구취지가 다르다는 부정설, ② 하나의 채권·채무에 관한 것으로서 사실상 동일한 소송물이라는 긍정설, ③ 전소가 확인의 소이고 후소가 이행의 소라면 중복제소가 아니지만, 전소가 이행의 소인 경우에는 중복제소라는 제한적 긍정설, ④ 확인의 소의 보충성을 근거로 언제나 확인의 소를 각하하면 된다는 보충성설이 대립한다.

---

[10] 채점기준표는 이 쟁점은 생략하고, '반소의 정의(단순반소와 예비적반소의 차이) 및 본 사안이 단순반소에 해당한다.'는 부분에 배점을 하고 있다. 생각건대, "甲의 본소는 소의 이익이 있는 적법한 소임을 전제로 한다."는 전제를 통해 '위 99다17401,17418 판례의 본소 적법성의 내용만이 아니라 관련된 반소 적법성의 내용도 서술하지 말라'는 의미로 문제를 출제한 것으로 보인다. 그러나 위 전제만으로 '반소(후소)'가 중복제소인지 여부까지 모두 생략하라는 것인지는 알 수 없는 점, 중복제소금지원칙의 동일성 부분은 주요 쟁점인 점 등을 이유로 본 쟁점을 짧게나마 서술하였다.

나. 판례

대법원은 명시적이지는 않으나, 적법한 확인의 소 제기 이후 이행의 소인 반소가 제기되었다는 사정으로 전소가 다시 부적법하게 되는 것은 아니라고 하므로, 이 경우의 반소는 적법함을 전제하고 있다.

3. 사안의 적용

전소가 채무부존재 확인의 소인 경우에는 후소인 채권지급의 이행의 소는 중복제소가 아니므로 항소심법원이 본안판단을 한 것은 위법이 아니다.

Ⅲ. 상소불가분의 원칙과 불이익변경금지의 원칙

1. 관계법리

원칙적으로 하나의 전부판결의 일부에 대하여 상소가 있으면, 소송물 전체가 상소심으로 이심이 되어 판결 확정이 차단되는 상소불가분의 원칙이 적용된다.

그리고, 항소심은 항소인이 불복한 한도 내에서 변론을 하고 판결을 선고할 수 있으며, 이를 상소심에서의 처분권주의의 발현이라 할 수 있는 불이익변경금지원칙이라 한다. 단순반소가 제기된 경우에도 불이익변경금지원칙은 그대로 적용된다.

판례도 「항소심은 당사자의 불복신청 범위 내에서 제1심판결의 당부를 판단할 수 있을 뿐이므로, 설령 제1심판결이 부당하다고 인정되는 경우라 하더라도 그 판결을 불복당사자의 불이익으로 변경하는 것은 당사자가 신청한 불복의 한도를 넘어 제1심판결의 당부를 판단하는 것이 되어 허용될 수 없고, 당사자 일방만이 항소한 경우에 항소심으로서는 제1심보다 항소인에게 불리한 판결을 할 수는 없다[11]」고 한다.

2. 사안의 적용

사안에서 제1심법원의 본소 및 단순반소에 대한 판단 중 피고 乙만이 자신의 반소 부분에 대하여만 항소하여 상소불가분원칙에 의하여 본·반소 부분 전체가 판결확정이 차단되어 항소심으로 이심이 되는 것이고, 불이익변경금지원칙에 의하여 항소심법원으로서는 반소 부분만에 대하여 판단하여야 한다.

그런데, 항소심법원이 항소하지 아니하여 그 판단대상이 되지 않는 본소 청구 부분을 다시 판단한 것은 불이익변경금지원칙에 반하여 위법하다.

Ⅳ. 결 론

항소심법원이 ① 항소심의 판단대상이 아닌 甲의 본소 청구 부분에 대하여 다시 판단한 것 및 ② 반소에 대한 항소 부분을 전부 기각한 것 모두 불이익변경금지원칙을 위반한 위법한 판결이다.[12]

---

[11] 대판 2022.08.25. 2022다211928
[12] 사안은 대판 2008.06.26. 2008다24791, 2008다24807의 사안과 유사한 형태이다. 참고로 이 판례는 사안 중 항소심의 심판대상이 될 수 없는 본소 부분은 항소심판결선고와 동시에 1심판결로 확정되는 것이어서, 상고심에서 1심판결과 저촉되는 주장을 한다면 기판력에 저촉되는 주장이라는 판결이다.

제1문의 5

甲은 X토지를 소유하고 있었는데, 乙이 X토지 위에 임의로 송전탑을 설치하고 토지의 상공에 송전선로가 지나가게 하였다. 한편, 丙은 乙이 설치한 송전탑 및 송전선로에 대한 관리권을 출자받아 그 시설을 유지·관리하면서 사용자로부터 요금을 징수하여 왔다. 이에 甲은 선택적으로 乙과 丙을 상대로 토지 임료 상당의 부당이득반환청구의 소를 제기하였다.

제1심법원은 丙이 요금을 징수할 권리만을 출자받았다는 사실만으로는 丙이 甲의 토지를 점유하였다고 볼 수 없다는 이유에서, 丙에 대한 청구는 기각하고 乙에 대한 청구만을 인용하였다.

제1심판결에 대하여 乙만 항소하였는데, 항소심법원은 丙이 물권인 시설관리권을 출자받은 이상 송전탑 및 송전선로를 직접 지배하며 유지관리하고 있는 것이지 乙의 점유보조자인 것은 아니라고 판단하여 제1심판결을 취소하고 乙에 대한 청구는 기각하였으며 丙에 대한 청구는 인용하였다.

이에 丙만이 상고기간 내에 상고하였으며, 甲은 상고기간이 경과된 뒤에 乙을 상대로 부대상고하였다.

<문제>
대법원은 丙의 상고 및 甲의 부대상고에 대하여 어떻게 판결하여야 하는가? (20점)

제 1 문의 5 [해설]

목차

<설문 5의 해결>
Ⅰ. 문제점
Ⅱ. 공동피고 乙과 丙의 공동소송형태
  1. 관계법리
    가. 직접점유자와 간접점유자의 부당이득반환의무가 부진정연대채무인지 여부
    나. 예비적·선택적 공동소송 – 부진정연대채무에서의 인정 여부
  2. 사안의 적용
Ⅲ. 통상공동소송에서의 공동소송인 독립의 원칙
  1. 관계법리
  2. 사안의 적용
Ⅳ. 丙의 상고에 대한 부분
  1. 관계법리
  2. 사안의 적용
Ⅴ. 甲의 부대상고에 대한 부분
  1. 관계법리
  2. 사안의 적용
Ⅵ. 결론

<설문 5의 해결>

Ⅰ. 문제점

어느 물건에 대한 직접점유자와 간접점유자가 있는 경우의 부당이득반환채무관계가 부진정연대채무인지, 부진정연대채무관계에 있는 자들을 예비적·선택적 공동소송으로 제기할 수 있는지, 통상공동소송에서 상소하지 않은 나머지 공동소송인 부분의 분리·확정 및 이미 분리·확정된 부분에 대한 상소시 상소심법원의 처리 및 부대상고의 요건이 문제된다.

Ⅱ. 공동피고 乙과 丙의 공동소송형태

1. 관계법리

가. 직접점유자와 간접점유자의 부당이득반환의무가 부진정연대채무인지 여부

판례는 「어떤 물건에 대하여 직접점유자와 간접점유자가 있는 경우, 그에 대한 점유·사용으로 인한 부당이득의 반환의무는 동일한 경제적 목적을 가진 채무로서 서로 중첩되는 부분에 관하여는 일방의 채무가 변제 등으로 소멸하면 타방의 채무도 소멸하는 이른바 부진정연대채무의 관계에 있다[13]」고 한다.

나. 예비적·선택적 공동소송 – 부진정연대채무에서의 인정 여부

예비적·선택적 공동소송(민사소송법 제70조)의 '법률상 양립'에 관하여, 판례는 어느 1인에 대한 청구에 대한 법률효과가 부인되면 다른 공동소송인에 대한 법률효과가 인정되는

---

[13] 대판 2012.09.27. 2011다76747

관계에 있는가를 기준으로 판단하며, 특히, 부진정연대채무자들 간에는 이러한 법률상 양립할 수 없는 관계라 할 수 없어 예비적·선택적 공동소송을 제기할 수 없다고 본다.

그리고 판례는 당사자가 선택적 공동소송의 형태로 청구하고 있지만, 청구가 법률상 양립할 수 없는 관계에 있지 않다면 통상 공동소송 등의 관계에 있다고 보고 있다.14)

2. 사안의 적용

부당이득반환청구를 하고 있는 원고 甲의 주장 자체로 보아, 乙과 丙간의 관계는 소송법상 또는 실체법상 양립할 수 있는 관계라 할 수 없으며, 단지 부진정연대채무관계에 있는지만 문제되는 것이므로 원고 甲의 선택적 공동소송은 허용될 수 없고, 법원으로서는 이를 통상공동소송으로 보아 판단하여야 한다.

Ⅲ. 통상공동소송에서의 공동소송인 독립의 원칙

1. 관계법리

통상공동소송은 공동소송인 독립의 원칙이 적용된다(민사소송법 제66조). 따라서, 통상공동소송인 중 어느 1인에 대한 상소가 있는 경우, 다른 공동소송인 부분은 이심되지 않고 판결은 확정되며, 이미 분리·확정된 1심판결에 대하여는 항소심에 이심되어 계속중이라 할 수 없으므로, 항소심은 심판할 수 없다.

2. 사안의 적용

제1심판결에 대하여 공동피고 乙만이 자신의 패소부분에 대하여 항소하였고, 다른 공동피고 丙은 승소판결을 받아 항소의 이익이 없어 항소를 제기하지 않았고, 丙에 대하여 甲도 항소하지 않았으므로, 제1심판결이 선고되어 항소기간이 도과되었다면 甲의 丙에 대한 청구 부분은 그대로 확정되어 항소심의 심판대상이 되지 않는다.

Ⅳ. 丙의 상고에 대한 부분

1. 관계법리

① 확정판결에 의하여 소송이 종료되었음에도 불구하고 이를 간과하고 심리를 계속 진행한 사실이 발견된 경우, 법원은 직권으로 소송종료선언을 하여야 한다.15)

한편, ② 1심판결에 대한 항소 중, 항소심의 심판대상이 아니어서 1심판결로 이미 확정된 부분에 대한 항소심의 판결은 무의미한 판결로써, 이러한 항소심판결에 대한 상고는 심판의 대상이 되지 않은 부분에 대한 상고로서 불복의 이익이 없어 부적법하고16) 상고심법원으로서는 상고를 각하하여야 한다고 보기도 한다.

2. 사안의 적용

---

14) 대판 2019.10.18. 2019다14943
15) 법원실무제요 민사소송(Ⅲ) 233면. 법원행정처
16) 대판 1995.01.24. 94다29065

제1심판결에 대하여 乙만 항소하여 乙부분만 이심되어 심판대상이 되었음에도, 이미 분리·확정된 丙에 대한 청구 부분을 심판한 항소심법원의 丙부분 판단은 위법하다. 따라서, 상고심으로서는 이 부분에 대한 소송종료선언을 내려야 한다.[17]

V. 甲의 부대상고에 대한 부분

1. 관계법리

민사소송법 제425조에 의하여 부대항소에 관한 제403조 이하의 규정이 준용되는 결과 부대상고가 허용되고 있으나, 부대항소와 달리 부대상고는 청구취지 확장과 같은 소제기의 실질을 갖는 것은 허용되지 않는다.

한편, 부대상고가 허용되기 위하여는 ① 주된 상고가 적법하게 계속 중이어야 하고, ② 주된 상고의 피상고인이 상고인을 상대로 하여야 한다.

따라서「통상의 공동소송에 있어 공동당사자 일부만이 상고를 제기한 때에는 피상고인은 상고인인 공동소송인 이외의 다른 공동소송인을 상대방으로 하거나 상대방으로 보태어 부대상고를 제기할 수 없다[18]」.

2. 사안의 적용

乙은 주된 상고를 제기한 바 없으므로, 甲이 乙을 상대로 부대상고를 제기한 것은 부적법하여 각하하여야 한다.[19]

VI. 결 론

(1) 丙의 상고부분에 대하여는 소송종료선언을 내려야 한다.
(2) 甲의 乙에 대한 부대상고는 부적법 각하하여야 한다.

---

17) 이와 달리, 상고심인 대법원이 丙에 대한 부분에 대한 丙의 상고를 각하하여야 한다는 관계법리② 부분 판결에 따라 답안을 정리한 답안은 소정의 점수를 줄 수 있다고 가답안 기준이 판단할 수도 있다. 관계법리 ① 판결은 주위적 청구 기각, 예비적 청구 인용 판결에 대하여 피고만이 예비적 청구 인용을 한 1심판결에 대하여 항소심이 주위적 청구 부분을 판단하여 1심과 마찬가지로 기각한 판결에 대하여 다시 상고한 사건으로, 어차피 주위적 청구부분은 기각판결이 확정되었고 항소심도 마찬가지로 판단한 것이어서 판결의 집행이 이루어질 수 없는 사건이므로, 소송종료선언을 하지 않고 상고각하판결을 한다 한들 문제가 발생하지 않는 사건이었다. 하지만, 〈문제〉와 같은 사건은 위 관계법리 ①에 따른 것인데, 항소심이 이미 확정된 丙에 대한 소송에 대하여 청구인용판결을 한 것이어서 자칫 판결집행의 우려가 있으므로 소송종료선언을 통하여 확실히 정리하여야 할 필요가 있다.
18) 대판 2019.10.18. 2019다14943
19) 甲의 丙에 대한 부대상고는 검토할 필요가 없다. 이미 문제에서「甲은 상고기간이 경과된 뒤에 乙을 상대로 부대상고하였다.」고 전제하고 있기 때문이다. 설령, 丙에 대한 부대상고를 제기하였다 하더라도 丙 부분은 이미 확정된 것이어서 역시 부대상고는 부적법 각하를 면할 수 없다.

제1문의 6

<문제>

甲은 2022. 3. 5. 자신 소유의 X 토지에 Y 건물을 신축하는 공사를 공사대금 10억 원에 도급하기로 하는 계약을 乙과 체결하였는데, 乙은 공사대금채권을 제3자에게 양도하지 않기로 하고 이러한 사항을 도급계약서에 명시하였다. 乙은 Y 건물에 대한 공사를 마쳤음에도 불구하고 나머지 공사대금 5억 원을 지급받지 못하여 Y 건물을 점유하면서 유치권을 행사하였다.

건축자재 납품업자인 丙은 공사대금채권 5억 원을 乙로부터 양도받고, Y 건물에 대한 점유를 이전받으면서 유치권도 양도받았다. 丙은 공사대금채권의 양도와 관련하여 도급계약서 사본을 乙로부터 건네받았다.

한편 Y 건물에 대한 경매절차가 진행되어 丁이 매각대금을 납부하여 소유권을 취득한 후 2023. 1. 5. 불법적으로 Y 건물의 점유를 탈환하였다.

이에 丙은 2025. 9. 5. 丁을 상대로 불법적으로 점유를 탈환하여 유치권을 소멸시키는 불법행위를 하였다는 이유로 5억 원의 손해배상을 청구하였다. 이에 丁은 丙의 손해배상청구는 민법 제204조 제3항의 제소기간을 도과하였으므로 각하하여야 한다고 항변을 하였다.

법원은 위 항변을 고려하여 어떠한 판결(각하, 기각, 인용, 일부 인용)을 선고하여야 하는가? (25점)

제 1 문의 6 [해 설]

목 차

<설문 6의 해결>
Ⅰ. 문제점
Ⅱ. 민법 제204조 제3항 제소기간 도과의 항변 부분
  1. 관계법리
  2. 사안의 적용

Ⅲ. 丙의 유치권 취득 여부
  1. 관계법리
   가. 유치권의 성립 여부 및 유치권의 양도
   나. 채권양도금지특약의 효력
  2. 사안의 적용
Ⅳ. 결 론

<설문 6의 해결>

Ⅰ. 문제점

본권 침해로 발생한 손해배상청구에도 민법 제204조 제3항의 제척기간이 적용되는지, 채권양도금지특약으로 대항할 수 없는 제3자이기 위한 요건 및 채권양도를 주장할 수 없는 경우 유치권도 취득할 수 없는지가 문제된다.

Ⅱ. 민법 제204조 제3항 제소기간 도과의 항변 부분

1. 관계법리

「민법 제204조에 따르면, 점유자가 점유의 침탈을 당한 때에는 그 물건의 반환 및 손해의 배상을 청구할 수 있고(제1항), 위 청구권은 점유를 침탈당한 날부터 1년 내에 행사하여야 하며(제3항), 여기서 말하는 1년의 행사기간은 제척기간으로서 소를 제기하여야 하는 기간을 말한다. 그런데 민법 제204조 제3항은 <u>본권 침해로 발생한 손해배상청구권의 행사에는 적용되지 않으므로</u> 점유를 침탈당한 자가 본권인 유치권 소멸에 따른 손해배상청구권을 행사하는 때에는 민법 제204조 제3항이 적용되지 아니하고, 점유를 침탈당한 날부터 1년 내에 행사할 것을 요하지 않는다.[20]」

2. 사안의 적용

2023. 1. 5. 丁이 Y건물의 점유를 탈환하여 그로부터 1년이 지난 2025. 9. 5. 丙이 손해배상을 청구한 것이지만, 丙의 청구는 본권인 유치권 침해를 이유로 불법행위를 하였다는 이유로 손해배상을 청구한 것이어서 민법 제204조 제3항의 제소기간이 적용되는 것은 아니고, 그렇다면 丁의 본안전 항변은 받아들일 수 없다.

---

[20] 대판 2021.08.19. 2021다213866

Ⅲ. 丙의 유치권 취득 여부

1. 관계법리

가. 유치권의 성립 여부 및 유치권의 양도

민법 제320조의 유치권은 ① 타인의 물건 또는 유가증권을 점유한 자는(타물권성) ② 그 물건이나 유가증권에 관하여 생긴 채권이(견련관계의 존재) ③ 변제기에 있는 경우 ④ 그 점유가 불법행위로 인한 경우가 아닌 때, ⑤ 유치권배제특약이 없는 한 성립되는 법정담보물권이다.

한편, 유치권도 피담보채권의 양도계약 및 점유의 이전을 통하여 양도할 수 있다.

나. 채권양도금지특약의 효력

일반적으로 채권은 당사자가 반대의 의사를 표시한 경우에는 양도하지 못하나, 그 의사표시로써 선의의 제3자에게 대항하지 못한다(민법 제449조 제2항).

판례는 채권양도금지특약으로 대항하지 못하는 제3자는, 선의로는 부족하고 중과실이 아닐 것을 요구한다[21].

2. 사안의 적용

甲과 乙은 공사대금채권을 양도하지 않기로 하여 도급계약서에 명시하였음에도 수급인 乙은 위 공사대금채권 중 5억 원 부분을 丙에게 양도하는 약정을 하였고, 이 과정에서 丙은 乙로부터 도급계약서 사본을 건네받았던 것인 바, 그렇다면 丙이 위 공사대금채권양도금지특약에 대하여 알았거나 적어도 중과실이 존재한다고 볼 수 있으므로, 丙은 공사대금채권양수로써 甲에게 대항하지 못한다.

따라서, 위 유치권 양도의 법리에 비추어, 丙은 乙로부터 유치권을 양도받을 수 없는 것이어서, 결국, 丙은 유치권을 주장할 수 없다.

Ⅳ. 결 론

법원은 원고 丙의 丁에 대한 이 청구를 기각하여야 한다.

---

[21] 대판 2019.12.19. 2016다24284(전합)

제1문의 7

<문제>

甲은 乙재건축조합이 재건축사업으로 신축하는 Y 아파트를 시공하면서 공사대금조로 신축아파트 1채를 분양받기로 하였다. 직접 분양계약을 체결할 형편이 되지 않는 甲은 丙의 승낙을 받아 Y 아파트 1004호를 분양받아 2017. 1.경 丙명의로 소유권이전등기를 마쳤다. 丁은 2018. 1.경 丙으로부터 위 1004호를 임차한 후 주택임대차보호법 제3조 제1항에 의한 대항요건을 갖추고 임대차계약을 갱신해 왔다. 丁은 2023. 6.경 임대차계약을 적법하게 해지하고 丙을 상대로 임대차보증금반환청구소송을 제기하였고, 법원은 원고 승소판결을 선고하였고, 위 판결은 그대로 확정되었다.

한편 甲은 2024. 1.경 乙과 丙을 상대로 소를 제기하였고, '甲과 丙이 계약명의신탁약정을 체결하였고, 乙도 계약명의신탁약정을 알고 있었으므로 丙 명의의 소유권이전등기는 무효이다'라는 甲의 주장이 받아들여져 丙에 대한 소유권이전등기의 말소등기, 乙에 대한 소유권이전등기의 이행을 명하는 판결이 확정되었다. 甲은 2024. 11.경 위 확정판결에 기하여 丙 명의의 소유권이전등기를 말소하고, 매매를 원인으로 하여 자신 명의로 소유권이전등기를 마쳤다.

丁은 2025. 2. 5. 甲이 임차주택의 양수인이라고 주장하면서 甲을 상대로 임대차보증금반환청구의 소를 제기하였고, 이에 대하여 甲은 ① 무효인 명의신탁약정에 기한 소유권이전등기를 말소하여 임차주택의 등기명의를 회복한 것은 임차주택의 양수라고 볼 수 없으므로 丁의 청구는 기각되어야 하고, ② 설령 임대인 지위의 승계가 인정된다고 하더라도 전소 확정판결의 기판력이 甲에게 미치므로 丁의 소는 권리보호의 이익이 없어서 각하되어야 한다고 주장하였다. 법원은 어떠한 판결(각하, 기각, 인용, 일부 인용)을 선고하여야 하는가. (25점)

제 1 문의 7 [해 설]

목 차

<설문 7의 해결>
Ⅰ. 문제점
Ⅱ. 甲의 주장 ① 부분
  1. 관계법리
  2. 사안의 적용
Ⅲ. 甲의 주장 ② 부분
  1. 관계법리 - 표준시 이후 임대인지위의 승계가 있는 경우 기판력의 범위

  가. 변론종결뒤 승계인에 해당하는지 여부
  나. 임대인지위의 승계가 이루어진 경우 승계인을 상대로 다시 소를 제기하는 것이 언제나 기판력에 반하는지 여부
  2. 사안의 적용
Ⅳ. 결 론

<설문 7의 해결>

Ⅰ. 문제점[22]

매도인 악의의 계약명의신탁에서, 명의수탁자로부터 주택임대차보호법상의 대항임차권을 취득한 자가 부동산실명법상 '보호될 수 있는 제3자'에 해당하는지, 매도인에게 소유권이 환원된 뒤 다시 소유권이전등기를 마친 명의신탁자가 이러한 대항임차인에 대한 관계에서 임대인 지위를 승계하는지 및 명의수탁자와 대항임차인 사이의 임대차보증금반환청구소송이 확정된 후 위와 같은 명의신탁자의 소유권이전등기 취득이 있는 경우 다시 명의신탁자를 상대로 임대차보증금반환청구의 소를 제기하는 것이 기판력에 비추어 허용될 수 있는지가 문제된다.

Ⅱ. 甲의 주장 ① 부분

1. 관계법리

판례[23]는 「매도인이 악의인 계약명의신탁에서 명의수탁자로부터 명의신탁의 목적물인 주택을 임차하여 주택 인도와 주민등록을 마침으로써 <u>주택임대차보호법 제3조 제1항에 의한 대항요건을 갖춘 임차인은 '부동산 실권리자명의 등기에 관한 법률' 제4조 제3항의 규정에 따라 명의신탁약정 및 그에 따른 물권변동의 무효를 대항할 수 없는 제3자에 해당하므로 명의수탁자의 소유권이전등기가 말소됨으로써 등기명의를 회복하게 된 매도인 및 매도인으로부터 다시 소유권이전등기를 마친 명의신탁자에 대해 자신의 임차권을 대항할 수 있다</u>」고 하며,

---

[22] 이 문제는 전체적으로 대법원 2022. 3. 17. 선고 2021다210720 판결의 사안을 출제한 것이다.
[23] 대판 2022.03.17. 2021다210720

「이 경우 임차인 보호를 위한 주택임대차보호법의 입법 목적 및 임차인이 보증금반환청구권을 행사하는 때의 임차주택 소유자로 하여금 임차보증금반환채무를 부담하게 함으로써 임차인을 두텁게 보호하고자 하는 주택임대차보호법 제3조 제4항의 개정 취지 등을 종합하면 위의 방법으로 소유권이전등기를 마친 명의신탁자는 주택임대차보호법 제3조 제4항에 따라 임대인의 지위를 승계한다.」고 한다.

2. 사안의 적용

甲과 乙 사이의 명의신탁은 계약명의신탁에 해당하고, 이 사실을 매도인 乙도 알고 있었으므로, 명의신탁약정은 무효이고 매도인이 이를 안 이상 乙 앞으로의 소유권이전등기도 무효이어서 본래의 소유권은 여전히 매도인 乙의 소유이지만, 명의수탁자 丙으로부터 주택임대차보호법상의 대항임차권을 취득한 丁은 부동산실명법에 의하여 보호되는 명의수탁자로부의 제3자에 해당한다.

따라서, 위 무효인 계약명의신탁약정에 의하여 소유권이전등기를 회복한 매도인으로부터 다시 소유권이전등기를 취득한 명의신탁자 甲은 대항임차인 丁에 있어서 임대인 지위를 승계한 것으로 보아야 하므로, 결국, 자신은 임대인 지위를 승계한 것이 아니라는 甲의 이 부분 주장은 타당하지 않다.

Ⅲ. 甲의 주장 ② 부분

1. 관계법리 - 표준시 이후 임대인지위의 승계가 있는 경우 기판력의 범위

가. 변론종결뒤 승계인에 해당하는지 여부

판례는 「주택임대차보호법 제3조 제4항에 따라 임차주택의 양수인은 임대인의 지위를 승계한 것으로 보므로 임대차보증금 반환채무도 부동산의 소유권과 결합하여 일체로서 임대인의 지위를 승계한 양수인에게 이전되고 양도인의 보증금반환채무는 소멸하는 것으로 해석되므로, 변론종결 후 임대부동산을 양수한 자는 민사소송법 제218조 제1항의 변론종결 후의 승계인에 해당한다.[24]」고 한다.

나. 임대인지위의 승계가 이루어진 경우 승계인을 상대로 다시 소를 제기하는 것이 언제나 기판력에 반하는지 여부

「임차인이 임대인을 상대로 보증금반환의 승소확정판결을 받았으나 이후 주택 양수인을 상대로 이를 반환받고자 할 경우 승계가 명확하지 않거나 임대인 지위의 승계를 증명할 수 없는 때에는 임차인이 양수인을 상대로 승계집행문 부여의 소를 제기하여 승계집행문을 부여받음이 원칙이나, 이미 임차인이 양수인을 상대로 임대차보증금의 반환을 구하는 소를 제기하여 양수인과 사이에 임대인 지위의 승계 여부에 대해 상당한 정도의 공격방어 및 법원의 심리가 진행됨으로써 사실상 승계집행문 부여의 소가 제기되었을 때와 큰 차이가 없다면, 그럼에도 법원이 소의 이익이 없다는 이유로 후소를 각하하고 임차인

---

[24] 대판 2022.03.17. 2021다210720

으로 하여금 다시 승계집행문 부여의 소를 제기하도록 하는 것은 당사자들로 하여금 그 동안의 노력과 시간을 무위로 돌리고 사실상 동일한 소송행위를 반복하도록 하는 것이어서 당사자들에게 가혹할 뿐만 아니라 신속한 분쟁해결이나 소송경제의 측면에서 타당하다고 보기 어려우므로 이와 같은 경우 소의 이익이 없다고 섣불리 단정하여서는 안 된다.[25]」는 것이 판례이다.

2. 사안의 적용

전소인 丁의 丙에 대한 소는 임대차보증금반환청구의 소이고, 후소 역시 丁의 甲에 대한 임대차보증금반환청구의 소로써, 같은 임대차계약에 터잡은 청구이고, 주택임대차보호법상 임대인 지위를 승계한 자가 있는 경우, 구 임대인의 의무는 면책되어 임대차보증금반환채무는 임대인 지위를 승계한 자에게 인수되므로, 결국, 소송물 승계인에 해당하며, 기판력의 작용국면은 동일관계에 해당한다.

그렇다면, 甲의 주장 중 丁의 甲에 대한 임대차보증금반환청구의 소는 권리보호의 이익이 없어 각하될 여지가 있으나, 위 판례법리에 비추어, 승계사실에 대한 상당한 정도의 심리가 이루어진 경우인지 여부에 따라 권리보호의 이익이 인정될 수도 있다.

Ⅳ. 결 론

법원은 甲의 임대인 지위의 승계 여부에 대해 ① 상당한 정도의 공격방어 및 법원의 심리가 진행된 경우라면 丁의 청구를 인용하여야 하고, ② 아니라면 丁의 청구를 각하하여야 한다.

---

25) 대판 2022.03.17. 2021다210720

제 2 문

제 2 문의 1

<문제>

주식회사 甲조선은 2022. 7. 25. 乙해운 주식회사와 화학제품운반선에 관한 선박건조계약을 체결하였다. 丙은 2023. 3. 12. 甲조선과 甲조선의 乙해운에 대한 선박건조 관련 선수금 반환채무를 보증하기 위하여 지급보증약정을 체결하였고, 구상금채권을 확보하기 위하여 집합물에 대한 양도담보권 설정계약을 체결하였다. 양도담보 목적물은 甲조선의 목포시 소재 사업장 내에 있는 선박과 그 원자재로 하였는데, 선박과 그 원자재는 수시로 반출되어 변동한다. 丙은 위 사업장 내에 있던 건조 중인 선박 및 원자재에 관하여 점유개정의 방법으로 점유를 취득하였다.

丁은 2023. 7. 21. 甲조선이 선박에 장착하기 위하여 수입한 카고펌프의 대금 지급을 보증하였고, 같은 날 구상금채권을 확보하기 위하여 카고펌프를 담보목적물로 하는 양도담보권 설정계약을 체결하였고, 甲조선은 丁에게 선하증권을 양도하였다. 카고펌프는 2024. 4. 5. 甲조선의 사업장 내로 반입되어 선체 내에 액체화학제품의 적하통로인 파이프와 용접된 형태로 연결되어 있다.

丁은 2024. 7. 14. 甲조선을 대신하여 카고펌프 수입대금을 지급하였는데, 甲조선으로부터는 선박에 부착된 카고펌프 대금을 전혀 지급받지 못하였다. 선박은 2024. 10. 13. 甲조선의 부도로 80% 정도의 공정이 끝난 상태에서 건조작업이 중단되었.

丁은 丙을 상대로 부합으로 인하여 카고펌프에 관한 양도담보권을 상실하는 손해를 입었다고 주장하면서, 민법 제261조에 따라 보상을 청구하는 소를 제기하였다. 이에 丙은 ① 선박에 부합되기 전에 丁보다 먼저 카고펌프에 대하여 양도담보권을 취득하였고, ② 설령 그렇지 않더라도 자신은 민법 제261조에 따른 보상의무는 없다고 주장한다. 丁의 청구는 인용될 수 있는가? (25점)

제 2 문의 1 [해 설]

목 차

<설문 1의 해결>
Ⅰ. 문제점
Ⅱ. 丙의 ① 주장 부분
1. 관계법리
 가. 동산양도담보의 법적 성질 및 목적물의 소유권자
 나. 집합물양도담보의 가부와 효력범위
2. 사안의 적용

Ⅲ. 丙의 ② 주장 부분
1. 관계법리
 가. 민법 제261조 보상청구의 의미
 나. 부당이득반환청구의 '이익' – 주된 동산에 부합된 동산의 이익의 귀속자
2. 사안의 적용
Ⅳ. 결 론

<설문 1의 해결>

Ⅰ. 문제점[26]

동산양도담보의 법적 성질에 따른 양도담보목적물의 소유자, 집합물양도담보의 효력이 새로이 반입된 물건이 제3자의 소유인 경우에도 미치는지, 민법 제261조의 동산 첨부 등에 대한 보상의무의 의미, 부당이득반환청구의 요건 및 동산양도담보가 설정된 경우 양도담보목적물에 부합된 물건에 관한 보상의무자가 누구인지가 문제된다.

Ⅱ. 丙의 ① 주장 부분

1. 관계법리

가. 동산양도담보의 법적 성질 및 목적물의 소유권자

이에 대해 학설은, 동산양도담보의 법적 성질에 관하여 대내관계에서는 양도담보설정자의 소유에 속하나 대외관계에서는 양도담보권자의 소유라는 신탁적양도설 및 담보권의 일종이라는 담보권설의 대립이 있다. 판례는 동산양도담보에 있어서는 일반적으로 신탁적양도설에 따라 판단하고 있다.

생각건대, 동산양도담보의 경우에는 그 공시방법이 부동산과 달라 제3자를 보호할 필요가 크므로 신탁적양도설을 따르는 것이 타당하다.[27]

나. 집합물양도담보의 가부와 효력범위

판례[28]는 「재고상품, 제품, 원자재 등과 같은 집합물을 하나의 물건으로 보아 일정 기

---

[26] 문제는 대판 2016.04.28. 2012다19659의 사안을 토대로 출제한 것이다.
[27] 부동산 양도담보의 경우에는 부동산의 공시방법의 특성과 담보설정자를 보호하려는 가등기담보법의 입법취지를 고려하여 담보권설을 따르는 것이 타당할 것이다.
[28] 대판 2016.04.28. 2012다19659

간 계속하여 채권담보의 목적으로 삼으려는 이른바 집합물에 대한 양도담보권설정계약에서는 담보목적인 집합물을 종류, 장소 또는 수량지정 등의 방법에 의하여 특정할 수 있으면 집합물 전체를 하나의 재산권 객체로 하는 담보권의 설정이 가능하므로, 그에 대한 양도담보권설정계약이 이루어지면 집합물을 구성하는 개개의 물건이 변동되거나 변형되더라도 한 개의 물건으로서의 동일성을 잃지 아니한 채 양도담보권의 효력은 항상 현재의 집합물 위에 미치고, 따라서 그러한 경우에 양도담보권자가 점유개정의 방법으로 양도담보권설정계약 당시 존재하는 집합물의 점유를 취득하면 그 후 양도담보권설정자가 집합물을 이루는 개개의 물건을 반입하였더라도 별도의 양도담보권설정계약을 맺거나 점유개정의 표시를 하지 않더라도 양도담보권의 효력이 나중에 반입된 물건에도 미친다. 다만 양도담보권설정자가 양도담보권설정계약에서 정한 종류·수량에 포함되는 물건을 계약에서 정한 장소에 반입하였더라도 그 물건이 제3자의 소유라면 담보목적인 집합물의 구성부분이 될 수 없고 따라서 그 물건에는 양도담보권의 효력이 미치지 않는다.」고 보면서, 「양도담보권설정계약에서 말하는 '원자재'는 가공을 전제로 하여 가공되기 전의 상태인 자재뿐만 아니라 그 자체로 완성품인 부품이나 장치를 포함한 의미」라고 한다.

2. 사안의 적용

동산양도담보의 법적 성질에 관한 신탁적양도설에 따르는 한, 甲조선과 丁 사이의 양도담보계약에 불구하고, 카고펌프의 소유권은 대외적으로 즉, 丙에 대한 관계에서 丁에게 있다.

한편, 丙은 甲과 甲조선의 목포시 소재 사업장 내에 있는 선박과 그 원자재로 하여 점유개정 방법으로 양도담보를 설정하였는 바, 카고펌프는 丙과의 양도담보설정 이후 반입된 것으로서 甲이 아닌 丁의 소유에 속하므로 丙의 양도담보의 효력이 미치지 않는다.

따라서, 선박에 부합되기 전에 丁보다 먼저 카고펌프에 대하여 양도담보권을 취득하였다는 丙의 주장으로는 丁에게 대항할 수 없으므로, 丁의 위 ①의 주장은 이유없다.

III. 丙의 ② 주장 부분

1. 관계법리

가. 민법 제261조 보상청구의 의미

「민법 제261조는 첨부에 관한 민법 규정에 의하여 어떤 물건의 소유권 또는 그 물건 위의 다른 권리가 소멸한 경우 이로 인하여 손해를 받은 자는 '부당이득에 관한 규정에 의하여 보상을 청구할 수 있다'고 규정하고 있는데, 여기서 '부당이득에 관한 규정에 의하여 보상을 청구할 수 있다'는 것은 법률효과만이 아니라 법률요건도 부당이득에 관한 규정이 정하는 바에 따른다는 의미이다.[29]」

---

29) 대판 2016.04.28. 2012다19659

나. 부당이득반환청구의 '이익' - 주된 동산에 부합된 동산의 이익의 귀속자

민법 제741조의 부당이득반환청구에서 이득이란 실질적인 이익을 의미하는데, 판례는 동산에 대하여 양도담보권을 설정하는 이유는 만약 채무자가 채무를 이행하지 않더라도 그 담보물을 환가하여 우선변제를 통해 담보물의 교환가치 취득을 목적으로 하는 것이라고 보면서, 양도담보권의 목적인 주된 동산에 다른 동산이 부합되어 부합된 동산에 관한 권리자가 권리를 상실하는 손해를 입은 경우 주된 동산이 담보물로서 가치가 증가된 데 따른 실질적 이익은 주된 동산에 관한 양도담보권설정자에게 귀속되는 것이므로, 이 경우 부합으로 인하여 권리를 상실하는 자는 양도담보권설정자를 상대로 민법 제261조에 따라 보상을 청구할 수 있을 뿐 양도담보권자를 상대로 보상을 청구할 수는 없다[30]고 한다.

2. 사안의 적용

① 丁의 카고펌프가 이미 甲조선의 제조 선체 내에 액체화학제품의 적하통로인 파이프와 용접된 형태로 연결되었으므로 이는 부합이 된 것이어서 丁은 카고펌프의 교환가치 손실을 입었고, 이 때, ② 甲조선의 목포시 소재 사업장 내에 있는 선박과 그 원자재에 관하여 丁에게 양도담보를 설정해 준 경우라 하더라도 선박 등에 대한 양도담보권자 丁이 아닌 양도담보설정자 甲이 그 실질적인 이익을 취득하는 것이므로, 결국, 민법 제261조에 따른 보상의무는 없다는 丙의 ②부분 주장은 이유 있다.

IV. 결 론

丁의 청구는 인용될 수 없다.

---

[30] 대판 2016.04.28. 2012다19659

제 2 문의 2

<기초적 사실관계>

甲과 乙은 혼인하여 자녀 丙, 丁을 둔 뒤 이혼하였다. 미성년자녀 丙, 丁에 대한 친권과 양육권은 모두 乙이 갖고 있다. 이혼 후 甲이 사망하였다. 보험회사 P는 甲의 유일한 상속인 丙, 丁에게 甲이 가입한 보험계약을 근거로 사망보험금(총 1억 원; 丙, 丁에게 각각 5천만 원)을 지급하였다. 사망보험금은 丙, 丁의 법정대리인 乙이 乙명의 통장으로 1억 원 전부를 계좌이체 받는 형식으로 지급되었다. 그런데 이후 甲의 사망 원인이 자살로 밝혀져 P의 사망보험금 지급 의무가 없음이 확정되었다. 이에 따라 P는 丙, 丁에게 각각 5천만 원의 부당이득반환을 구하는 소를 제기하여 승소 확정판결을 받았다. 그러나 丙, 丁 명의로 된 재산이 없어 현실적으로 강제집행이 어려운 상황이다.

※ 이하 추가적 사실관계 및 질문 상호간에는 연관성이 없음

<추가적 사실관계 1>

丙이 성년이 될 당시 乙의 통장에는 丙의 보험금 5천만 원이 고스란히 남아 있었다. 그러자 P는 丙에 대한 부당이득반환청구권을 보전하기 위해, 성년이 된 丙이 乙에 대하여 보유한 민법 제923조 제1항에 따른 특유재산(乙명의 통장에 입금된 丙의 보험금 5천만 원) 반환청구권을 대위행사하는 소를 乙을 상대로 제기하였다.

<문제>

1. 乙은 丙의 乙에 대한 특유재산반환청구권은 행사상 일신전속권이므로 P의 청구가 기각되어야 한다고 주장한다. P의 청구는 인용될 수 있는가? (10점)

<추가적 사실관계 2>

丙이 성년이 될 당시인 2025. 2.경 乙의 통장에는 丙의 보험금 5천만 원이 고스란히 남아 있었다. 丙은 2025. 3.경 乙에게 위 돈에 대하여 "그동안 어머니가 저를 고생해서 키워주셨으니, 어머니가 알아서 쓰세요."라고 말하였다. P는 2025. 2.경 丙의 乙에 대한 특유재산반환청구권(위 5천만 원 반환청구권)을 대위행사하는 소를 제기하였고, 丙은 위 사실을 2025. 5.경 알게 되었다.

<문제>

2. P의 채권자대위 청구는 인용될 수 있는가? P가 丙의 책임재산을 확보하기 위해 乙에 대하여 취할 수 있는 다른 권리구제수단은 없는지 검토하시오. (15점)

제 2 문의 2 [해 설]

목 차

<설문 2-1의 해결>
I. 문제점
II. 관계법리
III. 사안의 적용
IV. 결 론

<설문 2-2의 해결>
I. 문제점
II. P의 채권자대위청구 인용 가부
 1. 관계법리
 2. 사안의 적용
III. P의 다른 권리구제수단
 1. 채권자취소권
 2. 사안의 적용

<설문 2-1의 해결>

I. 문제점

민법 제923조 제1항의 특유재산 반환청구권이 행사상 일신전속권이어서 채권자대위의 객체가 될 수 없는지 등이 문제된다.

II. 관계법리

민법 제923조 제1항의 특유재산 계산 이후의 반환청구권에 대하여 판례31)는 아래와 같이 판단한다.32)

「친권자는 자녀가 그 명의로 취득한 특유재산을 관리할 권한이 있는데(민법 제916조), 그 재산 관리 권한이 소멸하면 자녀의 재산에 대한 관리의 계산을 하여야 한다(민법 제923조

---

31) 대판 2022.11.17. 2018다294179
32) 「친권자는 자녀가 그 명의로 취득한 특유재산을 관리할 권한이 있는데(민법 제916조), 그 재산 관리 권한이 소멸하면 자녀의 재산에 대한 관리의 계산을 하여야 한다(민법 제923조 제1항). 여기서 '관리의 계산'이란 자녀의 재산을 관리하던 기간의 그 재산에 관한 수입과 지출을 명확히 결산하여 자녀에게 귀속되어야 할 재산과 그 액수를 확정하는 것을 말한다. 친권자의 위와 같은 재산 관리 권한이 소멸한 때에는 위임에 관한 민법 제683조, 제684조가 유추적용되므로, 친권자는 자녀 또는 그 법정대리인에게 위와 같은 계산 결과를 보고하고, 자녀에게 귀속되어야 할 재산을 인도하거나 이전할 의무가 있다. 한편 부모는 자녀를 공동으로 양육할 책임이 있고 양육에 소요되는 비용도 원칙적으로 공동으로 부담하여야 하는 점을 고려할 때, 친권자는 자녀의 특유재산을 자신의 이익을 위하여 임의로 사용할 수 없음은 물론 자녀의 통상적인 양육비용으로도 사용할 수도 없는 것이 원칙이나, 친권자가 자신의 자력으로는 자녀를 부양하거나 생활을 영위하기 곤란한 경우, 친권자의 자산, 수입, 생활수준, 가정상황 등에 비추어 볼 때 통상적인 범위를 넘는 현저한 양육비용이 필요한 경우 등과 같이 정당한 사유가 있는 경우에는 자녀의 특유재산을 그와 같은 목적으로 사용할 수 있다. 따라서 친권자는 자녀에 대한 재산 관리 권한에 기하여 자녀에게 지급되어야 할 돈을 자녀 대신 수령한 경우 그 재산 관리 권한이 소멸하면 그 돈 중 재산 관리 권한 소멸 시까지 위와 같이 정당하게 지출한 부분을 공제한 나머지를 자녀 또는 그 법정대리인에게 반환할 의무가 있다. 이 경우 친권자가 자녀를 대신하여 수령한 돈을 정당하게 지출하였다는 점에 대한 증명책임은 친권자에게 있다. 친권자의 위와 같은 반환의무는 민법 제923조 제1항의 계산의무 이행 여부를 불문하고 그 재산 관리 권한이 소멸한 때 발생한다고 봄이 타당하다. 이에 대응하는 자녀의 친권자에 대한 위와 같은 반환청구권은 재산적 권리로서 일신전속적인 권리라고 볼 수 없으므로, 자녀의 채권자가 그 반환청구권을 압류할 수 있다.(대판 2022.11.17. 2018다294179)」

제1항). 친권자의 위와 같은 재산 관리 권한이 소멸한 때에는 위임에 관한 민법 제683조, 제684조가 유추적용되므로, 친권자는 자녀 또는 그 법정대리인에게 위와 같은 계산 결과를 보고하고, 자녀에게 귀속되어야 할 재산을 인도하거나 이전할 의무가 있다... 친권자의 위와 같은 반환의무는 민법 제923조 제1항의 계산의무 이행 여부를 불문하고 그 재산 관리 권한이 소멸한 때 발생한다고 봄이 타당하다. 이에 대응하는 자녀의 친권자에 대한 위와 같은 반환청구권은 재산적 권리로서 일신전속적인 권리라고 볼 수 없으므로, 자녀의 채권자가 그 반환청구권을 압류할 수 있다.」

Ⅲ. 사안의 적용

丙이 지급받은 5천만 원은 보험계약에 따른 丙의 고유의 권리이고, 이를 그 법정대리인 乙이 보관하고 있다가 성년에 이르러 민법 제923조 제1항에 의하여 반환하는 경우 이는 행사상 일신전속권이라 할 수 없으므로, P의 청구는 인용될 수 있다.

Ⅳ. 결 론

P의 청구는 인용될 수 있다.

<설문 2-2의 해결>

Ⅰ. 문제점

채권자대위권 행사사실을 안 채무자의 처분행위를 금지하고 있는 제405조의 적용 및 채권자취소권 행사요건이 문제된다.

Ⅱ. P의 채권자대위청구 인용 가부

1. 관계법리

민법 제405조에 의하면, 채권자대위권을 행사한 채권자는 채무자에게 이를 통지하여야 하고, 채무자가 통지를 받은 후에는 그 권리를 처분하여도 이로써 채권자에게 대항하지 못한다. 한편, 채무자가 통지를 받지는 않았다 하더라도 채무자가 이 사실을 안 때에는 역시 마찬가지라는 것이 판례의 태도이다.[33]

2. 사안의 적용

2025. 2.경 성년에 이른 丙에게는 乙에 대한 특유재산 반환청구권이 있었고, 丙의 乙에 대한 위 금원에 대한 증여의 효력은 2025. 3.경 이루어졌다.

한편, P의 乙을 상대로 한 채권자대위소송은 2025. 2.경 제기되었으나, 丙이 위와 같은

---

[33] 대판 1988.01.19. 85다카1792

대위권 행사사실을 안 시기는 2025. 5.경 알게 되었으므로, 丙의 위와 같은 증여에 의한 처분이 먼저 이루어졌으므로, 결국 P의 채권자대위 청구는 인용될 수 없다.

Ⅲ. P의 다른 권리구제수단

1. 채권자취소권

채무자가 채권자를 해함을 알고 재산권을 목적으로 한 법률행위를 한 때에는 채권자는 그 취소 및 원상회복을 법원에 청구할 수 있고, 그 행위로 인하여 이익을 받은 자나 전득한 자가 그 행위 또는 전득당시에 채권자를 해함을 알지 못한 경우에는 그러하지 아니하다(민법 제405조).

채권자취소권이 인정되기 위하여는 ① 피보전채권이 사해행위 이전에 존재하여야 함이 원칙이고, ② 피보전채권의 보존의 필요성이 인정되어야 하므로 피보전채권이 금전채권으로서 사해행위로 인한 채무자의 무자력이 인정되어야 하며, ③ 수익자나 전득자가 선의임을 스스로 증명하여야 한다.

2. 사안의 적용

P의 丙에 대한 보험금반환채권은 이미 존재하고 있었고, 이후 丙이 성년에 이른 2025. 2.경 乙에 대한 특유재산반환채권을 취득하였으며, 이외 丙 명의의 재산은 없고, 丙의 乙에게의 증여행위에 의하여 丙은 무자력에 이르렀으므로, P는 위 증여계약이 사해행위임을 이유로 丙과 乙 사이의 위 증여계약을 취소하고 그 지급받은 5천만 원을 자신에게 반환할 것을 요구할 수 있다.

제 2 문의 3

<기초적 사실관계>

甲소유 X 토지(시가 17억 원. 이후 변동 없음)와 乙소유 Y 토지(시가 12억 원. 이후 변동 없음) 간 교환계약이 체결되었다.

<아래 지문은 서로 독립적임>

<추가된 사실관계1>

Y 토지 시가가 낮았기 때문에 乙이 X 토지 위 근저당권의 피담보채무 3억 원(채무자 甲)을 이행인수하고 甲에게 2억 원을 추가로 지급하는 조건으로 甲-乙 간 교환계약이 체결되었다. 乙은 위 2억 원을 甲에게 지급하였지만, 위 이행인수 약정에 따른 의무이행(= 근저당권자에게 3억 원 직접 지급)은 미루던 중, 근저당권자가 X 토지에 대한 경매를 신청하여 X 토지가 丙에게 14억 원에 매각되고 丙은 매각대금을 전부 납부하였다. 甲은 위 경매절차에서 근저당권자에게 배당된 3억 원을 제외한 나머지 11억 원을 받았다.

<문제>

1. 甲-乙 간 법률관계를 검토하시오. (10점)

<추가된 사실관계2>

Y 토지 시가가 낮았기 때문에 乙이 甲에게 5억 원을 추가로 지급하는 조건으로 甲-乙 간 교환계약이 체결되었다. 乙은 위 5억 원을 甲에게 지급하였다. 그러나 X, Y 토지 교환이 이루어지기 전에 Y 토지가 국가에 수용되었고, 乙은 국가로부터 10억 원의 수용보상금을 받았다.

甲은 乙로부터 받은 5억 원을 입출금이 자유로운 통장에 입금하여 현재까지 총 100만 원의 이자를 취득하였다. X, Y 토지는 교환계약 상대방에게 인도된 바 없이 각 소유자가 줄곧 점유·사용하고 있었다.

<문제>

2. 甲-乙 간 법률관계를 검토하시오. (15점)

제 2 문의 3 [해설]

목차

<설문 3-1의 해결>
I. 문제점
II. 이행불능을 이유로 한 乙의 주장
 1. 관계법리
  가. 대상청구권
  나. 위험부담법리
 2. 사안의 적용
III. 甲의 乙에 대한 3억 원의 손해배상청구의 가부
 1. 관계법리
 2. 사안의 적용
IV. 결 론

<설문 3-2의 해결>
I. 문제점
II. 교환계약의 이행 부분
 1. 甲의 乙에 대한 Y토지 관련 청구
 2. 乙의 甲에 대한 X토지 이행청구 관련
  가. 위험부담법리
  나. 사안의 적용
III. 甲이 취득한 이자 상당 이익인 100만 원 부분 관련 법률관계
 1. 甲이 대상청구권을 행사한 경우
 2. 甲이 위험부담법리를 주장하는 경우

<설문 3-1의 해결>

I. 문제점

후발적 이행불능이 있는 경우 전보배상청구권, 대상청구권 및 위험부담의 법리가 문제되며, 이행인수약정이 있음에도 인수인이 이를 불이행하여 상대방이 변제 등을 한 경우에 있어서의 손해배상과 본래의 급부 사이의 동시이행관계 존재 여부가 문제된다.

II. 이행불능을 이유로 한 乙의 주장

1. 관계법리

가. 대상청구권

민법에 명문규정은 없으나, 판례는 채무자의 귀책사유 여부에 불구하고 그 이행불능으로 말미암아 채무자가 취득한 이익에 대하여 채권자는 대상청구권을 행사할 수 있다는 입장이다.[34]

나. 위험부담법리

쌍무계약의 당사자 일방의 채무가 채권자의 책임있는 사유로 이행할 수 없게 된 때에는 채무자는 상대방의 이행을 청구할 수 있고, 채권자의 수령지체 중에 당사자쌍방의 책임없는 사유로 이행할 수 없게 된 때에도 같다(민법 제538조 제1항).

---

[34] 대판 2012.06.28. 2010다71431 등

2. 사안의 적용

甲과 乙 사이의 X토지 및 Y토지에 대한 교환계약이 체결된 상태에서 甲의 X토지에 대한 경매절차로 丙이 매각대금을 전부 납부하여 소유권을 취득한 이상, 후발적 불능이 있고, 다만, ① 이는 인수약정 불이행을 한 乙의 귀책사유에 의한 것이므로, 乙은 甲에게 채무불이행책임을 주장할 수 없다.

그러나, ② 이 경우에도 X토지에 대한 교환계약에 따른 채권자인 乙은 그 대상을 지급할 것을 청구할 수 있으므로, 경매절차에서 근저당권자에게 배당된 3억 원을 제외한 나머지 11억 원에 대하여 乙은 甲에게 반환할 것을 청구할 수 있다.

한편, ③ 이행인수 약정을 스스로 불이행한 乙에게는 귀책사유가 있으므로, 甲의 Y토지에 대한 교환계약 이행청구에 대하여, 乙이 위 이행불능에 의하여 위험부담법리를 주장하며, 그 이행을 거절할 수 없다.

Ⅲ. 甲의 乙에 대한 3억 원의 손해배상청구의 가부

1. 관계법리

판례는 「부동산교환계약에 있어서 목적 부동산에 설정된 담보권의 피담보채무를 인수하기로 하는 약정이 행하여진 경우 그 일방이 상대방의 채무인수의무 불이행으로 말미암아 그 채무를 대신 변제하였다면 그로 인한 손해배상채무는 채무인수의무의 변형으로서 일방의 소유권이전등기의무와 상대방의 그 손해배상채무는 대가적 의미가 있어 이행상 견련관계에 있다고 할 것이고, 따라서 양자는 동시이행의 관계에 있다고 해석함이 공평의 관념 및 신의칙에 합당하다.[35]」

2. 사안의 적용

사안에서 甲은 3억 원의 채무인수액에 대하여 乙을 상대로 약정 불이행에 따른 손해배상을 청구할 수 있다고 할 것이며, 이 손해배상채권 및 Y토지의 계약상 이행청구를 들어 乙의 11억 원의 대상청구권에 대하여 동시이행을 주장할 수 있을 것이다.

Ⅳ. 결 론

甲은 乙에 대하여 Y토지에 대한 계약상 이행(소유권이전등기, 인도) 및 3억 원의 손해배상을 청구할 수 있고, 반면, 乙은 甲에 대하여 11억 원에 대한 대상청구권을 행사할 수 있으며, 쌍방의 채권은 동시이행관계에 있다.

---

[35] 대판 2014.04.30. 2010다11323

<설문 3-2의 해결>

Ⅰ. 문제점

후발적 불능에 있어서 쌍방 귀책사유 없는 일방 채무의 이행불능이 있는 경우의 대상청구, 채무자위험부담법리가 문제되며, 한편, 어느 일방이 그 채무의 일부를 지급한 경우 그로 인한 점유·사용이익의 반환관계가 문제된다.

Ⅱ. 교환계약의 이행 부분

1. 甲의 乙에 대한 Y토지 관련 청구

X, Y 토지 교환이 이루어지기 전에 Y 토지가 국가에 수용된 것으로 乙의 귀책사유는 없어 채무불이행책임은 인정되지 못하지만, 乙은 국가로부터 10억 원의 수용보상금을 받았으므로, 甲은 이에 대한 대상청구권을 행사할 수 있어 이미 乙로부터 지급받은 5억 원과 합하여 총15억 원을 취득한 것이 된다.

2. 乙의 甲에 대한 X토지 이행청구 관련

가. 위험부담법리

쌍무계약의 당사자 일방의 채무가 당사자 쌍방의 책임 없는 사유로 이행할 수 없게 된 때에는 채무자는 상대방의 이행을 청구하지 못한다(민법 제537조). 이 때, 「쌍방 채무의 이행이 없었던 경우에는 계약상 의무의 이행을 청구하지 못하고 이미 이행한 급부는 법률상 원인 없는 급부가 되어 부당이득 법리에 따라 반환을 청구할 수 있다.」고 봄이 판례이다.[36]

나. 사안의 적용

乙은 귀책사유가 없으므로 민법 제537조 제1항의 채무자위험부담법리에 의하여 甲에게 X토지에 대한 교환계약 이행청구를 할 수 없다. 한편, 乙은 위험부담법리를 주장하며 이미 지급한 5억 원의 반환을 부당이득반환청구권의 행사에 의하여 청구할 수 있다.

Ⅲ. 甲이 취득한 이자 상당 이익인 100만 원 부분 관련 법률관계[37]

1. 甲이 대상청구권을 행사한 경우

甲이 대상청구권을 행사한다면 계약의 이행을 선택한 것이어서 그 인도나 지급시기를 달리 정하지 않는 한 민법 제587조의 공평의 법리를 유추적용할 수 있어 보이므로, 교환계약에 있어서도 먼저 지급된 대금에 대한 이자를 취득한 경우에는 상대방도 그 지급받

---

36) 대판 2021.05.27. 2017다254228
37) 이 사안은 대상청구권 행사시 시가 17억 원의 X토지와 수용에 의한 최종이득의 총액이 15억 원인 Y토지의 교환계약이 되는 셈이어서 甲이 대상청구권 행사 대신 위험부담의 법리를 선택할 가능성이 많으므로 위험부담법리에 관한 것만 기재하면 된다고 가답안 기준이 형성될 수 있겠지만, 위험부담법리를 선택할 가능성이 없다고 볼 수는 없으므로 본문과 같이 두 경우를 병행하는 편이 낫다고 판단한다.

은 대금의 범위 내에서 미인도된 점유·사용이익 상당의 금액 지급을 청구할 수 있다고 보아야 한다. 교환계약의 각 교환목적물의 시가가 다른 경우라면 이미 지급받은 비율에 의한 사용이익을 따져야 할 것이다.

그렇다면, 甲은 乙로부터 받은 5억 원을 받아 현재까지 총 100만 원의 이자를 취득하였고, X, Y토지는 교환계약 상대방에게 인도된 바 없으므로, 甲도 역시 그 점유·사용에 의한 이익 상당의 반환을 乙에게 하여야 한다.

2. 甲이 위험부담법리를 주장하는 경우

위험부담법리에 의한 이미 지급한 금원에 대한 이자 상당액의 반환청구는 부당이득의 범위에 관한 민법 제748조가 적용되는데, 이자 상당의 100만 원 부분이 취득한 이익에 포함되는지가 문제이다.[38]

생각건대, 쌍방 불귀책에 의한 위험부담법리는 해제와 다른 것이고, 판례는 「매매계약이 무효인 경우, 매도인이 매매대금으로 받은 금전을 정기예금에 예치하여 얻은 이자가 반환해야 할 부당이익의 범위에 포함된다[39]」고 본 바 있으므로, 결국, 100만 원 부분도 부당이득의 범위에 포함되어야 한다.[40]

---

[38] 참고로, 이미 지급한 금원에 대한 부당이득반환도 위험부담의 법리에 의하여 인정될 수 있다는 본문의 대판 2021.05.27. 2017다254228의 원심에서 승계참가인은 지급한 금원 뿐만 아니라 그 이후의 이자 상당액도 청구하였지만, 원심이 부당이득이 아니라고 판단하여 기각하였고, 이에 대한 상고심에서 위 대법원 판결은 부당이득이 아니라는 원심의 판결을 파기하였으나, 환송판결이어서 대법원의 확실한 판단이 이루어진 바는 없다.
[39] 대판 2008.01.18. 2005다34711
[40] 이와 달리 부당이득의 범위에 포함시켜서는 안된다는 입장도 가능하다. 그 경우에는 논거를 위험부담법리는 후발적 불능이어서 일반적인 무효의 법리를 유추할 수는 없고, 사실상 당사자의 의사에 의한 계약관계의 해소라는 측면이 강하므로 오히려 합의해제의 법리를 유추함이 타당하다고 하면 될 듯하다.

제 2 문의 4 bar examination

<기초적 사실관계>

상인인 甲은 2015. 2. 18. 乙로부터 1억 5,000만 원을 변제기 2016. 2. 17.로 하여 빌렸다. 乙은 2016. 11. 28. 위 대여금 채권을 피보전채권으로 하여 甲이 丙은행에 대하여 갖는 현재 예치된 예금 및 장래 입금될 예금을 포함한 예금채권에 대하여 채권가압류를 신청하여 2016. 12. 8. 가압류결정을 받았고, 그 가압류결정이 2016. 12. 13. 丙은행에 송달되었다.

※ 이하 추가적 사실관계 및 질문 상호간에는 연관성이 없음

<추가적 사실관계 1>

위 가압류결정이 丙은행에 송달될 당시 甲은 丙은행에 대하여 예금계좌를 가지고 있지 않았다. 乙은 2024. 12. 26. 甲에게 위 대여금 채권의 이행을 구하는 소를 제기하였다.

<문제>

1. 乙의 대여금 채권 소멸시효 완성 여부를 검토하시오. (10점)

<추가적 사실관계 2>

위 가압류결정이 丙은행에 송달될 당시인 2016. 12. 13. 甲은 丙은행에 예금계좌(입출금이 자유로운 계좌이다)가 있었고, 예금액은 500만 원이었다(그 후 예금액 변동 없음). 丙은행은 甲에 대하여 500만 원의 대출금 채권(대여일 2015. 12. 8., 변제기 2016. 12. 8.)을, 乙에 대하여 500만 원의 대출금 채권(대여일 2015. 4. 9., 변제기 2016. 4. 9.)을 각각 갖고 있다. 乙은 위 가압류 후 본압류 및 전부명령을 받았다(압류 및 전부명령이 丙은행에 송달된 날은 2021. 3. 9., 전부명령 확정일은 2021. 3. 18.). 丙은행은 전부명령을 송달받은 다음 날인 2021. 3. 10. 甲에 대한 대출금채권 500만 원을 자동채권, 甲의 丙은행에 대한 예금채권 500만 원을 수동채권으로 한 상계의 의사표시를 甲과 乙에게 하였다(예금이나 대여금에 대한 이자, 지연손해금은 모두 고려하지 않는다).

전부명령이 확정된 후 2021. 3. 20. 乙은 자신의 丙은행에 대한 전부금채권 500만 원을 자동채권, 丙은행의 자신에 대한 대출금채권 500만 원을 수동채권으로 하여 丙은행에 상계의 의사표시를 하였다(예금이나 대여금에 대한 이자, 지연손해금은 모두

고려하지 않는다). 乙은 乙-丙 간 상계적상이, 丙-甲 간 상계적상보다 앞서 존재하였으므로, 자신의 상계 의사표시가 유효하고, 丙은행의 상계 의사표시는 효력이 없다고 주장한다.

<문제>

2. 乙의 주장이 타당한지, 그리고 乙이 甲에 대하여 청구할 수 있는 대여금 채권액은 얼마인지, 乙이 2025. 5. 3. 甲에게 대여금 청구의 소를 제기한다고 가정할 때 대여금 채권의 소멸시효가 완성되었는지를 검토하시오(대여금에 대한 이자나 지연손해금은 고려하지 않는다). (15점)

제 2 문의 4 [해 설]

목 차

<설문 4-1의 해결>
Ⅰ. 문제점
Ⅱ. 관계법리
 1. 상사시효
 2. 채권가압류에 의한 소멸시효 중단 여부
  가. 가압류명령이 송달된 이후의 장래 예금채권에 대한 가압류의 효력
  나. 위 가.의 가압류에 의한 소멸시효 중단 여부
Ⅲ. 사안의 해결

<설문 4-2의 해결>
Ⅰ. 문제점
Ⅱ. 상계에 관한 乙의 주장 부분
 1. 채권가압류에 따른 압류·전부명령이 있는 경우 제3채무자의 상계요건

 2. 사안의 적용
  가. 乙의 가압류결정이 송달된 2016. 12. 13. 기준
  나. 丙의 2021. 3. 10. 상계 이후 乙 앞의 전부명령
  다. 소결론
Ⅲ. 乙의 甲에 대한 청구금액
Ⅳ. 2025. 5. 3. 현재 乙의 甲에 대한 대여금채권의 소멸시효가 완성되었는지
 1. 관계법리
  가. 가압류에 의한 소멸시효 중단
  나. 제3채무자의 상계로 피압류채권이 소멸한 경우의 집행채권의 소멸시효
  다. 전부명령이 무효인 경우
 2. 사안의 적용
Ⅴ. 결 론

<설문 4-1의 해결>[41]

Ⅰ. 문제점

상사시효, 가압류명령 송달 이후의 장래 예금채권에 대한 가압류의 효력, 이 법리가 그 송달 당시 예금계좌가 없는 경우에도 적용되는지 및 이러한 가압류가 소멸시효 중단효가 인정되는지 등이 문제된다.

---

[41] 丙은행에 가압류결정이 송달된 2016. 12. 13.을 기준으로 3년이 지난 2024. 12. 26. 가압류채권자 乙이 가압류채무자 甲을 상대로 본안소송인 대여금 청구의 소를 제기하였으므로, 민사집행법 제288조에 의하여 본안의 소 제소기간을 도과하여 채무자 또는 이해관계인은 가압류취소신청을 할 수 있었으나 문제는 실제 취소신청을 하였다는 사정이 없으므로 검토할 필요는 없다. 실제 이 문제의 기초가 된 대법원 2023. 12. 14. 선고 2022다210093 판결의 원심과 1심에서는 위 민사집행법 제288조에 의한 가압류결정이 취소된 상태였다. * 참고로 가압류취소신청을 하였다는 전제가 문제에 추가된다면 아래의 판례에 비추어 추가적으로 판단할 부분이 있음을 주의하여야 한다. *「민법 제175조는 가압류가 '권리자의 청구에 의하여 또는 법률의 규정에 따르지 아니함으로 인하여 취소된 때에는 소멸시효 중단의 효력이 없다'고 규정하고 있고, 이는 그러한 사유가 가압류 채권자에게 권리행사의 의사가 없음을 객관적으로 표명하는 행위이거나 또는 처음부터 적법한 권리행사가 있었다고 볼 수 없는 사유에 해당한다고 보기 때문이므로, 법률의 규정에 따른 적법한 가압류가 있었으나 제소기간의 도과로 인하여 가압류가 취소된 경우에는 위 법조가 정한 소멸시효 중단의 효력이 없는 경우에 해당한다고 볼 수 없다.(대판 2011. 01.13. 2010다88019)」

II. 관계법리

1. 상사시효

이 때, 상법 제64조의 5년의 상사시효는 쌍방 모두가 상인인 경우 뿐만 아니라 일방적 상행위인 경우에도 적용된다.

2. 채권가압류에 의한 소멸시효 중단 여부

가. 가압류명령이 송달된 이후의 장래 예금채권에 대한 가압류의 효력

판례는 「가압류명령의 송달 이후에 채무자의 계좌에 입금될 예금채권도 그 발생의 기초가 되는 법률관계가 존재하여 현재 그 권리의 특정이 가능하고 가까운 장래에 예금채권이 발생할 것이 상당한 정도로 기대된다고 볼 만한 예금계좌가 개설되어 있는 경우 등에는 가압류의 대상이 될 수 있다. 그러나 장래의 예금채권에 대한 가압류결정 정본이 제3채무자에게 송달되었을 때에 채무자의 제3채무자에 대한 예금계좌가 개설되어 있지 않는 등 피압류채권 발생의 기초가 되는 법률관계가 없는 경우에는, 그러한 채권가압류는 피압류채권이 존재하지 않으므로 가압류로서 집행보전의 효력이 없다.[42]」고 한다.

나. 위 가.의 가압류에 의한 소멸시효 중단 여부

판례는 「채권자가 채무자의 제3채무자에 대한 채권을 가압류할 당시 그 피압류채권이 부존재하는 경우에도 집행채권에 대한 권리 행사로 볼 수 있어 특별한 사정이 없는 한 가압류집행으로써 그 집행채권의 소멸시효는 중단된다. 다만 가압류결정 정본이 제3채무자에게 송달될 당시 피압류채권 발생의 기초가 되는 법률관계가 없어 가압류의 대상이 되는 피압류채권이 존재하지 않는 경우에는 가압류의 집행보전 효력이 없으므로, 특별한 사정이 없는 한 가압류결정의 송달로써 개시된 집행절차는 곧바로 종료되고, 이로써 시효중단사유도 종료되어 집행채권의 소멸시효는 그때부터 새로이 진행한다고 보아야 한다.[43]」고 한다.

III. 사안의 해결

甲이 상인이고, 상인의 행위는 영업을 위한 것으로 추정되므로, 乙의 甲에 대한 대여금 채권은 5년의 상사시효에 걸린다.

한편, 가압류집행으로 대여금 채권의 소멸시효가 중단되지만, 가압류결정에 따른 집행절차는 곧바로 종료되어 시효중단사유도 종료되며, 결국 소멸시효는 가압류결정의 제3채무자에게의 송달시인 2016. 12. 13.부터 새로이 진행한다.

따라서 그로부터 5년이 지나 2024. 12. 26. 제기된 乙의 대여금 청구의 소는 소멸시효가 이미 완성된 것이어서 인용될 수 없다.

---

[42] 대판 2023.12.14. 2022다210093
[43] 대판 2023.12.14. 2022다210093

<설문 4-2의 해결>

Ⅰ. 문제점

가압류 후 본압류·전부명령이 있는 경우 제3채무자의 상계요건(기준시점), 제3채무자의 유효한 상계 후 전부채권자의 청구범위, 가압류에 의한 시효중단의 시기와 재진행 시점, 피압류채권의 제3채무자 상계에 의한 소멸·전부명령 무효가 시효 중단에 영향을 미치는지 여부 등이 문제된다.

Ⅱ. 상계에 관한 乙의 주장 부분

1. 채권가압류에 따른 압류·전부명령이 있는 경우 제3채무자의 상계요건

이 경우 판례44)는 가압류의 효력발생 당시(=제3채무자 송달시)를 상계의 기준시점으로 보고 있다. 즉, 제3채무자는 이때를 기준으로 양 채권이 상계적상에 있거나, 자동채권(제3채무자의 가압류채무자에 대한 반대채권)의 변제기가 수동채권(피압류채권)의 변제기와 동시에 또는 먼저 도래하는 경우에 상계로 전부채권자에 대항할 수 있다.

2. 사안의 적용

가. 乙의 가압류결정이 송달된 2016. 12. 13. 기준

丙은행의 甲에 대한 대출금 채권(자동채권)의 변제기는 2016. 12. 8.이고, 甲의 丙은행에 대한 예금채권(수동채권)은 자유 입출금이 가능한 것이어서 변제기는 2016. 12. 13.을 기준으로 이미 도래한 것과 다름없다. 그렇다면, 양 채권은 상계적상에 있었다.

나. 丙의 2021. 3. 10. 상계 이후 乙 앞의 전부명령

따라서 丙의 2021. 3. 10. 상계로 예금채권이 소멸하였고, 전부명령은 확정될 것을 조건으로 송달일(2021. 3. 9.)로 소급하여 효력이 발생하는 것이므로(민사집행법 제231조), 그 후 2021. 3. 18. 乙 앞으로의 전부명령 확정은 이전될 채권이 존재하지 않는 것이다.

다. 소결론

따라서 乙은 상계적상의 선후를 따질 것 없이45) 자동채권이 존재하지 않아 상계 요건을 결하므로, 이와 다른 乙의 주장은 타당하지 않다.

---

44) 대판 1988.02.23. 87다카472
45) 문제 자체가 乙의 주장 내용을 판단하라는 형태이어서, 채점기준에 乙-丙 사이의 상계적상 시점을 따로이 판단할지도 모르나, 본문과 같은 이유로 굳이 판단할 필요 없다고 생각한다. 한편, 乙의 주장을 고려하더라도 상계가 가능하기 위하여는 양 당사자의 대립채권 관계가 필요한 바, ① 앞서 이루어진 丙의 상계가 유효한 것인 이상, 乙은 유효하게 전부받은 채권이 소멸하여 자동채권으로 주장할 것이 없게 되어 상계가 인정될 수 없고, ② 설령 자동채권이 존재한다 가정한다 하더라도 전부명령이 확정된 것을 조건으로 그 송달일인 2021. 3. 9.에야 상계적상이 인정되므로 乙의 주장과 같이 먼저 상계적상이 도래한 것도 아니다.

III. 乙의 甲에 대한 청구금액

乙보다 앞서 유효하게 丙이 상계를 하였으므로 乙이 유효하게 전부받아 변제된 것이 없으므로, 乙은 자신의 채무자인 甲에게 여전히 1억 5천만 원을 청구할 수 있다.

IV. 2025. 5. 3. 현재 乙의 甲에 대한 대여금채권의 소멸시효가 완성되었는지

1. 관계법리

가. 가압류에 의한 소멸시효 중단

가압류결정 송달일을 기준으로 피가압류채권이 존재한다면 가압류 신청시에 집행채권에 대한 소멸시효 중단의 효력이 발생하여46),47) 가압류가 취소되지 아니하는 한 계속하여 존속한다.48)

나. 제3채무자의 상계로 피압류채권이 소멸한 경우의 집행채권의 소멸시효

「채권에 대하여 압류신청을 한 이상 피압류채권이 존재하지 아니하거나 압류채권을 환가하여도 집행비용 외에 잉여가 없다는 이유로 집행불능이 되었다고 하더라도 이미 발생한 시효중단의 효력이 소멸하지는 않는다.49)」이 때, 피압류채권이 존재하지 아니하는 경우에는 상계도 포함되므로 역시, 시효중단의 효력이 소멸하는 것은 아니다.

다. 전부명령이 무효인 경우

전부명령이 무효라 하더라도 가압류나 압류에 의한 소멸시효 중단의 효력이 소멸하는 것은 아니다.

2. 사안의 적용

乙의 상인 甲에 대한 채권의 소멸시효는 5년의 상사시효에 걸린다(상법 제64조).

乙의 甲에 대한 대여금 채권의 변제기는 2016. 2. 17.이므로 乙의 신청에 의한 가압류결정이 2016. 12. 13. 丙은행에 송달되어 그 효력이 발생한 이상 가압류신청일인 2016. 11. 28.부터 乙의 집행채권은 소멸시효가 중단되며, 이는 본압류로 전이되어도 유지되므

---

46) 대판 2017.04.07. 2016다35451
47) 「민법 제168조 제2호에서 가압류를 시효중단사유로 정하고 있지만, 가압류로 인한 시효중단의 효력이 언제 발생하는지에 관해서는 명시적으로 규정되어 있지 않다. 민사소송법 제265조에 의하면, 시효중단사유 중 하나인 '재판상의 청구'(민법 제168조 제1호, 제170조)는 소를 제기한 때 시효중단의 효력이 발생한다. 이는 소장 송달 등으로 채무자가 소 제기 사실을 알기 전에 시효중단의 효력을 인정한 것이다. 가압류에 관해서도 위 민사소송법 규정을 유추적용하여 '재판상의 청구'와 유사하게 가압류를 신청한 때 시효중단의 효력이 생긴다고 보아야 한다. '가압류'는 법원의 가압류명령을 얻기 위한 재판절차와 가압류명령의 집행절차를 포함하는데, 가압류도 재판상의 청구와 마찬가지로 법원에 신청을 함으로써 이루어지고(민사집행법 제279조), 가압류명령에 따른 집행이나 가압류명령의 송달을 통해서 채무자에게 고지가 이루어지기 때문이다. 가압류를 시효중단사유로 규정한 이유는 가압류에 의하여 채권자가 권리를 행사하였다고 할 수 있기 때문이다. 가압류채권자의 권리행사는 가압류를 신청한 때에 시작되므로, 이 점에서도 가압류에 의한 시효중단의 효력은 가압류신청을 한 때에 소급한다.(대판 2017.04.07. 2016다35451)」
48) 이와 달리 집행보전의 효력종료시로 보는 견해도 존재하는데, 수험생은 이 견해들 중 어느 하나를 선택하여 답안을 작성하면 될 것으로 보인다. 이 견해에 의하면 사안의 경우 전부명령이 무효이므로 더 이상 집행보전의 효력이 없어 압류의 효력 발생일까지인 압류결정 송달일부터 다시 소멸시효가 진행된다고 보면 된다.
49) 대결 2009.06.25. 2008모1396

로 압류가 취소되지 않는 한 계속하여 존속하며, 제3채무자 丙의 丙-乙간의 상계권 행사가 있다 하더라도 소멸시효는 여전히 중단된 상태이므로, 이후 위 상계권 행사로 전부명령이 무효가 된다 하더라도 여전히 소멸시효는 중단된다.

그렇다면 乙의 위 대여금채권은 소멸시효가 완성되지 않았다.

V. 결 론

(1) 乙의 주장은 타당하지 않다.
(2) 乙이 甲에 대하여 청구할 수 있는 대여금 채권액은 1억 5천만 원이다.
(3) 乙이 2025. 5. 3. 甲에게 대여금 청구의 소를 제기한다고 하여 대여금채권의 소멸시효가 완성된 것은 아니다.

<사실관계 1>

甲회사(이하 '회사'는 '주식회사'를 의미함)는 산업용 로봇을 생산하는 비상장회사이다. 甲회사의 발행주식 중 10%를 소유한 주주인 A는 甲회사의 대표이사 B에게 2회에 걸쳐 임시주주총회 소집청구서를 발송하였으나 폐문부재로 배달되지 않아 폐기처리되었다. 이후 A는 같은 내용의 임시주주총회 소집청구서를 카카오톡 메시지로 발송하였다. B가 위 메시지를 수신하였는데도 甲회사의 임시주주총회 소집절차를 밟지 않자, A는 법원에 임시주주총회 소집신청을 하였다. A는 회의의 목적사항에 '기존 대표이사 B의 해임 및 신임 대표이사 선임'이라고 기재하였으나, 소집의 이유에는 '대표이사의 이사직 해임'이라고 적시하였다. 甲회사의 정관에는 '대표이사 해임'이나 '대표이사 선임'이 주주총회 결의사항으로 정해져 있지 않았다.

이후 甲회사는 경영악화로 긴급 자금조달이 필요하게 되자 아래와 같은 조건으로 기술보증기금과 신주인수계약을 체결하였다. 기술보증기금은 이 계약에 따라 신주를 인수함으로써 甲회사의 의결권 있는 주식의 5%를 보유하게 되었다.

① 甲회사가 회생절차 개시신청을 할 경우 기술보증기금의 사전 서면동의를 받아야 한다.
② 위 ①의 위반시 기술보증기금은 최고 후 2주 내 위반사유가 시정되지 않으면 계약을 해지할 수 있다.
③ 甲회사는 위 기간 동안 소명 및 시정을 하지 못할 경우 기술보증기금에게 주식인수대금과 소정의 비율로 계산한 금액을 손해배상금으로 지급해야 한다.

2025. 3.에 甲회사는 적법한 이사회결의를 거쳐 기술보증기금의 동의 없이 회생절차 개시신청을 하였다. 2025. 4. 4.에 기술보증기금은 甲회사에게 2주 내에 회생절차 개시신청에 대하여 소명하고 이를 시정할 것을 요구했으나 甲회사는 아무런 조치를 취하지 않았다. 기술보증기금은 회생절차에서 주식인수대금 10억 원과 가산금 3억 원을 회생채권으로 신고하였다.

乙회사는 금융리스업을 영위하는 회사로, 제조업체인 丙회사와 2024. 10. 15. 금융리스계약을 체결하였다. 계약에 따르면, 乙회사는 丙회사가 선정한 산업용 로봇 20대를 공급자인 甲회사로부터 구매하여 丙회사에게 5년간 리스하기로 하였다. 丙회사는 2025. 2. 10. 甲회사로부터 산업용 로봇을 인도받고 검수한 후 乙회사에 물건수령증을 발급하여 교부하였다. 그러나 로봇을 가동한 지 3개월 만에 20대 중 14대에서 심각한 결함이 발견되었고, 이로 인해 丙회사의 생산라인이 중단되어 거액의 손해가 발생하였다. 전문가 조사 결과, 해당 결함은 甲회사의 제조과정에서 발생한 것으로 확인되었으며, 일반적인 검수과정에서는 발견하기 어려운 내부 결함이었다. 丙회사는 乙회사에게 리스료 지급을 중단하였다.

<문제>

1. A가 甲회사에 대하여 제기한 임시주주총회 소집요구는 법원에서 인용될 것인가? (25점)

2. 기술보증기금이 甲회사와 체결한 신주인수계약상 손해배상금 지급약정은 상법상 유효한가? (신주발행의 적법성 여부는 논외로 할 것) (15점)

3. 丙회사는 리스물건의 하자를 이유로 乙회사에게 리스료 지급채무 부존재확인을 구하는 소송을 제기할 수 있는가? (10점)

<사실관계 2>

A회사(이하 '회사'는 '주식회사'를 의미함)는 자본금 20억 원인 비상장회사로서 이사는 甲, 乙, 丙 3인이고 그 중 甲이 지배주주 겸 대표이사로서 사실상 전권을 행사하고 있다.

A회사는 2012. 12. 25.에 일본에 소재한 D회사의 화장품을 독점판매하기로 하는 계약을 D회사와 체결하였으며, 계약기간은 2013. 1. 1.부터 2022. 12. 31.까지 총 10년으로 정하였다. 위 계약에는, 계약기간 만료 3개월 전까지 당사자 일방으로부터 서면에 의한 해지 의사표시가 없는 한, 계약기간이 만료되더라도 그 계약이 1년씩 자동으로 갱신되도록 정해져 있었다.

甲은 2020. 1. 2. A회사 이사회의 승인 없이 B회사를 설립하여 대표이사로 취임하였고, B회사는 그때부터 D회사의 화장품을 수입하여 판매하였다.

甲은 2022. 9.경 A회사로 하여금 D회사의 화장품에 대한 독점판매계약을 연장하지 않고 포기하도록 하였고, D회사는 2023. 1. 1.에 자사 화장품에 대한 독점판매계약을 B회사와 체결하였다. A회사는 2022. 12. 31. 독점판매계약 종료 이후 D회사의 화장품을 수입하여 판매하는 영업을 하지 않고 있다.

乙은 甲이 A회사 이사회의 승인 없이 B회사를 설립하여 운영하고 있다는 사실 및 B회사가 D회사와 독점판매계약을 체결한 사정을 잘 알고 있었음에도 별다른 이의를 제기하지 않았다.

<문제>

4. 상법상 甲이 ① 겸직금지의무, ② 경업거래금지의무, ③ 기회유용금지의무의 위반 여부와 그 효과에 대해서 각각 설명하시오(단 적법요건으로서 이사회 승인 요건에 대한 구체적인 설명은 답안에 기재할 필요가 없음). (① 10점 + ② 10점 + ③ 20점 = 40점)

5. 상법상 乙은 어떠한 의무를 위반하였는가? (10점)

확 인 : 법학전문대학원협의회

제 3 문 [해 설]

목 차

<설문 1의 해결>
I. 문제점
II. 관계법리
 1. 카카오톡 메시지에 의한 임시주주총회 소집청구의 가부
 2. 주주총회 회의 목적사항과 소집 이유
 3. 대표이사의 선임
III. 사안의 적용
 1. B대표이사 이사직 해임 부분
 2. 대표이사 선임 부분
IV. 결 론

<설문 2의 해결>
I. 문제점
II. 관계법리
 1. 주주평등의 원칙
 2. 신주를 부여하기로 약정하면서 회사의 일정한 경영사항에 대하여 사전동의를 받아야 함 및 이를 위반한 경우 손해배상을 청구할 수 있도록 한 약정의 효력
III. 사안의 적용
IV. 결 론

<설문 3의 해결>
I. 문제점
II. 관계법리
 1. 리스계약
 2. 금융리스업자가 별도로 독자적인 금융리스물건 인도의무 또는 검사·확인의무를 부담하는지
III. 사안의 적용
IV. 결 론

<설문 4의 해결>
I. 문제점
II. 겸직금지의무 위반 여부 및 효과
 1. 관계법리
  가. 요 건
  나. 효 과
 2. 사안의 적용
III. 경업거래금지의무 위반 여부 및 그 효과
 1. 관계법리
  가. 위반 요건
  나. 효 과
 2. 사안의 적용
IV. 기회유용 금지의무 위반 여부 및 그 효과
 1. 관계법리
  가. 위반 요건
  나. 효 과
 2. 사안의 적용
V. 위 II·III·IV의 각 의무 위반에 따른 주주에의 충실의무 위반의 문제
VI. 결 론

<설문 5의 해결>
I. 문제점
II. 관계법리
 1. 회사에 대한 의무
  가. 이사의 감시의무
  나. 감사에의 보고의무
 2. 주주에의 충실의무
III. 사안의 적용
IV. 결 론

<설문 1의 해결>

Ⅰ. 문제점

카카오톡 메시지를 임시주주총회 소집요구를 위한 요건인 '전자문서'에 포함할 것인지, 소집요구시 목적사항과 소집이유가 '대표이사 해임'과 '대표이사 이사직 해임'과 같이 다른 경우에 그 소집요구를 적법한 것으로 볼 수 있는지 및 정관에 대표이사의 선임을 주주총회 결의에 의하는 것으로 규정하지 않은 경우 주주총회에서 대표이사를 선임할 수 있는지 등이 문제된다.

Ⅱ. 관계법리

1. 카카오톡 메시지에 의한 임시주주총회 소집청구의 가부

상법 제366조에 의하면, 비상장회사의 경우 발행주식총수의 100분의 3 이상에 해당하는 주식을 가진 주주는 회의의 목적사항과 소집의 이유를 적은 서면 또는 전자문서를 이사회에 제출하여 임시총회의 소집을 청구할 수 있고, 이 청구가 있은 후 지체 없이 총회소집의 절차를 밟지 아니한 때에는 청구한 주주는 법원의 허가를 받아 총회를 소집할 수 있다.

이 때, '전자문서'에 카카오톡 메시지와 같은 것이 포함될 수 있는지에 관하여 판례는 메시지나 카카오톡 메시지와 같은 것도 위 전자문서에 포함될 수 있다고 본다.[50)51)]

2. 주주총회 회의 목적사항과 소집 이유

「소수주주가 제출한 임시총회소집청구서에 회의의 목적사항이 '대표이사 해임 및 선임'으로 기재되었으나 소집의 이유가 현 대표이사의 '이사직 해임'과 '후임 이사 선임'을 구하는 취지로 기재되어 있고, 회사의 정관에 '대표이사의 해임'이 주주총회 결의사항으로 정해져 있지 않다면, 회의의 목적사항과 소집의 이유가 서로 맞지 않으므로 법원으로서는 소수주주로 하여금 회의의 목적사항으로 기재된 '대표이사 해임 및 선임'의 의미를 정확하게 밝히고 그에 따른 조치를 취할 기회를 갖도록 할 필요가 있다.[52)]」는 것이 판례이다. 따라서, 이러한 기회를 주지 않은 채 회의의 목적사항과 소집의 이유가 맞지 않다는 이유로 소집청구를 기각하여서는 안된다는 것이다.

3. 대표이사의 선임[53)]

회사는 이사회의 결의로 회사를 대표할 이사를 선정하여야 하나, 정관으로 주주총회에

---

50) 대결 2022.12.16. 2022그734
51) 「상법 제366조 제1항에서 정한 '전자문서'란 정보처리시스템에 의하여 전자적 형태로 작성·변환·송신·수신·저장된 정보를 의미하고, 이는 작성·변환·송신·수신·저장된 때의 형태 또는 그와 같이 재현될 수 있는 형태로 보존되어 있을 것을 전제로 그 내용을 열람할 수 있는 것이어야 하므로, 이와 같은 성질에 반하지 않는 한 전자우편은 물론 휴대전화 문자메시지·모바일 메시지 등까지 포함된다.(대결 2022.12.16. 2022그734)」
52) 대결 2022.09.07. 2022마5372
53) 문제사안은 본문 내 판례사안과 다른 점이 있다. 문제는 [회의의 목적사항에 '기존 대표이사 B의 해임 및 신임 대표이사 선임'이라고 기재하였으나, 소집의 이유에는 '대표이사의 이사직 해임'] 이라고만 출제하였기 때문이다. 따라서, 정관에 달리 정함 없는 이 사건 회사의 대표이사 선임건은 주주총회의 결의 사항이 아님을 주의하면 별도로 판단하여야 한다.

서 이를 선정할 것을 정할 수 있다(상법 제389조).
따라서, 정관으로 주주총회에서 대표이사를 선정할 것을 정하지 않은 이상 대표이사를 주주총회에서 선임할 수는 없다.

Ⅲ. 사안의 적용

1. B대표이사 이사직 해임 부분

A는 甲회사의 발행주식총수 10%를 보유한 자로서 임시주주총회 소집요구를 할 수 있는 자이고, A가 甲회사의 대표이사인 B에게 카카오톡 메시지를 통하여 그 요구를 한 것도 전자문서에 의한 것이어서 적법하며, B가 위 메시지를 수신하였는데도 甲회사의 임시주주총회 소집절차를 밟지 않아 법원에 임시주주총회 소집신청을 한 것은 적법하다.

한편, 소집목적에는 '대표이사의 해임'이라고 기재하였으나 그 소집이유에 'B대표이사의 이사직 해임'이라고 기재한 이상 위 판례법리에 비추어 이사직 해임으로 기재된 것으로 볼 여지가 있으므로 그 수정 내지 보완의 기회를 주어야 하며, 보정이 이루어진다면 이 부분 임시주주총회 소집청구는 받아들여질 수 있다.

2. 대표이사 선임 부분

甲회사 정관에 대표이사의 선임을 주주총회 결의사항으로 정하고 있지 않은 이상 상법 제389조에 비추어 이를 목적사항으로 한 임시주주총회 소집요구는 받아들여질 수 없다.

Ⅳ. 결 론

A의 소집요구 중 ① 대표이사 B에 대한 이사직 해임에 관한 부분은 인용될 여지가 있고, ② 대표이사 선임 부분은 인용될 수 없다.

<설문 2의 해결>

Ⅰ. 문제점

신주를 부여하기로 약정하면서 회사의 일정한 경영사항에 대하여 사전동의를 받아야 함 및 이를 위반한 경우 손해배상을 청구할 수 있도록 한 약정이 주주평등의 원칙을 위반하는지가 문제된다.

Ⅱ. 관계법리

1. 주주평등의 원칙

「주주평등의 원칙이란, 주주가 회사와의 법률관계에서 그가 가진 주식의 수에 따라 평등한 취급을 받아야 함을 의미한다. 이를 위반하여 회사가 일부 주주에게만 우월한 권리나 이익을 부여하기로 하는 약정은 특별한 사정이 없는 한 무효이다. 다만 회사가 일부 주주에게 우월한 권리나 이익을 부여하여 다른 주주들과 다르게 대우하는 경우에도 <u>법률이 허용하는 절차와 방식에 따르거나 그 차등적 취급을 정당화할 수 있는 특별한 사정이 있는 경우에는 이를 허용할 수 있다.</u>[54]」

나아가 차등적 취급을 허용할 수 있는지 여부는, 제반 사정을 고려하여 일부 주주에게 우월적 권리나 이익을 부여하여 주주를 차등 취급하는 것이 주주와 회사 전체의 이익에 부합하는지를 따져서 정의와 형평의 관념에 비추어 신중하게 판단하여야 한다.[55][56]

2. 신주를 부여하기로 약정하면서 회사의 일정한 경영사항에 대하여 사전동의를 받아야 함 및 이를 위반한 경우 손해배상을 청구할 수 있도록 한 약정의 효력

판례는 「<u>회사와 주주가 체결한 동의권 부여 약정에 따른 차등적 취급이 예외적으로 허용되는 경우</u>에 동의권 부여 약정 위반으로 인한 손해배상 명목의 금원을 지급하는 약정을 함께 체결하였고 그 약정이 사전동의를 받을 의무 위반으로 주주가 입은 손해를 배상 또는 전보하고 의무의 이행을 확보하기 위한 것이라고 볼 수 있다면, 이는 회사와 주주 사이에 채무불이행에 따른 손해배상액의 예정을 약정한 것으로서 특별한 사정이 없는 한 유효하고, 일부 주주에 대하여 투하자본의 회수를 절대적으로 보장함으로써 주주평등의 원칙에 위배된다고 단정할 것은 아니다.[57]」고 한다.

Ⅲ. 사안의 적용

甲회사는 기술보증기금과 신주인수계약을 맺고 회사의 회생신청시 서면동의를 받고 최고 후 2주 이내에 시정하지 않으면 손해배상을 하여야 한다고 약정하였는 바, 이는 ① 경영악화로 긴급 자금조달이 필요하게 되어 체결한 계약으로 회사 전체의 이익 회생을 위한 것으로 주주 전체의 이익에 부합하며, ② 기술보증기금이 의결권 있는 주식의 5%를 취득하여 회사에 기여한 정도가 상당하고 ③ 회생절차 개시신청은 이사회 결의사항이어서 주주들의 감시를 받지 않는 점 등을 고려할 때, 이는 주주평등원칙을 위반한 것으로 단정할 수 없으므로 계약은 무효라 할 수 없다.

---

54) 대판 2023.07.13. 2022다224986
55) 대판 2023.07.13. 2022다224986
56) 나아가 차등적 취급을 허용할 수 있는지 여부는, 차등적 취급의 구체적 내용, 회사가 차등적 취급을 하게 된 경위와 목적, 차등적 취급이 회사 및 주주 전체의 이익을 위해 필요하였는지 여부와 정도, 일부 주주에 대한 차등적 취급이 상법 등 관계 법령에 근거를 두었는지 아니면 상법 등의 강행법규와 저촉되거나 채권자보다 후순위에 있는 주주로서의 본질적인 지위를 부정하는지 여부, 일부 주주에게 회사의 경영참여 및 감독과 관련하여 특별한 권한을 부여하는 경우 그 권한 부여로 회사의 기관이 가지는 의사결정 권한을 제한하여 종국적으로 주주의 의결권을 침해하는지 여부를 비롯하여 차등적 취급에 따라 다른 주주가 입는 불이익의 내용과 정도, 개별 주주가 처분할 수 있는 사항에 관한 차등적 취급으로 불이익을 입게 되는 주주의 동의 여부와 전반적인 동의율, 그 밖에 회사의 상장 여부, 사업목적, 지배구조, 사업현황, 재무상태 등 제반 사정을 고려하여 일부 주주에게 우월적 권리나 이익을 부여하여 주주를 차등 취급하는 것이 주주와 회사 전체의 이익에 부합하는지를 따져서 정의와 형평의 관념에 비추어 신중하게 판단하여야 한다.(대판 2023.07.13. 2021다293213)
57) 대판 2023.07.13. 2021다293213

Ⅳ. 결론

기술보증기금과 甲회사의 위 신주인수계약은 유효하다.

<설문 3의 해결>

Ⅰ. 문제점

금융리스계약의 법률관계, 특히, 금융리스업자가 상법 제168조의3 제1항에 따라 금융리스이용자가 공급자로부터 적합한 금융리스물건을 수령할 수 있도록 협력할 의무를 부담하는 외에 이와 별도로 독자적인 금융리스물건 인도의무 또는 검사·확인의무를 부담하는지 및 금융리스물건수령증 발급의 효력 등이 문제된다.

Ⅱ. 관계법리

1. 리스계약

금융리스이용자가 선정한 기계, 시설, 그 밖의 재산 즉, 금융리스물건을 제3자인 공급자로부터 취득하거나 대여받아 금융리스이용자에게 이용하게 하는 것을 영업으로 하는 자를 금융리스업자라 한다(상법 제168조의2).

한편, 금융리스업자는 금융리스이용자가 금융리스계약에서 정한 시기에 금융리스계약에 적합한 금융리스물건을 수령할 수 있도록 하여야 하고, 금융리스이용자는 이에 따라 금융리스물건을 수령함과 동시에 금융리스료를 지급하여야 하며, 금융리스물건수령증을 발급한 경우에는 금융리스계약 당사자 사이에 적합한 금융리스물건이 수령된 것으로 추정한다(상법 제168조의3).

2. 금융리스업자가 별도로 독자적인 금융리스물건 인도의무 또는 검사·확인의무를 부담하는지

판례는 「금융리스계약의 법적 성격에 비추어 보면, 금융리스계약 당사자 사이에 금융리스업자가 직접 물건의 공급을 담보하기로 약정하는 등의 특별한 사정이 없는 한, 금융리스업자는 금융리스이용자가 공급자로부터 상법 제168조의3 제1항에 따라 적합한 금융리스물건을 수령할 수 있도록 협력할 의무를 부담할 뿐이고, 이와 별도로 독자적인 금융리스물건 인도의무 또는 검사·확인의무를 부담한다고 볼 수는 없다.[58]」고 한다.

Ⅲ. 사안의 적용

乙회사는 금융리스회사로서, 공급자인 甲회사의 산업용 로봇에 대한 리스계약을 丙회사와 체결하였고, 丙회사는 2025. 2. 10. 甲회사로부터 산업용 로봇을 인도받고 검수한 후 乙회사에 물건수령증을 발급하여 교부하였으므로, 금융리스계약 당사자인 乙과 丙회사 사

---

58) 대판 2019.02.14. 2016다245418, 245425, 245432

이에 적합한 금융리스물건인 로봇이 수령된 것으로 추정된다.

한편, 적합한 로봇이 수령된 것으로 추정된다 함은 금융리스업자의 <u>적합한 로봇 수령 협력의무에 대한 것</u>이므로, 로봇에 심각한 결함이 발견되었고, 전문가 조사 결과, 해당 결함은 공급자인 甲회사의 제조과정에서 발생한 것으로 확인되었으며, 일반적인 검수과정에서는 발견하기 어려운 내부 결함이 있었다는 사실이 있다 하더라도, 이 사정만으로 乙회사가 丙회사의 적합한 로봇 공급의무에 대한 협력의무를 위반하였다고 보기 어렵다.

또한, 乙금융리스회사가 丙회사에 특히, 로봇에 대한 담보약정을 한 것이 아닌 이상, 위 협력의무 이외에 乙이 독자적으로 로봇에 대한 인도의무 또는 검사·확인의무를 부담하는 것은 아니어서 丙회사는 로봇의 하자를 이유로 乙회사에게 리스료 지급채무 부존재확인을 구하는 소송을 제기할 수 없다.

IV. 결론

丙회사는 乙회사를 상대로 리스료 지급채무 부존재 확인의 소를 제기한다면 청구는 기각되어야 한다.

<설문 4의 해결>

I. 문제점

이사의 겸직금지의무에서의 '동종영업'의 의미, 경업거래금지에서 '동일한 영업부류'의 의미와 '자기 또는 제3자의 계산'의 의미, 사업기회유용금지에서 '기회'의 범위와 기존회사의 사업기회가 스스로 포기된 것으로 볼 수 있는지 및 경업금지의무와 사업기회유용금지의무의 관계 등이 문제된다. 나아가 주주에의 충실의무가 도입된 개정상법에서의 주주에 대한 책임도 문제된다.

II. 겸직금지의무 위반 여부 및 효과

1. 관계법리

가. 요 건

이사는 이사회의 승인이 없으면 자기 또는 제3자의 계산으로 회사의 영업부류에 속한 거래를 하거나(경업금지) 동종영업을 목적으로 하는 다른 회사의 무한책임사원이나 이사가 되지 못한다(겸직금지)(상법 제397조 제1항).[59]

특히, 겸직금지의무의 요건인 '동종영업'이 무엇인지에 대하여 ① 경업거래금지의무에서의 영업부류와 같다는 동일설과 ② 유사한 영업을 포함하는 것으로 보는 비동일설의 대립이 있으나, 실질적 이해충돌의 면을 고려할 때 비동일설이 타당하다고 보여진다.

---

[59] 법문상 '동일영업'인 경우는 의문의 여지가 없으나, 그 외 어디까지를 '동종영업'이라 할지는 견해가 대립한다. 설문은 사실상 '동일한 화장품 수입계약'이므로 특히 문제되지 않는다.

나. 효 과

이사가 경업피지의무를 위반한 경우 효과는 다음과 같다.

① 회사는 그로써 발생한 손해에 대하여 이사에 대한 손해배상청구를 할 수 있다(상법 제399조).

② 이사를 해임할 수 있으며(제385조 제1항), 이사가 그 직무에 관하여 부정행위 또는 법령이나 정관에 위반한 중대한 사실이 있음에도 불구하고 주주총회에서 그 해임을 부결한 때에는 발행주식의 총수의 100분의 3 이상에 해당하는 주식을 가진 주주는 총회의 결의가 있은 날부터 1월내에 그 이사의 해임을 법원에 청구할 수 있다(제385조 제2항). 한편, 판례는 이사의 겸직의무 위반시 '법령위반'으로 보아 해임청구의 소를 제기할 수 있다고 본다.60)61)

③ 나아가 경업거래금지의무를 위반한 경우 개입권을 행사할 수 있다. 특히, 개입권은 이사가 상법 제397조 제1항의 규정에 위반하여 경업금지나 겸직금지거래를 한 경우에 회사는 이사회의 결의로 그 이사의 거래가 자기의 계산으로 한 것인 때에는 이를 회사의 계산으로 한 것으로 볼 수 있고 제3자의 계산으로 한 것인 때에는 그 이사에 대하여 이로 인한 이득의 양도를 청구할 수 있는 권리인데, 이러한 개입권은 경업거래금지의무위반 시에 발생하며, 겸직금지의무를 위반한 경우에는 적용되지 않는다(상법 제397조 제2항). 그리고, 개입권은 거래가 있는 날로부터 1년을 경과하면 소멸한다(상법 제397조 제3항).

2. 사안의 적용

A회사의 대표이사 甲은 B회사를 설립하여 대표이사가 되었고, B회사는 실질적으로 화장품수입판매를 하게 되었으므로 기존 A회사와 동종영업을 목적으로 하는 회사이므로 이사회 승인을 얻어야 하나, 甲의 겸직에 대한 이사회 승인은 없다.

그렇다면, A회사는 甲에게 ① 이로써 발생한 손해에 대하여 고의의 법령위반을 원인으로 손해배상을 청구할 수 있고(상법 제399조), ② 이사직을 해임할 수 있으며, 주주총회에서 부결시 법령위반사유에 해당하므로 법원에 이사해임청구를 할 수 있다. 다만, ③ 겸직금지의무 위반을 이유로 한 개입권은 행사하지 못한다.

III. 경업거래금지의무 위반 여부 및 그 효과

1. 관계법리

가. 위반 요건

상법 제397조 제1항 전단의 경업금지의무는 이사가 자기 또는 제3자의 계산으로 회사의 영업부류에 속하는 행위를 이사회 승인없이 한 경우를 말한다.

---

60) 대결 1990.11.02. 90마745
61) 갑주식회사의 이사가 주주총회의 승인이 없이 그 회사와 동종 영업을 목적으로 하는 을회사를 설립하고 을회사의 이사 겸 대표이사가 되었다면 설령 을회사가 영업활동을 개시하기 전에 을회사의 이사 및 대표이사직을 사임하였다고 하더라도, 이는 분명히 <u>상법 제397조 제1항 소정의 경업금지의무를 위반한 행위로서 특별한 다른 사정이 없는 한 이사의 해임에 관한 상법 제385조 제2항 소정의 "법령에 위반한 중대한 사실"이 있는 경우에 해당한다.</u>(대결 1990.11.02. 90마745)

요건을 분설하면 다음과 같다.
① 이사나 제3자의 계산으로 인한 것이면 그 계약명의는 불문하고, 실질적으로 경제적 이익귀속주체가 이사나 제3자이면 족하다.
② 영업부류에 속하는 행위가 무엇인지에 관하여 ㉠ 정관상 설정되어 있는 영업부류에 한정된다는 형식설과 ㉡ 실제 수행하는 영업을 의미한다는 실질설이 있으나, 판례는 대체로 실질설에 따르고 있다.[62][63]
③ 형식상 경업으로 보인다 하더라도 실질적인 이해충돌이 있어야 한다.[64]
④ 이사회 승인을 얻지 않았어야 한다.

나. 효 과

이는 위 2.의 관계법리에서 논한 바와 같으나, 추가적으로 제3자와의 영업거래행위 자체의 효력은 그대로 유효하다.

2. 사안의 적용

A회사와 B회사는 모두 D회사의 화장품에 대한 독점계약을 체결하여 판매하는 행위를 하는 것으로, 동일한 영업부류에 속하는 행위를 하였으며, 甲은 B회사의 대표이사로서 경제적 이익 귀속주체가 제3자인 B회사라 볼 수도 있으나, B회사를 甲이 설립하여 하였으므로 실질적 경제적 이익 귀속주체가 甲이라 할 수도 있다.

나아가 실질적으로 A회사에 대한 실질적 이해충돌이 있어 보이며, 이사회 승인을 얻은 바 없다.

그렇다면 甲은 경업거래금지의무를 위반하여 ① A회사는 甲에게 위 2.의 논의와 마찬가지로 손해배상청구를 할 수 있으며, ② 이사직 해임을 할 수도 있고, 만일 부결된다면 법령위반을 원인으로 이사해임청구의 소를 제기할 수 있다. 나아가 ③ 개입권도 행사할 수 있다.

---

[62] 대판 2018.10.25. 2016다16191
[63] 갑은 을 주식회사의 이사로 재직하던 중 병 주식회사를 설립하여 이사 또는 실질주주로서 병 회사의 의사결정과 업무집행에 관여할 수 있는 지위에 있었는데, 병 회사가 을 회사와 정 외국법인이 체결한 정 법인 제품에 관한 독점판매계약의 기간이 종료하기 전부터 정 법인 제품을 수입·판매하는 사업을 하다가 위 계약 기간 종료 후 정 법인과 독점판매계약을 체결하여 정 법인의 한국 공식총판으로서 위 제품의 수입·판매업을 영위하고 그 후 이를 제3자에게 양도하여 영업권 상당의 이득을 얻자, 위 사업기회를 상실한 후 운영에 어려움을 겪다가 해산한 을 회사의 주주 무가 갑을 상대로 경업금지의무 및 기회유용금지의무 위반에 따른 손해배상을 구한 사안에서, 갑은 경업금지의무를 위반하고 사업기회를 유용하여 을 회사의 이사로서 부담하는 선량한 관리자의 주의의무 및 충실의무를 위반하였으므로 을 회사의 손해를 배상할 책임이 있고, 을 회사가 갑의 경업행위와 사업기회 유용행위로 입은 손해는 을 회사의 매출액 감소에 따른 영업수익 상실액 상당이며, 을 회사의 매출액 감소분은 병 회사가 판매한 정 법인 제품의 매출액 상당이라고 봄이 타당하다고 판단한 다음, 병 회사는 갑이 유용한 을 회사의 사업기회를 이용하여 직접 사업을 영위하면서 이익을 얻고 있다가 이를 제3자에게 양도하면서 영업권 상당의 이익을 얻었는데, 그 영업권 속에는 병 회사가 직접 사업을 영위하여 형성한 가치 외에 갑의 사업기회 유용행위로 을 회사가 상실한 정 법인과의 독점판매계약권의 가치도 포함되어 있고, 위 사업 양도 후 수개월이 지나 을 회사가 해산하였다고 하여 해산 전에 을 회사가 입은 손해와 상당인과관계가 단절되지도 않으므로, 병 회사가 받은 양도대금 중 병 회사가 을 회사의 사업기회를 이용하여 수년간 직접 사업을 영위하면서 스스로 창출한 가치에 해당하는 부분을 제외하고 을 회사가 빼앗긴 사업기회의 가치 상당액을 산정하는 등의 방법을 통해 이를 을 회사의 손해로 인정하여야 한다고 한 사례.(대판 2018.10.25. 2016다16191)
[64] 대판 2013.09.12. 2011다57869

Ⅳ. 기회유용 금지의무 위반 여부 및 그 효과

1. 관계법리

가. 위반 요건

이사는 이사회의 승인 없이 현재 또는 장래에 회사의 이익이 될 수 있는 ① 직무를 수행하는 과정에서 알게 되거나 회사의 정보를 이용한 사업기회 또는 ② 회사가 수행하고 있거나 수행할 사업과 밀접한 관계가 있는 사업기회를 자기 또는 제3자의 이익을 위하여 이용하여서는 아니 되며, 이 경우 이사회의 승인은 이사 3분의 2 이상의 수로써 하여야 한다(상법 제397조의2 제1항).

이 때, ① '사업기회'의 범위에 기존의 사업 이외에 사업의 확장이나 기존사업의 연장의 기회도 포함되는지에 관하여는 긍정설과 부정설의 대립이 있으나, 회사의 실질적인 이해보호를 위한 기회유용금지의 취지에 비추어 포함된다고 보아야 한다. 이에 대하여 판례도 긍정설의 입장에 있는 것으로 봄이 일반적이다.[65]

나아가 ② 회사의 사업기회 포기가 없어야 한다. 이사회가 정당한 절차를 거쳐 회사의 이익을 위하여 회사에 이익이 될 여지가 있는 사업기회를 포기하거나 어느 이사가 그것을 이용할 수 있도록 승인한 경우, 원칙적으로 그 이사나 이사회의 승인 결의에 참여한 이사들이 선량한 관리자의 주의의무 또는 충실의무를 위반한 것이 아니라고 함이 판례이다.[66]

나. 효 과

사업기회유용금지의무를 위반한 경우 ① 이를 위반하여 회사에 손해를 발생시킨 이사 및 승인한 이사는 연대하여 손해를 배상할 책임이 있으며 이로 인하여 이사 또는 제3자가 얻은 이익은 손해로 추정한다(상법 제397조의2 제2항). 또한, ② 법령위반을 이유로 이사를 해임할 수 있음은 경업금지의무에서와 같지만, ③ 이 자체를 이유로 개입권을 행사할 근거는 없다. 한편, ④ 제3자와 체결한 계약은 여전히 유효하다.

2. 사안의 적용

① A회사의 D회사와의 화장품 독점수입판매계약의 만료로 인한 갱신과정에서 A회사로 하여금 종료시킴으로써 B회사가 이를 체결할 기회를 얻게 하였다면 이는 회사가 수행할 사업과 밀접한 관계가 있는 사업기회라 볼 수 있고, ② 甲 또는 제3자인 B의 이익을 위한 것으로 볼 수 있다. 나아가 ③ A회사가 스스로 D와의 계약을 종료시킴으로써 사업기회를 스스로 포기한 것이 아닌가가 문제될 수 있으나, 이는 A회사의 대표이사인 甲에 의하여 주도된 것이어서 A회사의 사업포기 의사가 있었다고 단정할 수 없다.

그렇다면 甲은 상법 제397조의2의 회사의 사업기회유용금지의무를 위반한 것이고, 이에 따라 A회사는 甲에게 그 손해 상당의 손해배상책임을 구할 수 있으며, 법령위반을 원인으로 이사직에서 해임할 수 있다.

---

[65] 대판 2018.10.25. 2016다16191
[66] 대판 2013.09.12. 2011다57869

V. 위 II·III·IV의 각 의무 위반에 따른 주주에의 충실의무 위반의 문제

개정상법 제382조의3에 의하면 이사는 법령과 정관의 규정에 따라 회사 및 주주를 위하여 그 직무를 충실하게 수행하여야 한다고 하여 이사의 주주에게의 충실의무를 도입하였으므로, 위 II·III·IV의 각 의무 위반이 주주에의 충실의무 위반에까지 이른 경우라면 주주는 이사에게 상당인과관계 범위 내의 손해에 대하여 그 배상을 할 책임을 진다.

따라서, 甲도 A회사에의 겸직금지의무, 경업금지의무 및 사업기회유용금지의무 위반 시 각 그에 따른 상당인과관계있는 범위 내의 손해를 부담하여야 한다.

VI. 결 론

(1) 甲이 B회사의 대표이사로 취임한 것은 겸직금지의무를 위반한 것이다.
(2) 甲이 A회사의 D와의 계약을 종료시킴과 아울러 B회사로 하여금 D와의 독점계약을 체결하게 한 행위는 경업금지의무 및 기회유용금지의무를 위반한 것이다.[67]
(3) 위 (1)·(2)의 각 의무들 위반으로 인하여 회사는 손해배상청구를 할 수 있고, A회사의 주주도 상당인과관계 범위 내의 손해가 발생한다면 그 배상을 청구할 수 있다.
(4) 위 (1)·(2)의 각 의무들 위반으로 회사는 甲을 해임할 수 있다.
(5) 위 (2)의 의무 중 경업금지거래의무 부분에 대하여는 A회사는 개입권을 행사할 수 있다.

<설문 5의 해결>

I. 문제점

상법상 명문규정이 없음에도 이사의 다른 이사 등에 대한 감시의무가 인정되는지, 이사의 감사에의 보고의무 및 주주에의 충실의무 위반 등이 문제된다.

II. 관계법리

1. 회사에 대한 의무

가. 이사의 감시의무

상법상 명문규정은 없으나, 주식회사의 이사는 담당업무는 물론 다른 업무담당이사의 업무집행을 감시할 의무가 있으므로 스스로 법령을 준수해야 할 뿐 아니라 다른 업무담당이사들도 법령을 준수하여 업무를 수행하도록 감시·감독하여야 할 의무를 부담한다는 것이 판례이다.[68]

따라서, 「다른 대표이사나 업무담당이사의 업무집행이 위법하다고 의심할 만한 사유가 있음에도 고의 또는 과실로 인하여 감시의무를 위반하여 이를 방치한 때에는 이로 말미암아 회사가 입은 손해에 대하여 상법 제399조 제1항에 따른 배상책임을 진다.[69]」

---
[67] 이 때, 경업금지의무 및 기회유용금지의무간의 관계는 소송에서의 변론주의 원칙상 각 주장이 가능하다.
[68] 대판 2021.11.11. 2017다222368

나. 감사에의 보고의무

상법 제412조의2에 의하면, 이사는 회사에 현저하게 손해를 미칠 염려가 있는 사실을 발견한 때에는 즉시 감사에게 이를 보고하여야 한다.

2. 주주에의 충실의무

개정상법 제382조의3에 의하면 이사는 법령과 정관의 규정에 따라 회사 및 주주를 위하여 그 직무를 충실하게 수행하여야 한다고 하여 이사의 주주에게에의 충실의무를 도입하였으므로, 위 감시의무 위반이 주주에의 충실의무 위반에까지 이른 경우라면 주주는 이사에게 상당인과관계 범위 내의 손해에 대하여 그 배상을 할 책임을 진다.

III. 사안의 적용

(1) 乙은 甲이 A회사 이사회의 승인 없이 B회사를 설립하여 운영하고 있다는 사실 및 B회사가 D회사와 독점판매계약을 체결한 사정을 잘 알고 있었음에도 별다른 이의를 제기하지 않았으므로 그 감시의무를 다하지 않았으며, 나아가 이로써 회사가 현저하게 손해를 미칠 염려가 있는 경우 감사에게 보고하여야 함에도 이를 위반하였다.
(2) 나아가 위 의무들을 위반함으로써 나아가 주주에의 충실의무를 위반하였다고 볼 수 있다.

IV. 결 론

(1) 이사 乙은 감시의무 및 감사에의 보고의무 등을 위반하였다.
(2) 이사 乙은 주주에의 충실의무도 위반하였다.

---

69) 대판 2021.11.11. 2017다222368

2025년도 제3차 변호사시험 모의시험 기출문제집

공법 · 형사법 · 민사법

기록형

2025년도 제3차
변호사시험
모 의 시 험
기출문제집

기록형
공법

2025년도 3차 변호사시험 모의시험 - 논술형(기록형)

시험과목	공법(기록형)

응시자 준수사항

【공통사항】
1. 시험 시작 전 문제지의 봉인을 손상하는 경우, 봉인을 손상하지 않더라도 문제지를 들추는 행위 등으로 문제 내용을 미리 보는 경우 그 답안은 영점으로 처리됩니다.
2. 시험시간 중에는 휴대전화, 스마트워치, 무선이어폰 등 무선통신 기기를 비롯한 전자기기를 지녀서는 안 됩니다.
3. 답안지에는 문제 내용을 쓸 필요가 없으며, 답안 이외의 사항을 기재하거나 밑줄 기타 어떠한 표시도 하여서는 안 됩니다.
4. 지정된 시각까지 지정된 시험실에 입실하지 않거나 시험관리관의 승인 없이 시험시간 중에 시험실에서 퇴실한 경우, 그 시간 시험과 나머지 시간의 시험에 응시할 수 없습니다.
5. 시험시간 중에는 어떠한 경우에도 문제지를 시험실 밖으로 가지고 갈 수 없고, 그 시험시간이 끝난 후에는 문제지를 시험장 밖으로 가지고 갈 수 있습니다.

【IBT 방식】
1. 시험시간은 프로그램에 의해 자동 시작, 종료되며 시험이 종료되면 답안을 수정하는 등 답안 작성을 일절 할 수 없습니다.

【수기 방식】
1. 답안은 흑색 또는 청색 필기구(수성펜이나 연필 사용 금지) 중 한 가지 필기구만을 사용하여 답안 작성란(흰색 부분) 안에 기재하여야 합니다.
2. 답안지에 성명과 수험번호 등을 기재하지 않아 인적사항이 확인되지 않는 경우에는 영점으로 처리되는 등 불이익을 받게 됩니다. 특히 답안지를 바꾸어 다시 작성하는 경우, 성명 등의 기재를 빠뜨리지 않도록 유의하여야 합니다.
3. 답안을 정정할 경우에는 두 줄로 긋고 다시 써야 하며, 수정액·수정테이프 등은 사용할 수 없습니다.
4. 시험 종료 시각에 임박하여 답안지를 교체했더라도 시험시간이 끝나면 그 즉시 새로 작성한 답안지를 회수합니다.
5. 시험시간이 지난 후에는 답안지를 일절 작성할 수 없습니다. 이를 위반하여 <u>시험시간이 종료되었음에도 불구하고 계속 답안을 작성할 경우 그 답안은 영점으로 처리됩니다.</u>
6. 답안은 답안지의 쪽수 번호 순으로 써야 합니다. <u>배부된 답안지는 백지 답안이라도 모두 제출</u>하여야 하며, <u>답안지를 제출하지 아니한 경우 그 시간 시험과 나머지 시험에 응시할 수 없습니다.</u>

법학전문대학원협의회
THE ASSOCIATION OF KOREAN LAW SCHOOLS

목 차

I. 문제 ··· 1
II. 작성요령과 주의사항 ··· 2
III. 서면 양식 ··· 3
IV. 기록내용 ··· 5
법률상담일지 I(행정소송용) ·· 6
내부회의록 I(행정소송용) ·· 7
출장결과보고서 ·· 11
처분사전통지서 ·· 12
폐기물관리법 위반에 대한 조치명령 ·· 14
폐기물관리법 위반에 따른 행정대집행 계고 ·· 16
불법폐기물 행정대집행 비용 납부 명령 ·· 18
법률상담일지 II(헌법소송용) ·· 19
내부회의록 II(헌법소송용) ·· 21
대리인선임서 ·· 24
담당변호사지정서 ·· 25
공소장 ·· 26
위헌법률심판제청신청 기각결정 ·· 28
송달증명원 ·· 29
국선대리인선임신청서 ·· 30
헌법재판소 결정 ·· 31
우편송달보고서 ·· 32
보도자료 ·· 33

V. 참고 자료
1. 관련법령(발췌) ·· 34
2. 달력 ·· 43

【문 제】

1. 행정소장의 작성(50점)

의뢰인 김희철을 위하여 법무법인 공소의 담당변호사 입장에서 취소소송 소장을 첨부된 양식에 따라 아래 사항을 준수하여 작성하시오.

가. 첨부된 행정소장 양식의 ①부터 ⑤까지의 부분에 들어갈 내용만 기재할 것
나. '이 사건 처분의 위법성' 부분(③)에는 기존 판례 및 학설의 입장에 비추어 설득력 있는 주장을 중심으로 내부회의록 등 기록상 나타난 소송 전략을 반영하여 작성할 것
다. 근거법령의 위헌·위법성에 관하여는 기재하지 말 것
라. ④에는 법령상 허용되는 제소기간의 마지막 날을 기재할 것
마. ⑤에는 「행정소송법」 제9조 제1항에 따른 관할 법원을 기재할 것

2. 헌법소원심판청구서의 작성(50점)

의뢰인 홍안명을 위하여 법무법인 공소의 담당변호사 입장에서 헌법소원심판청구서를 첨부된 양식에 따라 아래 사항을 준수하여 작성하시오.

가. 첨부된 헌법소원심판청구서 양식의 ①부터 ⑤까지 부분에 들어갈 내용만 기재할 것
나. '적법요건의 구비 여부' 부분(③)에서는 대상적격을 제외한 나머지 적법 요건을 모두 기재할 것
다. '위헌이라고 해석되는 이유' 부분(④)에서는 의뢰인을 위하여 합리적으로 제기해 볼 수 있는 한도에서 위헌성을 주장하되, 내부회의록 등 기록상 나타난 소송전략을 반영할 것
라. 헌법소원심판청구서의 작성일과 제출일은 법령상 허용되는 청구기간 내 최종일로 할 것.

【 작성요령 및 주의사항 】

1. 참고법령은 가상의 것으로 이에 근거하여 작성하며, 이와 다른 내용의 현행 법령이 있다면 제시된 법령이 현행 법령에 우선하는 것으로 할 것
2. 기록에 나타난 사실관계만을 기초로 하고, 그것이 사실임을 전제로 할 것
3. 기록 내의 각종 서류에 필요한 서명, 날인, 무인, 간인, 정정인, 직인 등은 특별한 언급이 없는 한 적법하게 갖추어진 것으로 볼 것
4. 기록중 "생략"으로 표시된 부분은 모두 기재된 것으로 볼 것
5. (행정소송 관련) "유한회사 ㅇㅇㅇㅇ"에서 "유한회사"의 기재는 생략할 수 있음
6. (행정소송 관련) 필요한 경우 법률상담일지에서 사용된 약어들(예: 이 사건 토지, 이 사건 조치명령 등)을 사용할 수 있음
7. (행정소송 관련) 행정심판 기각 재결서와 그 송달증명이 이 사건 기록에 첨부되어 있다고 가정할 것
8. (헌법소송 관련) 청구이유에서 '의료기사 등에 관한 법률'은 '의료기사법'으로 약칭할 수 있음
9. 문장은 **경어(敬語)체로 작성할 것**

【 행정소송 소장 양식 】

소 장

원 고 김희철
주소·연락처·소송대리인 (생략)

피 고   ①
주소·연락처 (생략)

사건명 행정대집행 비용납부명령 취소

청 구 취 지

②

청 구 원 인

1. 이 사건 처분의 경위 (생략)
2. 이 사건 처분의 위법성

③

3. 결 론 (생략)

입 증 방 법 (생략)
첨 부 서 류 (생략)

④

원고 소송대리인 (생략)   (인)

⑤   귀중

【 헌법소원심판청구서양식 】

헌 법 소 원 심 판 청 구 서

청 구 인 홍안명
주소·연락처 등 (생략)

청 구 취 지

①

당 해 사 건

②

청 구 이 유

I. 사건의 개요 (생략)

II. 적법요건의 구비 여부

③

III. 위헌이라고 해석되는 이유

④

IV. 결 론 (생략)

첨 부 서 류 (생략)

⑤ ○○○○. ○○. ○○

청구인의 대리인(생략) **(인)**

헌법재판소 귀중

기록내용 시작

수임번호 제2025-222호	**법 률 상 담 일 지 I** (행정소송용)		2025. 8. 11.
의 뢰 인	김희철	의뢰인 전 화	(생략)
의 뢰 인 주 소	대전 대덕구 신동로 35번길 20	의뢰인 E-mail	(생략)

상 담 내 용

1. 의뢰인은 2021. 8. 26. 유한회사 우드세상 소유이던 군산시 수서면 원관리 68-10 공장용지 2,408㎡('이 사건 토지')와 그 지상 공장건물을 공매절차에서 낙찰받고, 2021. 10. 14. 그 소유권이전등기를 마쳤다. 위 낙찰 당시 위 공장용지 위에는 폐어망, 폐플라스틱, 폐합성수지 등 약 700톤의 폐기물('이 사건 폐기물')이 쌓아진 채 방치되어 있었다.

2. 군산시는 2024. 1.경 출장조사로 위와 같은 폐기물 방치상황을 확인하고, 2024. 3. 15. 의뢰인에게 2024. 3. 30.까지 위 폐기물을 처리할 것을 명하는 조치명령('이 사건 조치명령')을 하였다.

3. 그러나 의뢰인은 위 조치명령을 이행하지 아니하였고, 군산시는 2024. 4. 19. 의뢰인에게 2024. 4. 30.까지 폐기물을 처리하지 않으면 군산시가 이를 대집행하고 그 비용을 징수하겠다는 내용의 행정대집행 계고('이 사건 계고')를 하였다.

4. 의뢰인이 2024. 4. 30.까지도 폐기물을 처리하지 아니하자, 군산시는 2024. 5. 28.부터 2025. 1. 10.까지 대집행을 하여 폐기물을 모두 처리하였으며, 2025. 2. 3. 의뢰인에게 행정대집행에 소요된 비용 207,687,100원을 납부하라는 내용의 행정대집행 비용납부명령('이 사건 처분')을 하였다.

5. 의뢰인은 위 행정대집행 비용납부명령에 불복하여 그 취소를 구하는 행정심판을 청구하였으나, 전라북도행정심판위원회는 2025. 5. 30. 의뢰인의 청구를 기각하는 재결을 하였다. 의뢰인은 위 기각 결정을 2025. 6. 2. 송달받았다.

6. 의뢰인은 자신이 배출하지도 않은 폐기물에 대하여 대집행 비용을 부담하는 것은 억울하다고 주장하며, 취소소송을 통하여 구제받기를 희망하고 있다.

법무법인 공소(담당변호사 이한결)
전화 02-555-1234   팩스 02-555-4321
서울특별시 서초구 중앙대로 1200, 대박빌딩 3층

내부회의록 I (행정소송용)

일 시 : 2025. 8. 12. 15:00~17:00
장 소 : 법무법인 공소 중회의실
참석자 : 박윤정 변호사(행정소송팀장), 이한결 변호사(담당변호사)

박 변호사 : 지금부터 수임번호 제2025-222호에 대하여 논의를 시작하겠습니다. 이변호사님께서 사건 내용과 쟁점들을 보고해 주시기 바랍니다.

이 변호사 : 네, 의뢰인은 군산시에 있는 공장용지를 공매로 낙찰받은 사람인데요, 군산시장으로부터 공장용지상에 적치되어 있었던 부적정처리폐기물을 처리하라는 조치명령을 받고 그에 이어 행정대집행 비용납부명령까지 받은 사안입니다. 의뢰인은 자신이 폐기물을 배출하지 않았기 때문에 비용납부명령에 응할 수 없다는 입장입니다.

박 변호사 : 그 폐기물은 누가 버린 것인가요?

이 변호사 : 군산시의 출장결과보고서에 의하면, 의뢰인이 2021년 8월에 낙찰받기 전에 그 공장용지는 원래 우드세상이라는 회사 소유였는데, 그 곳에서 명광산업을 운영하던 이명순이 2020년 하반기 부적정처리폐기물을 배출한 것으로 확인됩니다. 군산경찰서는 2021년 1월 경 군산시에 이명순의 폐기물관리법위반 사건을 검찰에 송치하였다는 통보를 하였고, 군산시는 이를 다시 이명순 소재지 관할인 익산시에 이첩 통보를 하였습니다. 따라서 군산시에서는 적어도 2021년 1월 경부터는 이명순의 폐기물 배출 사실을 알고 있었던 것이 분명해 보입니다. 한편, 버려진 폐기물이 폐기물관리법 제13조의 처리기준에 위반된 부적정처리폐기물이라는 점에 대해서는 의뢰인도 다투지 않고 있습니다.

박 변호사 : 그러니까, 의뢰인은 토지 소유자일 뿐인데 조치명령을 받았다는 것이지요? 직접 폐기물 처리를 한 사람이 아닌 자에게도 조치명령을 할 수 있다는 근거 규정은 어디에 있나요?

이 변호사 : 폐기물관리법 제48조 제1항 각 호에, 폐기물 처리기준을 위반한 부적정처리폐기물에 대하여 필요한 조치를 명할 수 있는 대상자들이 나열되어 있습니다. 군산시는 조치명령의 근거조항으로 폐기물관리법 제48조 제1항을 기재하면서, 위반사항 부분에는 "부적정처리폐기물이 버려지거나 매립된 토지의 소유자"라고

적시하였습니다. 이를 제48조 제1항 각 호와 비교해 볼 때, 군산시는 의뢰인이 제48조 제1항 제9호의 "부적정처리폐기물을 직접 처리하거나 다른 사람에게 자기 소유의 토지 사용을 허용한 경우 부적정처리폐기물이 버려지거나 매립된 토지의 소유자"에 해당하는 것으로 판단하여 조치명령을 한 것으로 보입니다.

박 변호사 : 그럼 일단 의뢰인이 폐기물관리법 제48조 제1항 제9호에서 정한 조치명령 대상자에 해당하는지부터 검토를 해야겠군요. 그런데 제9호를 언뜻 보더라도, 폐기물을 "직접 처리"하거나 "토지 사용을 허용"한 경우로 조치명령의 대상이 되는 토지소유자의 범위를 한정하고 있네요. 의뢰인은 폐기물이 버려진 토지를 사후에 낙찰받은 것이니까 여기 해당되지 않는다는 것은 객관적으로 명백해 보이는데요.

이 변호사 : 그렇습니다. 출장결과보고서를 보면, 군산시는 이명순이 폐기물 배출자이고 의뢰인은 단지 그 후 토지를 낙찰 받은자에 불과하다는 것을 잘 알고 있었으면서도 단순히 행정편의상 의뢰인을 제9호의 조치명령 대상자로 삼았다는 것을 추단할 수 있습니다.

그리고 또 다른 문제가 있습니다. 군산시는 행정심판이 진행되기 시작하자 처분사유로 새로운 주장을 하기 시작하였습니다. 즉, 의뢰인이 폐기물관리법 제17조 제9항에 따라 사업장폐기물배출자인 우드세상의 권리·의무를 승계한 자이므로 제48조 제1항 제7호에 따른 조치명령 대상자에 해당한다는 것입니다.

박 변호사 : 당초의 제9호 사유는 일정한 경우의 토지소유자에 관한 것이고 나중에 추가된 제7호 사유는 사업장폐기물배출자의 권리·의무를 승계한 자에 관한 것이니 내용이 많이 다르긴 하네요. 우리가 제기할 취소소송에서도 소송 중 피고가 당초의 제9호 사유와 다른 제7호 사유를 처분사유로 추가 또는 변경할 것으로 예상되는 상황이니만큼, 이에 대비하여 소장에서부터 미리 논리 전개를 하도록 합시다. 우드세상이 폐기물관리법상 사업장폐기물배출자에 해당되는지 여부를 알 수 있는 정보는 있나요?

이 변호사 : 아니요, 현재까지 유한회사 우드세상에 대한 정보는 공장용지 등기부등본상 2016년경부터 공매시까지의 소유자로 기재된 것이 전부입니다. 행정심판 과정에서 군산시에서 제출한 관련자료도 전혀 없었으므로, 이 상태에서는 우드세상이 사업장폐기물배출자에 해당한다고 볼 수는 없을 것입니다.

박 변호사 : 그렇군요. 이변호사님께서 잘 검토해서서 의뢰인에게 이익이 되는 쪽으로 주장

해주세요.

이 변호사: 알겠습니다. 그리고 의뢰인은 조치명령은 제소기간이 지났기 때문에 그 후의 비용납부명령에 대하여 취소를 구하겠다고 합니다. 의뢰인의 의사에 따라 행정대집행 비용납부명령의 취소를 구하면서 조치명령의 하자를 주장하려고 합니다.

박 변호사: 조치명령이 이른바 선행처분이 되겠군요. 조치명령에 존재하는 하자를 행정대집행 비용납부명령에서 주장할 수 있는 경우에 해당하는지를 중심으로 살펴야 되겠네요. 가장 유효적절한 논리를 찾아 우리 사안에 적용해 보세요.

이 변호사: 네. 그리고 재량권 일탈·남용도 주장하고자 합니다. 의뢰인은 군산시에서 처음 이명순의 폐기물 적치 사실을 알았을 때 바로 필요한 처분을 하지 않은 까닭에 자신이 처리비용을 부담하게 되었다며 억울해 하고요, 또 폐기물이 무단으로 방치된 기간이 길어서 처리비용이 증가된 것으로 생각하고 있습니다.

박 변호사: 좋은 생각입니다. 다만 재량권 일탈·남용 주장은 선행처분인 조치명령 쪽에서보다는 비용납부명령 쪽에서 하시는 것이 좋겠습니다. 그런데 의뢰인은 현재 해당 공장용지상에서 영업을 하고 있나요?

이 변호사: 그건 아닙니다. 의뢰인측의 공장 증개축 문제로 시간이 소요되어, 공매 이후 현재까지 위 공장용지에서는 어떠한 영업도 진행되지 않는 상태입니다. 이처럼 별다른 영업수익이 없는 상태에서 2억 원이 넘는 비용납부를 하게 되면 의뢰인은 파산에 이르게 될 지경이라고 합니다.

박 변호사: 힘든 상황이군요, 그 밖에 절차적 문제는 없었나요?

이 변호사: 제가 조치명령상에 절차적 문제가 없다는 것까지는 확인을 하였습니다만, 그 이후의 대집행과정에서의 절차적 문제는 아직 검토 중에 있습니다. 대집행 관련해서는 행정대집행법 제2조의 실체적 요건은 충족한 것으로 보이므로, 절차에 관한 제3조 위주로 살펴볼 생각입니다.

박 변호사: 네, 행정대집행법상의 대집행 절차에 관한 규정은 행정절차법과의 관계에서 특별법으로서의 성격을 갖는다는 점도 유념해 주세요. 대집행 관련 자료는 어떤 것이 있나요?

이 변호사: 행정대집행계고서와 비용납부명령서가 있습니다. 여기 있으니 같이 보시지요. 이것이 조치명령 후에 의뢰인이 받은 전부이고, 다른 것은 없었다고 합니다.

박 변호사 : 군산시가 계고서에서 정한 이행기한으로부터 4주 정도 지나서 대집행 실행에 착수한 것을 볼 때, 폐기물을 특별히 급하게 처리해야만 할 긴급하거나 절박한 상황이 있었던 것은 아니었던 것으로 보이네요... 그런데 여기 비용납부명령서를 보니 실제 대집행에 소요된 기간이 무려 7개월이 넘는군요! 이에 비해 군산시가 의뢰인에게 폐기물 처리를 명한 기간은 너무 짧았던 것 아닌가요.

이 변호사 : 네, 700톤 가량의 폐기물이 장기간 방치되어 있었으니 치우는 데 꽤 시간이 걸린 것 같습니다. 의뢰인도 계고 통지를 받은 후 이행기한이 얼마 남지 않아 처리업체에 물어보았는데 시간과 비용이 너무 많이 소요된다고 하여, 치울 엄두조차 내지 못하였다고 합니다.

박 변호사 : 그럼, 지금까지 논의된 내용을 바탕으로 이변호사님께서 최선을 다해 소장을 작성해 주시기 바랍니다. 이상으로 회의를 마치겠습니다. <끝>

출장결과보고서

주무관	청소지도계장	자원순환과장	결재
이경호	정인용	전결 2024. 1. 16. 최왕식	

빈공장 방치폐기물 민원에 대해서 현장 조사하고 그 결과를 아래와 같이 보고합니다.

○ 일 시 : 2024. 1. 12. 11:30 ~ 15:30
○ 확인장소 : 군산시 수서면 원관리 68-10
○ 방치폐기물양 : 약 700톤
○ 업체현황
- 소재지 : 군산시 수서면 원관리 68-10
- 토지소유자 : 김희철 (대전 대덕구 신동로 35번길 20)
- 민원인 : 배철수 (연운마을 이장)
- 민원내용 : 폐기물 장기간 방치되어 있어 주변 환경 피해 발생
○ 진행사항
- 행위자 : (유)명광산업(익산시 소재 재활용업체) 이명순이 2020년 하반기에 폐기물처리기준을 위반하여 방치함. 행위당시 토지 소유자: (유)우드세상
- 군산경찰서는 이명순의 폐기물관리법 위반에 대하여 범죄입건사항을 통보하였음. 우리시는 이를 이명순 주거지 관할인 익산시로 이첩함 [공문번호 자원순환과-1111 (2021. 1. 25.)].
○ 금후계획
- 현재 토지소유자에 대한 조치명령 : 김희철 (2021년 8월 토지를 공매로 낙찰받음)
- 행위자 이명순(명광산업) 현재 소재 불명. (유)명광산업은 등록취소됨.
- 폐어망 약 300톤, 폐플라스틱 약 200톤, 폐합성수지 약 200톤으로 2차 환경오염의 발생은 우려는 없으나 사업장 방진벽이 없어 주변 농지에 피해가 발생할 수 있어 현재 해당 토지소유주의 의견을 들어 행정처분하고자 함.

붙임 : 사진 1부. 끝.

(붙임 생략)

"국민과 함께 위기극복에 최선을 다하겠습니다"

군 산 시

수신 김희철 귀하 (우32609 대전 대덕구 신동로 35번길 20)

(경유)

제목 처분사전통지서(의견제출통지)

「폐기물관리법」 제48조의2 및 「행정절차법」 제21조 제1항에 따라 행정처분(조치명령)의 내용을 통지하오니 의견을 제출하여 주시기 바랍니다.

예정된 처분의 제목	폐기물관리법 위반에 따른 행정처분 [조치명령]				
당사자	성 명	김희철			
	주 소	대전 대덕구 신동로 35번길 20			
처분의 원인이 되는 사실	O 위반내용 : 부적정처리폐기물(폐기물관리법 제13조 폐기물의 처리기준을 위반)이 버려지거나 매립된 토지의 소유자				
처분하고자 하는 내용	O 폐기물 처리에 대한 조치명령				
법적근거 및 조문 내용	O 폐기물관리법 제13조 (폐기물의 처리 기준 등) O 폐기물관리법 제48조 제1항 (폐기물 처리에 대한 조치명령)				
의견제출	제출처	기관명	군산시 (부서: 자원순환과)	담당자	이경호
		주 소	군산시 시청로 17	전화	063-454-3000
		이메일	cafe0000@korea.kr	팩스	063-452-8000
	제출기한	2024년 2월 19일까지			

<의견 제출 시 유의사항>

1. 귀하는 앞쪽의 사항에 대하여 구술·정보통신망 또는 별지 제11호 서식에 의한 서면으로 의견 제출을 할 수 있으며, 주장을 입증할 증거자료를 함께 제출할 수 있습니다. 다만, 정보통신망을 이용하여 의견을 제출하고자 하는 경우에는 미리 의결제출기관으로 알려주시고, 의견을 제출한 후에 의견의 도달여부를 담당자에게 확인하여 주시기 바랍니다.
2. 의견 제출기한 내에 의견을 제출하지 아니하는 경우에는 의견이 없는 것으로 간주합니다.
3. 귀하께서 행정청에 출석하여 의견진술을 하고자 하는 경우에는 행정청에 미리 그 사실을 알려주십시오.
4. 그 밖에 궁금한 사항이 있으시면 의견 제출기관으로 문의하시기 바랍니다.

붙임 : 의견제출서 1부. 끝.

(붙임 생략)

군 산 시

주무관   이경호   청소지도계장   정인용   자원순환과장   전결   2024. 2. 7.
협조자   최왕식
시행   자원순환과-6789   (2024. 2. 7.)   접수
우 54078   전라북도 군산시 시청로 17 (조촌동)   / www.gunsan.go.kr
전화번호 063-454-3000   팩스번호 063-452-8000 / cafe0000@korea.kr/ 비공개(6,7)

"국민과 함께 위기극복에 최선을 다하겠습니다"

군 산 시

수신   김희철 귀하 (우32609 대전 대덕구 신동로 35번길 20)
(경유)
제목   폐기물관리법 위반에 대한 조치명령

---

1. 귀하께서는 "부적정처리폐기물이 버려지거나 매립된 토지의 소유자"로서
2. 폐기물관리법 제48조 제1항 규정에 의거 다음과 같이 행정처분(조치명령) 하오니 처분사항에 대한 이행계획을 2024. 3. 22.까지 제출하여 주시기 바라며, 조치명령을 이행하였을 경우에는 이행사항에 필요한 증빙서류를 첨부하여 이행완료보고서를 제출하여야 하며
3. 만일 처분 사항을 이행하지 아니 할 경우에는 재차 불이익(고발 등)을 받게됨을 알려 드립니다.

- 조치명령 내역 -

위반자	위 반 내 용	처분내용	이행기간
김희철	부적정처리폐기물(폐기물관리법 제13조 폐기물의 처리기준을 위반)이 버려지거나 매립된 토지의 소유자	조치명령	2024. 3. 30.까지

4. 고지 : 이 행정처분에 대한 불복이 있는 경우에는 이 처분을 안 날로부터 90일 이내에 군산시장을 경유하여 전라북도지사에게 행정심판을 청구하거나 법원에 행정소송을 제기할 수 있음을 알려 드립니다.
   붙임 : 행정처분 명령서 1부. 끝.

군 산 시

주무관   이경호   청소지도계장   정인용   자원순환과장   전결 2024. 3.15.
협조자   최왕식
시행   자원순환과-13579   (2024. 3. 15.)   접수
우 54078 전라북도 군산시 시청로 17 (조촌동)   / www.gunsan.go.kr
전화번호 063-454-3000   팩스번호 063-452-8000 / cafe0000@korea.kr/ 비공개(6)

행정처분명령서

(조치명령)

○ 당 사 자 : 김희철
○ 주 소 : 대전 대덕구 신동로 35번길 20
  (위반장소) 군산시 수서면 원관리 68-10번지

귀하는 다음 사항을 위반하였으므로 폐기물관리법 제48조 제1항 규정에 의하여 다음과 같이 행정처분을 명합니다.

- 다 음 -

1. 적발일시 : 2024. 1. 12.
2. 위반사항
   - 부적정처리폐기물(폐기물관리법 제13조 폐기물의 처리기준을 위반)이 버려지거나 매립된 토지(군산시 수서면 원관리 68-10)의 소유자
3. 처분내용 : 조치명령 [폐기물 (폐어망, 소각대상 폐합성수지 혼합폐기물 등 약700톤의 처리 명령)]
4. 이행기한 : 2024. 3. 30.까지
5. 기타 : 만일 이 처분사항을 이행하지 않을 경우에는 폐기물관리법에 의하여 행정처분 명령 불이행에 따른 처분을 재차 받게 되오니 철저히 이행하여 주시기 바랍니다.

2024년 3월 15일

군 산 시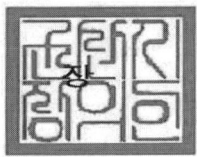

"국민과 함께 위기극복에 최선을 다하겠습니다"

군 산 시

수신   김희철 귀하 (우32609 대전 대덕구 신동로 35번길 20)
(경유)
제목   폐기물관리법 위반에 대한 조치명령

---

1. 귀하에게 전북 군산시 수서면 원관리 68-10 부지 내 부적정 처리된 폐기물에 대해 적정처리하도록 「폐기물관리법」 제48조 제1항 규정에 따라 행정처분 (조치명령) 하였으나, 현재까지 폐기물 처리가 되지 않고 있어 침출수 발생 및 유출 등으로 2차 환경오염이 우려되고 있습니다.

2. 이에 따라, 2024. 4. 30.까지 반드시 해당부지 내 폐기물을 적법 처리하여주시기 바라며, 「폐기물관리법」 제49조, 「행정대집행법」 제3조 제1항 규정에 따라 붙임과 같이 행정대집행에 대해 계고합니다.

3. 위 기한까지 이행하지 않을 경우 「행정대집행법」 제2조에 따라 폐기물 처리를 대집행할 계획이오니 이 점 양지하여 주시기 바라며, 대집행 이후 대집행비용에 대해 납부명령 예정임을 알려드립니다.

붙임 : 행정대집행 계고서 1부. 끝.

군 산 시

주무관   이경호   청소지도계장   정인용   자원순환과장 전결 2024. 4. 19.
협조자   최왕식
시행   자원순환과-24689   (2024. 4. 19.) 접수
우 54078   전라북도 군산시 시청로 17 (조촌동)   / www.gunsan.go.kr
전화번호 063-454-3000   팩스번호 063-452-8000 / cafe0000@korea.kr/ 부분공개(7)

제2024-6호

행정대집행계고서

○ 당 사 자 : 김희철
○ 주　소 : 대전 대덕구 신동로 35번길 20

군산시 자원순환과-13579(2024. 3. 15.)호와 관련하여 전북 군산시 원관리 68-10 사업장 부지 내 발생된 부적정폐기물 전량에 대해 폐기물관리법에 따라 적법하게 처리하도록 조치 명령하였으나, 현재까지 적정 처리가 되지 않고 있습니다.

이에 현재 침출수 발생 및 유출 등으로 2차 환경오염우려가 있다는 민원이 지속적으로 발생하고 있어 이를 방치하면 현저히 공익을 해칠 것으로 인정되어 2024. 4. 30.까지 반드시 불법투기된 폐기물에 대해 적법 처리될 수 있도록 「폐기물관리법」 제49조(대집행) 및 「행정대집행법」 제3조 제1항에 따라 계고합니다.

위 기한까지 이행하지 않을 경우에는 「행정대집행법」 제2조에 따라 대집행하거나 제3자로 하여금 대집행하게 하고, 대집행 비용은 「행정대집행법」 제5조 및 제6조에 따라 귀하로부터 징수함을 알려드립니다.

※ 위 계고에 대하여 이의가 있는 경우에는 「행정심판법」 제27조에 따라 처분이 있음을 안 날부터 90일 이내에 행정심판을 청구할 수 있습니다.

- 다 음 -

위치	처리대상 폐기물 및 양	대집행 방법
전북 군산시 원관리 68-10	해당 부지내 부적정처리 폐기물 전량 [폐합성수지류 약 700여톤(추정)]	불법 야적된 폐기물에 대하여 폐기물관리법에서 정한 절차에 따라 강제 처리

2024년 4월 19일

군　산　시　장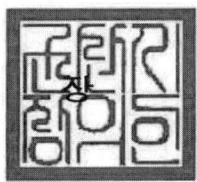

"국민과 함께 위기극복에 최선을 다하겠습니다"

군 산 시

수신   김희철 귀하 (우32609 대전 대덕구 신동로 35번길 20)
(경유)
제목   불법폐기물 행정대집행 비용 납부 명령

----

1. 귀하의 무궁한 발전을 기원합니다.
2. 폐기물관리법 제49조(대집행) 및 행정대집행법 제5조(비용납부명령서)에 따라 2024. 5. 28. - 2025. 1. 10. 불법폐기물 처리 행정대집행에 소요된 비용을 아래와 같이 알려드리니, 2025. 2. 28.까지 납부하시기 바랍니다.
3. 기한 내 납부하지 않을 경우에는 행정대집행 제6조(비용징수)에 따라 국세징수법 체납처분의 예에 따라 징수하게 됩니다. 아울러 위 처분에 대하여 이의가 있는 경우에는 행정심판법 제27조에 따라 처분이 있음을 안 날부터 90일 이내에 행정심판을 청구할 수 있습니다.

납부자	성명	김희철
	주소	대전광역시 대덕구 신동로 35번길 20
납부금액	207,687,100원	
명세내역	281,000원 X 739.1 톤 = 207,687,100 처리단가 281,000원/톤, 처리물량 739.1톤	

붙임 : 1. 올바로 전자인계내역 1부.
       2. 현장사진 1부.
       3. 고지서 1부. 끝.
(붙임 생략)

군 산 시

주무관   이경호   청소지도계장   정인용   자원순환과장 전결 2025. 2. 3.
협조자   최왕식
시행   자원순환과-15864   (2025. 2. 3.) 접수
우 54078 전라북도 군산시 시청로 17 (조촌동)   / www.gunsan.go.kr
전화번호 063-454-3000   팩스번호 063-452-8000 / cafe0000@korea.kr/ 비공개(6)

수임번호 제2025-195호	법 률 상 담 일 지 II (헌법소송용)		2025. 7. 21.
의 뢰 인	홍안명	의뢰인 전 화	(생략)
의 뢰 인 주 소	서울 서초구 효원대로1, 203호	의뢰인 E-mail	(생략)
상 담 내 용			

1. 의뢰인 홍안명은 국내 대학의 안경학과를 졸업하고 관할 행정청으로부터 안경사면허를 부여받은 안경사로서 서울 관악구에서 '홍안명 안경점'이라는 상호로 안경업소를 운영하고 있다.

2. 의뢰인은 지금처럼 안경점을 운영하여서는 시대에 뒤처질 수밖에 없고 보다 큰 매출증대와 사업다각화를 고민하던 중 법인을 설립하여 체인점을 모집하여 프랜차이즈로 운영을 하게 되면 수입이 증대될 것으로 생각하여 재력있는 다른 안경사인 박재돈과 함께 주식회사 룩안이라는 법인을 설립하고 의뢰인은 대표이사가 되었다.

3. 이후 의뢰인은 주식회사 룩안이 고용한 안경사인 고용경 명의로 안경점을 개설하되 그 개설에 들어가는 비용부담과 수익의 전부를 주식회사 룩안이 갖기로 하고 안경사 면허 없는 주식회사 룩안의 안경업소를 서울에 개설한 것을 비롯하여 같은 방식으로 전국에 9개소를 개설하였다.

4. 또한 의뢰인은 '렌즈공화국'이라는 인터넷 사이트에 콘택트렌즈 판매 광고 및 피고인의 카카오톡 아이디를 게재하고 카카오톡을 통해 구매자로부터 콘택트렌즈 구매 주문을 받으면 구매자에게 콘택트렌즈 대금을 결제할 수 있는 개인결제 링크를 보내주어 결제를 하게 한 후, 구매자들의 주소지로 콘택트렌즈를 배송하는 방법 등의 전자상거래 및 통신판매의 방법으로 콘택트렌즈를 판매하였다.

5. 의뢰인은 위와 같이 법인 형태의 안경업소를 개설하고, 전자상거래 및 통신판매의 방법으로 콘택트렌즈를 판매하였다는 사실로 공소제기되어 현재 제1심 재판이 진행중이다.

6. 의뢰인은 위 재판계속 중 관련되는 법령조항에 대해서 위헌법률심판제청신청을 하였으나 법원으로부터 기각결정을 받았고, 이후 국선대리인 선임신청을 하였으나 헌법재판소로부터 기각결정을 받았다.

7. 의뢰인의 희망사항

의뢰인은 면허를 가진 안경사만이 안경업소를 개설할 수 있을 뿐 법인형태의 안경업소는 개설 자체를 금지하는 것과 요즈음 보편적인 판매방식인 전자상거래 및 통신판매의 방법으로는 콘택트렌즈를 판매할 수 없도록 규정한 법령조항에 대해서 헌법소송을 통해 위헌성을 다투기를 희망한다.

법무법인 공소(담당변호사 나대규)
전화 02-555-1234   팩스 02-555-4321
서울 서초구 서초중앙로 1200, 대박빌딩 3층

법무법인 공소 내부회의록 Ⅱ(헌법소송용)

일 시: 2025. 7. 22. 14:00~15:00
장 소: 법무법인 공소 소회의실
참석자: 김신중 변호사(헌법소송팀장), 나대규 변호사(담당변호사)

김 변호사: 수임번호 제2025-195호 의뢰인 홍안명씨 사건에 대해 논의해 봅시다. 사실관계와 절차 진행상황은 어떠한가요?

나 변호사: 예. 의뢰인은 안경사 면허를 취득하여 활동하고 있는 안경사입니다. 그런데 의뢰인은 다른 안경사 박재돈과 함께 주식회사를 설립하여 법인형태로 안경업소를 개설하고 카카오톡과 같은 SNS, 인터넷을 통하여 콘택트렌즈를 판매하였습니다. 이러한 행위에 대해서 공소제기되어 현재 법원에서 1심 재판이 진행중이고 관련된 법령조항에 대해서 위헌법률심판제청신청을 하였는데 법원에서 기각되었습니다.

김 변호사: 알겠습니다. 그렇다면 의뢰인은 헌법소원심판을 청구하려고 생각하고 있는가요?

나 변호사: 예. 그렇습니다. 의뢰인은 공소제기된 사실관계 자체에 대해서는 다툴 생각은 없습니다. 다만 재판에 적용되는 법령조항이 헌법적으로 문제가 있다는 주장을 하려고 합니다.

김 변호사: 이번 사안을 보면 형사재판에 적용되는 규정이므로 구성요건 조항(금지규정)과 처벌규정이 있을 것으로 보이는데 심판대상은 위헌성이 많은 구성요건 조항으로 한정하여 청구취지를 작성하시기 바랍니다. 자, 그럼 먼저 법인형태의 안경업소 개설금지에 대해서 논의해 봅시다. 어떠한 주장을 하려고 생각하고 있는가요?

나 변호사: 예, 관련 법령조항은 안경사 자격을 가진 자연인에게만 안경업소 개설을 허용하고 법인형태의 안경업소 개설은 일체 금지하고 있어서 너무나 과도한 제한이라는 생각이 듭니다.

김 변호사: 그렇다면 법인의 구성원들이 안경사들로만 이루어진 법인의 경우에도 안경업소의 개설이 금지되는 것인가요?

나 변호사: 예 그렇습니다. 법령은 법인의 구성원이 누구인지를 불문하고 자연인 안경사가 아닌 법인 형태의 안경업소 개설을 금지하고 있습니다. 의뢰인이 설립한 법인도 의뢰인과 다른 안경사로만 구성된 주식회사입니다.

김 변호사: 알겠습니다. 혹시 외국의 사례는 어떠한지 조사해 보았는가요?

나 변호사: 예. 확인해 보니 외국의 대부분은 안경업소에 안경사가 상주하거나 안경사가 관리자일 것을 요구하는 정도이고 우리와 같이 개설주체를 자연인인 안경사로 한정하는 나라는 EU 회원국 중에서는 체코, 리히텐슈타인, 사이프러스 정도에 불과하였습니다.

김 변호사: 그렇군요. 외국에 비해 우리가 매우 엄격하게 규제하고 있는 것 같군요. 그리고 법령 조항의 '개설'의 의미에 대해서는 어떻게 보는가요?

나 변호사: 예. '개설'의 사전적 의미와 안경업소 개설과 관련된 법령조항의 내용 등을 종합하면, 안경업소 개설이란 '안경업소의 시설, 인력의 충원과 관리, 필요한 자금의 조달과 운영성과의 귀속 등을 주도적인 입장에서 처리하는 것'을 의미한다고 충분히 예측할 수 있으므로 개념이 불명확하다고 보기는 어렵습니다.

김 변호사: 알겠습니다. 다음으로 카카오톡과 같은 SNS, 인터넷 등을 통한 콘택트 렌즈판매 금지조항에 대한 문제점을 논의해 봅시다.

나 변호사: 예, 위 조항은 형사처벌에 있어서 구성요건의 성격을 가지면서 하위법령에 위임하는 수권법률의 성격도 가지고 있는데 그에 대한 헌법적 문제점은 처벌조항의 구성요건을 대통령령에 위임하고 있기 때문에 발생하는 것이라 생각됩니다.

김 변호사: 좋습니다. 안경사가 콘택트 렌즈를 판매하는 것은 본인의 업무범위에 포함되는 일인데 특정한 방식에 의한 판매는 할 수 없다라는 문제는 기본권에 중요한 의미를 가짐에도 법률만 보고서는 대강의 내용도 예상하기 어려워 보입니다.

나 변호사: 맞습니다. 그런데 이 문제에 대해서는 앞서 논의한 법인형태 안경업소 개설금지에서 살펴본 기본권과 중복될 수 있어서 헌법원칙 위반만을 주장하는 것으로 하고 별도로 기본권 침해의 주장은 하지 않으려고 합니다.

김 변호사 : 좋습니다. 그렇게 하시지요.

나 변호사 : 그런데 조문에 있는 '판매 등'이라는 문언이 제가 보기에는 조금 불명확하다는 의문이 들었습니다.

김 변호사 : 그렇다면 그에 대한 법원 판례를 찾아 보았는가요?

나 변호사 : 예, 찾아보니 대법원 1990. 12. 26. 선고 90도2043 판결 [음반에관한법률위반]에서는 "판매란 불특정다수인에게 유상으로 양도하는 것을 뜻하고, 불특정 다수인에게 양도한다는 것은 그 양도의 대상이 되는 물건을 상품으로 거래하는 것을 뜻한다"라고 판시하고 있었습니다.

김 변호사 : 그렇다면 판매의 개념은 불특정다수인에 대한 물건의 유상양도라는 뜻으로 이해할 수 있으므로 특별히 불명확하다고 보기는 어려울 것입니다.

나 변호사 : 예. 알겠습니다.

김 변호사 : 그리고 의사, 변호사등과는 달리 안경사 직종에서는 법인형태 업소개설이 금지되는 점에 대해서는 안경사와 다른 직종과는 서로 비교대상이 되기 어려운 점, 인터넷을 통한 콘택트 렌즈 판매금지에 대해서는 법령이 누구든지 금지하고 있는 점을 고려하면 차별취급이라고 하기 어려우므로 평등권 내지 평등원칙 위반 주장은 인용되기는 어려울 것으로 보입니다.

나 변호사 : 예. 알겠습니다.

김 변호사 : 마지막으로, 헌법소원심판의 적법요건도 잘 검토하시고 청구취지는 단순위헌으로 주장하시지요. 이 정도면 헌법소원심판을 청구하기에 충분할 것으로 보입니다. 그 밖에 생각날 수 있는 쟁점들에 대해서 추후 청구이유 보충서 등을 제출하기로 하고, 이번에는 오늘 논의된 내용을 중심으로 헌법소원심판청구서를 작성하기로 합시다. 그럼, 이상으로 회의를 마치겠습니다. <끝>

대리인선임서

사 건	헌법소원심판청구
청구인	홍안명

위 사건에 관하여 다음 표시 수임인을 대리인으로 선임하고, 다음 표시에서 정한 권한을 수여합니다.

수임인	법무법인 공소 서울 서초구 서초중앙로 1200, 대박빌딩 3층 전화 02-555-1234 팩스 02-555-4321
수권사항	1. 헌법소원심판청구와 관련된 모든 소송행위

2025. 7. 22.

위임인	홍안명 (인)

헌법재판소 귀중

담당변호사 지정서

사 건	헌법소원심판청구
청 구 인	홍안명

위 사건에 관하여 당 법인은 청구인의 대리인으로서 「변호사법」 제50조 제1항에 따라 그 업무를 담당할 변호사를 다음과 같이 지정합니다.

담당변호사	변호사 나대규 E-mail: ndk@gongsolaw.com

2025. 7. 22.

법무법인 공 소
대표변호사 공기연 [법무법인 공소]

서울 서초구 서초중앙로 1200, 대박빌딩 3층
전화 02-555-1234 팩스 02-555-4321

헌법재판소 귀중

서울중앙지방검찰청

2025. 5. 2.

사건번호 2024년 형제12345호
수 신 자 서울중앙지방법원   발 신 자
                                검   사 민정수 민정수 (인)

제   목   공소장

아래와 같이 공소를 제기합니다.

Ⅰ. 피고인 관련사항

피 고 인 홍안명(751208-1122334), 49세
         직업 안경사
         주거 서울 서초구 효원대로1, 203호
         등록기준지(생략)
죄   명 의료기사등에관한법률위반
적용법조 의료기사등에관한법률 제12조 제1항, 제5항, 제30조, 제31조,
         형법 제37조, 제38조
구속여부 불구속

Ⅱ. 공소사실

1. 안경사가 아니면 안경 및 콘택트렌즈의 판매업소(이하 "안경업소"라 한다)를 개설할 수 없다.

피고인은 안경사이면서 '주식회사 룩안'의 대표이사인바, 2022. 7. 18.경 '주식회사 룩안'이 고용한 안경사 고용경과 사이에 '주식회사 룩안'이 안경점 개설에 필요한

비용과 설비 일체를 부담하여 안경업소를 개점하되, 고용경은 자신명의로 위 안경업소의 개설등록 및 사업자등록을 경료한 후 일정 급여를 받고 안경업소의 관리 및 세부 운영을 하기로 약정하고 '룩안 1호점'을 개설하였다. 이로써 피고인은 안경사 면허 없는 '주식회사 룩안'의 안경업소를 개설한 것을 비롯하여, 위 일시경부터 2024. 3. 5.까지 별지 범죄일람표 기재와 같이 '주식회사 룩안'의 직영점인 안경업소 9개소를 개설하였다.

2. 누구든지 안경 및 콘택트렌즈를 전자상거래 및 통신판매의 방법으로 판매하여서는 아니 된다.

피고인은 '렌즈공화국'이라는 인터넷 사이트에 콘택트렌즈 판매 광고 및 피고인의 카카오톡 아이디를 게재하고 카카오톡을 통해 구매자로부터 콘택트렌즈 구매 주문을 받으면 구매자에게 콘택트렌즈 대금을 결제할 수 있는 '개인 결제 링크'를 보내주어 결제를 하게 한 후, 구매자들의 주소지로 콘택트렌즈를 배송하는 방법 등 전자상거래 및 통신판매의 방법으로 구매자들에게 콘택트렌즈를 판매하기로 마음먹고, 2022. 9. 23.경부터 2024. 6. 22.경까지 별지 범죄일람표 기재와 같이 총 913회에 걸쳐 합계 90,977,977원을 결제받고 콘택트렌즈를 배송해줌으로써 전자상거래의 방법으로 콘택트렌즈를 판매하였다.

Ⅲ. 별지 및 첨부서류 (생략)

서울중앙지방법원

결 정

사 건	2025초기529 위헌법률심판제청
신 청 인	홍안명
	서울 서초구 효원대로 1, 203호
신 청 인	피고인
본안사건	서울중앙지방법원 2025고단246 의료기사등에관한법률위반

주 문

이 사건 위헌법률심판제청신청을 기각한다.

이 유

1. 사안의 개요(생략)

2. 신청인의 주장 및 판단(생략)

3. 결론

그렇다면 이 사건 신청은 이유 없으므로 이를 기각하기로 하여, 주문과 같이 결정한다.

2025. 6. 16.

판사 이판정   (인)

송달증명원

사 건	2025초기529 위헌법률심판제청
신 청 인	홍안명
피신청인	

위 사건에 관하여(판결, ㊀정, 명령, 화해조서, 인낙조서, 조정조서, 기타:)에 대한 아래의 신청에 따른 제 증명을 발급하여 주시기 바랍니다.

2025. 6. 23.
신청인 홍안명 (인)

신청할 제 증명사항을 신청번호에 ○ 표하시고,
필요한 통수와 발급대상자의 성명을 기재합니다.

신청번호	발급통수	신청의 종류	비 고
1		집행문부여	
②	1	송달증명	2025. 6. 20. 송달
3		확정증명	
4		승계증명	
5		재판서·조서의 정본·등본·초본	
서울중앙지방법원 귀중			
위 증명문서를 틀림없이 수령하였습니다.	2025. 6. 23.	수령인 홍안명 (인)	

국선대리인선임신청서

신 청 인   홍안명
　　　　　서울 서초구 효원대로 1, 203호

신 청 이 유

1. 헌법소원 사유
(생략)

2. 무자력 사유
(생략)

3. 결 론
이상과 같은 이유로 헌법소원심판청구를 위한 국선대리인을 선정해 주시기를 신청합니다.

2025. 7. 2.

신 청 인   홍안명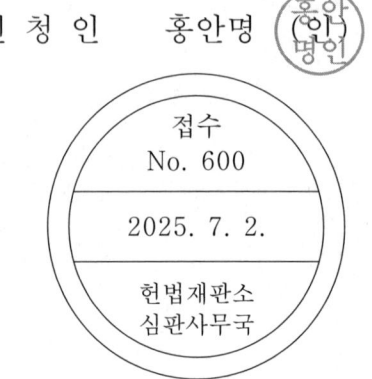

헌법재판소 귀중

헌 법 재 판 소

제1지정재판부
결 정

사　　　건　2025헌사363 국선대리인선임신청
신　청　인　홍안명
　　　　　　서울 서초구 효원대로 1, 203호

주　문

신청인의 신청을 기각한다.

이　유

이 사건 신청은 헌법재판소법 제70조 제1항 또는 제2항이 정한 국선대리인 선임요건에 해당되지 아니하므로 주문과 같이 결정한다.

2025. 7. 10.

재판장　재판관　조 문 주
　　　　재판관　김 인 기
　　　　재판관　허 제 청

우편송달보고서

증서 2025년 제702호　　　　　　　　2025년 7월 11일 발송

송 달 서 류	국선대리인선임신청 기각결정 정본
발 송 자	헌법재판소
송달받을 자	홍안명 귀하 　　　　서울 서초구 효원대로 1, 203호

영수인	홍안명 

영수인 서명날인 불능

①	송달받을 자 본인에게 교부하였다.

✗	송달받을 자가 부재중이므로 사리를 잘 아는 다음 사람에게 교부하였다.
	사무원
	피용자
	동거자

✗	다음 사람이 정당한 사유 없이 송달받기를 거부하므로 그 장소에 서류를 두었다.
	송달받을 자
	사무원
	피용자
	동거자

송달연월일	2025. 7. 14. 14시 30분
송달장소	서울 서초구 효원대로 1, 203호

위와 같이 송달하였다.

　　　　　　　　　　　　　　2025. 7. 15.
　　　　　　　　　　　우체국 집배원　　박배달 (인)

	보도자료	자료배포일	2025년 7월2일	매 수	총 매
보건복지부		보도일시	\multicolumn{3}{l}{2025년 7월 3일 조간부터 보도하여 주시기 바랍니다.}
	보건복지부	보건의료 정책과장	권덕기	☎	044-202 -****
		사 무 관	백금지	E-mail	생략

『안경법인에게도 안경업소 개설 허용』
- 의료기사등에관한법률 개정안 입법예고 -

○ 주요 내용으로는
- 안경의 조제 및 판매업소를 안경법인도 개설할 수 있도록 하였다.

- 안경법인의 구성원이 안경사들로만 제한되고 자기자본으로 운영한다는 점을 감안하여 구성원 전원이 무한책임을 지는 합명회사에 관한 규정을 준용토록 한다고 했다.

○ 안경법인의 도입은 자본조달이 용이하고, 경영의 투명성 제고 및 안정성 유지 등으로 국민에게 제공하는 안보건 서비스의 질을 한 단계 높이는 계기가 될 것이라고 밝혔다.

○ 이는 공정위 경쟁제한규제 개선의 일환으로 국무조정실 규제기획단에서 추진중인 과제중의 하나임.

※ 첨부자료 : 의료기사등에관한법률일부개정법률안 1부(생략)

【 참고자료 】

1. 관련 법령(발췌)

■ 폐기물관리법

제2조(정의) 이 법에서 사용하는 용어의 뜻은 다음과 같다.
1. "폐기물"이란 쓰레기, 연소재(燃燒滓), 오니(汚泥), 폐유(廢油), 폐산(廢酸), 폐알칼리 및 동물의 사체(死體) 등으로서 사람의 생활이나 사업활동에 필요하지 아니하게 된 물질을 말한다.
3. "사업장폐기물"이란 「대기환경보전법」, 「물환경보전법」 또는 「소음・진동관리법」에 따라 배출시설을 설치・운영하는 사업장이나 그 밖에 대통령령으로 정하는 사업장에서 발생하는 폐기물을 말한다.

제13조(폐기물의 처리 기준 등) ① 누구든지 폐기물을 처리하려는 자는 대통령령으로 정하는 기준과 방법을 따라야 한다. 다만, 제13조의2에 따른 폐기물의 재활용 원칙 및 준수사항에 따라 재활용을 하기 쉬운 상태로 만든 폐기물(이하 "중간가공 폐기물"이라 한다)에 대하여는 완화된 처리기준과 방법을 대통령령으로 따로 정할 수 있다.

제17조(사업장폐기물배출자의 의무 등) ① 사업장폐기물을 배출하는 사업자(이하 "사업장폐기물배출자"라 한다)는 다음 각 호의 사항을 지켜야 한다. (이하 각 호는 생략)
⑨ 「민사집행법」에 따른 경매, 「채무자 회생 및 파산에 관한 법률」에 따른 환가(換價)나 「국세징수법」・「관세법」 또는 「지방세징수법」에 따른 압류재산의 매각, 그 밖에 이에 준하는 절차에 따라 사업장폐기물배출자의 사업장 전부 또는 일부를 인수한 자는 그 사업장폐기물과 관련한 권리와 의무를 승계한다.

제48조(폐기물 처리에 대한 조치명령 등) ① 환경부장관, 시・도지사 또는 시장・군수・구청장은 부적정처리폐기물(제13조에 따른 폐기물의 처리 기준과 방법 또는 제13조의2에 따른 폐기물의 재활용 원칙 및 준수사항에 맞지 아니하게 처리되거

나 제8조제1항 또는 제2항을 위반하여 버려지거나 매립되는 폐기물을 말한다. 이하 같다)이 발생하면 다음 각 호의 어느 하나에 해당하는 자(이하 "조치명령대상자"라 한다)에게 기간을 정하여 폐기물의 처리방법 변경, 폐기물의 처리 또는 반입 정지 등 필요한 조치를 명할 수 있다.

1. 부적정처리폐기물을 발생시킨 자
2. 부적정처리폐기물이 처리된 폐기물처리시설의 설치 또는 운영을 제5조 제2항에 따른 수탁자에게 위탁한 자
3. 부적정처리폐기물의 처리를 제15조의2 제3항 또는 제18조 제1항에 따라 위탁한 음식물류 폐기물 배출자 또는 사업장폐기물배출자. 다만, 폐기물의 처리를 위탁한 자가 제15조의2 제3항·제5항, 제17조 제1항 제3호 또는 제18조의2 제3항에 따른 의무를 위반하거나 그 밖의 귀책사유가 있다고 인정되는 경우로 한정한다.
4. 부적정처리폐기물의 발생부터 최종처분에 이르기까지 배출, 수집·운반, 보관, 재활용 및 처분과정에 관여한 자
5. 부적정처리폐기물과 관련하여 제18조제3항을 위반하여 폐기물 인계·인수에 관한 사항과 폐기물처리현장정보를 전자정보처리프로그램에 입력하지 아니하거나 거짓으로 입력한 자
6. 제1호부터 제5호까지의 규정 중 어느 하나에 해당하는 자에 대하여 부적정처리폐기물의 발생 원인이 된 행위를 할 것을 요구·의뢰·교사한 자 또는 그 행위에 협력한 자
7. 제1호부터 제6호까지의 사업장폐기물배출자에 대하여 제17조 제8항 또는 제9항에 따라 권리·의무를 승계한 자
8. 제1호부터 제6호까지의 폐기물처리업자, 폐기물처리시설의 설치자 또는 폐기물처리 신고자에 대하여 제33조 제1항부터 제3항까지에 따라 권리·의무를 승계한 자
9. 부적정처리폐기물을 직접 처리하거나 다른 사람에게 자기 소유의 토지 사용을 허용한 경우 부적정처리폐기물이 버려지거나 매립된 토지의 소유자

제49조(대집행) ① 환경부장관, 시·도지사 또는 시장·군수·구청장(이하 "대집행기관"이라 한다)은 제39조의2, 제39조의3, 제40조 제2항·제3항 또는 제48조에 따른 명령을 받은 자가 그 명령을 이행하지 아니하면 「행정대집행법」에 따라 대집행(代執行)을 하고 그 비용을 징수할 수 있다.

■ 폐기물관리법 시행령

제2조(사업장의 범위) 「폐기물관리법」(이하 "법"이라 한다) 제2조 제3호에서 "그 밖에 대통령령으로 정하는 사업장"이란 다음 각 호의 어느 하나에 해당하는 사업장을 말한다.

1. 「물환경보전법」 제48조 제1항에 따라 공공폐수처리시설을 설치·운영하는 사업장
2. 「하수도법」 제2조 제9호에 따른 공공하수처리시설을 설치·운영하는 사업장
3. 「하수도법」 제2조 제11호에 따른 분뇨처리시설을 설치·운영하는 사업장
4. 「가축분뇨의 관리 및 이용에 관한 법률」 제24조에 따른 공공처리시설
5. 법 제29조 제2항에 따른 폐기물처리시설(법 제25조 제3항에 따라 폐기물처리업의 허가를 받은 자가 설치하는 시설을 포함한다)을 설치·운영하는 사업장
6. 법 제2조 제4호에 따른 지정폐기물을 배출하는 사업장
7. 폐기물을 1일 평균 300킬로그램 이상 배출하는 사업장
8. 「건설산업기본법」 제2조 제4호에 따른 건설공사로 폐기물을 5톤(공사를 착공할 때부터 마칠 때까지 발생되는 폐기물의 양을 말한다)이상 배출하는 사업장
9. 일련의 공사(제8호에 따른 건설공사는 제외한다) 또는 작업으로 폐기물을 5톤(공사를 착공하거나 작업을 시작할 때부터 마칠 때까지 발생하는 폐기물의 양을 말한다)이상 배출하는 사업장

■ 의료기사등에 관한 법률
[시행 2020. 12. 20.] [법률 제12321호, 2019. 12. 20., 일부개정]

제1조(목적) 이 법은 의료기사, 보건의료정보관리사 및 안경사의 자격·면허 등에 관하여 필요한 사항을 정함으로써 국민의 보건 및 의료 향상에 이바지함을 목적으로 한다.

제1조의2(정의) 이 법에서 사용하는 용어의 뜻은 다음과 같다.
1. "의료기사"란 의사 또는 치과의사의 지도 아래 진료나 의화학적(醫化學的) 검사에 종사하는 사람을 말한다.
2. "보건의료정보관리사"란 의료 및 보건지도 등에 관한 기록 및 정보의 분류·확인·유지·관리를 주된 업무로 하는 사람을 말한다.

3. "안경사"란 안경(시력보정용에 한정한다. 이하 같다)의 조제 및 판매와 콘택트렌즈(시력보정용이 아닌 경우를 포함한다. 이하 같다)의 판매를 주된 업무로 하는 사람을 말한다

제3조(업무 범위와 한계) 의료기사, 보건의료정보관리사 및 안경사(이하 "의료기사등"이라 한다)의 구체적인 업무의 범위와 한계는 대통령령으로 정한다.

제9조(무면허자의 업무금지 등) ① 의료기사등이 아니면 의료기사등의 업무를 하지 못한다.

② 의료기사등이 아니면 의료기사등의 명칭 또는 이와 유사한 명칭을 사용하지 못한다.

③ 의료기사등의 면허증은 타인에게 빌려 주지 못한다.

제12조(안경업소의 개설등록 등) ① 안경사가 아니면 안경을 조제하거나 안경 및 콘택트렌즈의 판매업소(이하 "안경업소"라 한다)를 개설할 수 없다.

② 안경사는 1개의 안경업소만을 개설할 수 있다.

③ 안경업소를 개설하려는 사람은 보건복지부령으로 정하는 바에 따라 특별자치시장·특별자치도지사·시장·군수·구청장에게 개설등록을 하여야 한다.

④ 제3항에 따라 안경업소를 개설하려는 사람은 보건복지부령으로 정하는 시설 및 장비를 갖추어야 한다.

⑤ 누구든지 안경 및 콘택트렌즈를 대통령령이 정하는 방법으로 판매 등을 하여서는 아니 된다.

⑥ 안경사는 안경 및 콘택트렌즈를 안경업소에서만 판매하여야 한다.

⑦ 안경사는 콘택트렌즈를 판매하는 경우 콘택트렌즈의 사용방법과 유통기한 및 부작용에 관한 정보를 제공하여야 한다.

제14조(과장광고 등의 금지) ① 치과기공소 또는 안경업소는 해당 업무에 관하여 거짓광고 또는 과장광고를 하지 못한다.

② 누구든지 영리를 목적으로 특정 치과기공소·안경업소 또는 치과기공사·안경사에게 고객을 알선·소개 또는 유인하여서는 아니 된다.

제22조(자격의 정지) ① 보건복지부장관은 의료기사등이 다음 각 호의 어느 하나에

해당하는 경우에는 6개월 이내의 기간을 정하여 그 면허자격을 정지시킬 수 있다.
2. 치과기공소 또는 안경업소의 개설자가 될 수 없는 사람에게 고용되어 치과기공사 또는 안경사의 업무를 한 경우

제24조(개설등록의 취소 등) ① 특별자치시장·특별자치도지사·시장·군수·구청장은 치과기공소 또는 안경업소의 개설자가 다음 각 호의 어느 하나에 해당할 때에는 6개월 이내의 기간을 정하여 영업을 정지시키거나 등록을 취소할 수 있다.
3. 안경사의 면허가 없는 사람으로 하여금 안경의 조제 및 판매와 콘택트렌즈의 판매를 하게 한 경우

제30조(벌칙) ① 다음 각 호의 어느 하나에 해당하는 사람은 3년 이하의 징역 또는 3천만원 이하의 벌금에 처한다.
1. ~ 5. (생략)
6. 제12조 제1항을 위반하여 안경사의 면허 없이 안경업소를 개설한 사람

제31조(벌칙) 다음 각 호의 어느 하나에 해당하는 자는 500만원 이하의 벌금에 처한다.
1.~ 3. (생략)
4. 제12조 제5항을 위반한 사람

■ 의료기사 등에 관한 법률 시행령

[시행 2020. 12. 20.] [대통령령 제13322호, 2019. 12. 20., 타법개정]

제1조(목적) 이 영은 「의료기사 등에 관한 법률」에서 위임된 사항과 그 시행에 필요한 사항을 규정함을 목적으로 한다.

제16조(안경등 판매방법의 범위) 법 제12조 제5항에서 "대통령령이 정하는 방법으로 판매등"은 다음 각호의 방법으로 판매하는 것을 말한다.
1. 「전자상거래 등에서의 소비자보호에 관한 법률」 제2조에 따른 전자상거래 및 통신판매의 방법
2. (생략)

■ 관공서의 공휴일에 관한 규정

제1조(목적) 이 영은 「국가공무원법」 및 「공휴일에 관한 법률」에 따라 관공서의 공휴일에 관한 사항을 규정함을 목적으로 한다.

제2조(공휴일) 관공서의 공휴일은 다음 각 호와 같다. 다만, 재외공관의 공휴일은 우리나라의 국경일 중 공휴일과 주재국의 공휴일로 한다.

1. 일요일
2. 국경일 중 3·1절, 광복절, 개천절 및 한글날
3. 1월 1일
4. 설날 전날, 설날, 설날 다음날 (음력 12월 말일, 1월 1일, 2일)
5. 삭제
6. 부처님오신날 (음력 4월 8일)
7. 5월 5일 (어린이날)
8. 6월 6일 (현충일)
9. 추석 전날, 추석, 추석 다음날 (음력 8월 14일, 15일, 16일)
10. 12월 25일 (기독탄신일)
10의2. 「공직선거법」 제34조에 따른 임기만료에 의한 선거의 선거일
11. 기타 정부에서 수시 지정하는 날

■ 각급 법원의 설치와 관할구역에 관한 법률

제1조(목적) 이 법은 「법원조직법」 제3조 제3항에 따라 각급 법원의 설치와 관할구역을 정함을 목적으로 한다.

제4조(관할구역) 각급 법원의 관할구역은 다음 각 호의 구분에 따라 정한다. <단서 생략>

1. 각 고등법원·지방법원과 그 지원의 관할구역: 별표 3
2. ~ 3. <생략>
4. 행정법원의 관할구역: 별표 6
5. ~ 6. <생략>
7. 행정사건을 심판하는 춘천지방법원 및 춘천지방법원 강릉지원의 관할구역: 별표 9
8. <생략>

■ 각급 법원의 설치와 관할구역에 관한 법률 [별표 3] <개정 2023. 12. 26.>

고등법원·지방법원과 그 지원의 관할구역

고등법원	지방법원	지원	관할구역
서울	서울중앙		서울특별시 종로구·중구·강남구·서초구·관악구·동작구
	서울동부		서울특별시 성동구·광진구·강동구·송파구
	서울남부		서울특별시 영등포구·강서구·양천구·구로구·금천구
	서울북부		서울특별시 동대문구·중랑구·성북구·도봉구·강북구·노원구
	서울서부		서울특별시 서대문구·마포구·은평구·용산구
	의정부		의정부시·동두천시·양주시·연천군·포천시, 강원도 철원군. 다만, 소년보호사건은 앞의 시·군 외에 고양시·파주시·남양주시·구리시·가평군
		고 양	고양시·파주시
		남양주	남양주시·구리시·가평군
	인천		인천광역시
		부천	부천시·김포시
	춘천		춘천시·화천군·양구군·인제군·홍천군. 다만, 소년보호사건은 철원군을 제외한 강원도
		강릉	강릉시·동해시·삼척시
		원주	원주시·횡성군
		속초	속초시·양양군·고성군
		영월	태백시·영월군·정선군·평창군
대전	대전		대전광역시·세종특별자치시·금산군
		홍성	보령시·홍성군·예산군·서천군
		공주	공주시·청양군
		논산	논산시·계룡시·부여군
		서산	서산시·당진시·태안군
		천안	천안시·아산시
	청주		청주시·진천군·보은군·괴산군·증평군. 다만, 소년보호사건은 충청북도
		충주	충주시·음성군
		제천	제천시·단양군
		영동	영동군 옥천군
대구			대구광역시 중구·동구·남구·북구·수성구·영천시·경산시·칠곡군·청도군
		서부	대구광역시 서구·달서구·달성군, 성주군·고령군
		안동	안동시·영주시·봉화군
		경주	경주시
		포항	포항시·울릉군
		김천	김천시·구미시

고등법원	지방법원	지원	관할구역
		상주	상주시·문경시·예천군
		의성	의성군·군위군·청송군
		영덕	영덕군·영양군·울진군
부산	부산		부산광역시 중구·동구·영도구·부산진구·동래구·연제구·금정구
		동부	부산광역시 해운대구·남구·수영구·기장군
		서부	부산광역시 서구·북구·사상구·사하구·강서구
	울산		울산광역시·양산시
	창원		창원시 의창구·성산구·진해구, 김해시. 다만, 소년보호사건은 양산시를 제외한 경상남도
		마산	창원시 마산합포구·마산회원구, 함안군·의령군
		통영	통영시·거제시·고성군
		밀양	밀양시·창녕군
		거창	거창군·함양군·합천군
		진주	진주시·사천시·남해군·하동군·산청군
광주	광주		광주광역시·나주시·화순군·장성군·담양군·곡성군·영광군
		목포	목포시·무안군·신안군·함평군·영암군
		장흥	장흥군·강진군
		순천	순천시·여수시·광양시·구례군·고흥군·보성군
		해남	해남군·완도군·진도군
	전주		전주시·김제시·완주군·임실군·진안군·무주군. 다만, 소년보호 사건은 전북특별자치도
		군산	군산시·익산시
		정읍	정읍시·부안군·고창군
		남원	남원시·장수군·순창군
	제주		제주시·서귀포시
수원	수원		수원시·오산시·용인시·화성시. 다만, 소년보호사건은 앞의 시 외에 성남시·하남시·평택시·이천시·안산시·광명시·시흥시·안성시·광주시·안양시·과천시·의왕시·군포시·여주시·양평군
		성남	성남시·하남시·광주시
		여주	이천시·여주시·양평군
		평택	평택시·안성시
		안산	안산시·광명시·시흥시
		안양	안양시·과천시·의왕시·군포시

[별표 6]

행정법원의 관할구역

고등법원	행정법원	관할구역
서울	서울	서울특별시

[별표 9]

행정사건을 심판하는 춘천지방법원 및 춘천지방법원 강릉지원의 관할구역

명칭	관할구역
춘천지방법원	춘천지방법원의 관할구역 중 강릉시·동해시·삼척시·속초시·양양군·고성군을 제외한 지역
춘천지방법원 강릉지원	강릉시·동해시·삼척시·속초시·양양군·고성군

■ 법원조직법 부칙<법률 제4765호, 1994. 7. 27.>

제1조(시행일)

① 이 법은 1995년 3월 1일부터 시행한다. 다만, 제3조, 제7조, 제29조, 제31조의 개정규정중 시·군법원에 관한 사항 및 제33조, 제34조의 개정규정과 부칙 제4조의 규정은 1995년 9월 1일부터, 제20조, 제44조, 제44조의2의 개정규정은 예비판사에 관한 사항과 제42조의2 및 제42조의3의 개정규정은 1997년 3월 1일부터, 제3조, 제5조 내지 제7조, 제9조의2, 제10조, 제14조, 제28조, 제44조의 개정규정중 특허법원, 특허법원장, 행정법원 또는 행정법원장에 관한 사항 및 제3편 제2장(제28조의2 내지 제28조의4), 제3편 제5장(제40조의2 내지 제40조의4), 제54조의2의 개정규정은 1998년 3월 1일부터 시행한다.

제2조(행정사건에 관한 경과조치)

부칙 제1조 제1항 단서의 규정에 의한 행정법원에 관한 사항의 시행당시 행정법원이 설치되지 않은 지역에 있어서의 행정법원의 권한에 속하는 사건은 행정법원이 설치될 때까지 해당 지방법원본원 및 춘천지방법원 강릉지원이 관할한다. 끝.

2. 달력

■ 2025년 1월 ~ 2025년 12월

2025년 1월
일	월	화	수	목	금	토
			1	2	3	4
5	6	7	8	9	10	11
12	13	14	15	16	17	18
19	20	21	22	23	24	25
26	27	28	29	30	31	

2025년 2월
일	월	화	수	목	금	토
						1
2	3	4	5	6	7	8
9	10	11	12	13	14	15
16	17	18	19	20	21	22
23	24	25	26	27	28	

2025년 3월
일	월	화	수	목	금	토
						1
2	3	4	5	6	7	8
9	10	11	12	13	14	15
16	17	18	19	20	21	22
23	24	25	26	27	28	29
30	31					

2025년 4월
일	월	화	수	목	금	토
		1	2	3	4	5
6	7	8	9	10	11	12
13	14	15	16	17	18	19
20	21	22	23	24	25	26
27	28	29	30			

2025년 5월
일	월	화	수	목	금	토
				1	2	3
4	5	6	7	8	9	10
11	12	13	14	15	16	17
18	19	20	21	22	23	24
25	26	27	28	29	30	31

2025년 6월
일	월	화	수	목	금	토
1	2	3	4	5	6	7
8	9	10	11	12	13	14
15	16	17	18	19	20	21
22	23	24	25	26	27	28
29	30					

2025년 7월
일	월	화	수	목	금	토
		1	2	3	4	5
6	7	8	9	10	11	12
13	14	15	16	17	18	19
20	21	22	23	24	25	26
27	28	29	30	31		

2025년 8월
일	월	화	수	목	금	토
					1	2
3	4	5	6	7	8	9
10	11	12	13	14	15	16
17	18	19	20	21	22	23
24	25	26	27	28	29	30
31						

2025년 9월
일	월	화	수	목	금	토
	1	2	3	4	5	6
7	8	9	10	11	12	13
14	15	16	17	18	19	20
21	22	23	24	25	26	27
28	29	30				

2025년 10월
일	월	화	수	목	금	토
			1	2	3	4
5	6	7	8	9	10	11
12	13	14	15	16	17	18
19	20	21	22	23	24	25
26	27	28	29	30	31	

2025년 11월
일	월	화	수	목	금	토
						1
2	3	4	5	6	7	8
9	10	11	12	13	14	15
16	17	18	19	20	21	22
23	24	25	26	27	28	29
30						

2025년 12월
일	월	화	수	목	금	토
	1	2	3	4	5	6
7	8	9	10	11	12	13
14	15	16	17	18	19	20
21	22	23	24	25	26	27
28	29	30	31			

확 인 :   법학전문대학원협의회

MGI Point · 2025년도 제3차 변호사시험 모의시험 공법 기록형 메모장

문제1 : 행정소장의 작성

① 피고	군산시장 (p.18 행정대집행 비용 납부 명령)		
② 청구취지	1. 피고가 2025. 2. 3. 원고에게 한 행정대집행 비용납부명령을 취소한다. 2. 소송비용은 피고가 부담한다. 라는 판결을 구합니다. (p.6 법률상담일지 I, p.9 내부회의록 I, p.18 행정대집행 비용 납부 명령)		
③ 이 사건 처분의 위법성	가. 선행처분인 이 사건 조치명령의 무효	1) 처분사유의 부존재	원고는 폐기물관리법 §48①9호 조치명령대상자× (p.8 내부회의록 I, p.11 출장결과보고서)
		2) 처분사유의 추가·변경 허부	-判) 당초 처분사유와 기본적 사실관계 동일성 인정 범위내에서 처분사유 추가변경가 　　본적사실관계의 동일성 유무는 사회적사실관계로 판단 - 당초 처분사유와 추가된 처분사유 사이에 기본적 사실관계 동일성× - 가사 처분사유의 추가변경이 허용되더라도 원고는 폐기물관리법 §48①7호의 조치명령 대상자× - 이 사건 조치명령은 처분사유가 없어 위법 (p.8 내부회의록 I)
		3) 하자의 중대·명백성	-判)법규의 중요부분 위반, 객관적 명백 ⇨ 당연무효 -처분사유 부존재 하자 중대·명백 (p.8 내부회의록 I)
		4) 소결	-이 사건 조치명령은 중대명백한 하자가 있어 무효
	나. 이 사건 처분(이 사건 행정대집행 비용납부명령)의 위법	1) 이 사건 조치명령상 하자의 승계	-判) 선행처분 후행처분이 1개 법률효과 완성⇨선행처분 하자를 후행처분이 승계 -判) 선행처분 후행처분이 독립한 별개의 법률효과 발생⇨선행처분 하자를 이유로 후행처분의 효력 다툴 수× 　예외)선행처분의 하자 중대명백 당연무효/수인한도 넘은 가혹, 예측불가능⇨선행처분의 후행처분에 대한 구속력 인정 - 이 사건 조치명령과 이 사건 처분은 독립된 별개의 법률효과 발생하나 이 사건 조치명령이 당연무효이므로 이를 전제로 한 이 사건 처분도 위법 (p.9 내부회의록 I)
		2) 행정대집행의 절차상 위법	- 대집행 계고시 상당한 이행기한 미부여: 행정대집행법 §3① - 대집행영장통지 누락: 행정대집행법 §3② - 대집행절차 하자가 이 사건 처분에 미치는 영향: 대집행의 계고, 대집행영장통지는 서로 합하여 1개의 법률효과 완성(判) ⇨ 위법한 행정대집행에 기초한 이 사건 처분도 위법 (p.9,10 내부회의록 I, p.17 행정대집행계고서)
		3) 재량권의 일탈·남용	- 행정기본법 §10 - 적시처분 소홀로 인한 비용증가, 별다른 영업수익이 없는 원고는 감당하기 어려 (p.9 내부회의록 I)
		4) 소결	-이 사건 처분은 위법하므로 취소되어야 함
④ 제소기간	2025. 9. 1. (p.6 법률상담일지 I)		
⑤ 관할법원	전주지방법원 (p.18 행정대집행 비용 납부 명령)		

2025년도 제3차 변호사시험 모의시험 공법 기록형 메모장

문제2: 헌법소원심판청구서의 작성

① 청구취지	"의료기사 등에 관한 법률(2019. 12. 20. 법률 제12321호로 개정된 것) 제12조 제1항 및 제5항은 헌법에 위반된다."라는 결정을 구합니다. (p.21,23 내부회의록Ⅱ)		
② 당해사건	서울중앙지방법원 2025고단246 의료기사등에관한법률위반 피고인 홍안명 (p.19 법률상담일지Ⅱ, p.21 내부회의록Ⅱ, p.28 기각 결정)		
③적법요건의 구비 여부	1. 재판의 전제성	- 헌재법§68② - 判) 구체적 사건 법원 계속, 법률 당해사건 적용, 위헌시 다른 내용의 재판(주문, 이유, 재판 내용, 효력 달라져) (p.21 내부회의록Ⅱ)	
	2. 청구기간	- 헌재법§69② 위헌법률심판제청신청 기각결정 통지받은 날부터 30일, 단 헌재법§70①후단,④후단 국선대리인 선임신청한날부터 기각결정받은 날까지는 청구기간에 불산입 - 헌재법§40, 민소법 §170, 민법 §161, 관공서 공휴일에 관한 규정 §2 - 청구기간의 말일은 2025. 8. 2.이나 토요일이므로 2025. 8. 4.이 최종일 (p.29 송달증명원, p.30 국선대리인선임신청서, p.32 우편송달보고서)	
	3. 위헌법률심판제청 신청 및 기각결정	- 위헌법률심판제청을 신청하고 기각결정을 받았음 (p.19 법률상담일지Ⅱ, p.21 내부회의록Ⅱ, p.28 기각 결정)	
	4. 변호사 강제주의	- 헌재법§25③ (p.24 대리인 선임서)	
④ 위헌이라고 해석되는 이유	1. 의료기사법 제12조 제1항의 위헌성	가. 제한되는 기본권	1) 직업의 자유
			- 헌법§15 - 判) 직업: 생활의 기본적수요 충족 위한 계속적 소득활동 직업선택 자유, 직업수행 자유 포함 법인에게도 인정되는 기본권 - 법인을 구성하는 방법으로 안경업소 영업할 수 없어 직업수행의 자유 제한 (p.21 내부회의록Ⅱ)
			2)결사의 자유
			- 헌법§21 - 判) 결사: 상당기간 공동목적 위해 결합 조직화된 의사형성이 가능한 단체 영리단체도 보호 - 모든 법인에 의한 안경업소 개설할 수 없어 결사의 자유 제한 (p.21, 22 내부회의록Ⅱ)
			3) 기본권 경합
			- 判) 여러 기본권이 동시에 제한된 경우 ⇨ 청구인의 의도, 입법자 객관적 동기 고려하여 사안과 가장 밀접, 침해 정도가 큰 기본권 검토 - 직업수행의 자유를 중심으로 검토
		나. 직업의 자유의 제한과 심사척도 (단계이론)	- 判) 직업수행 자유 제한부터 직업선택 자유 제한으로 갈수록 입법재량 폭이 좁아서 보다 엄밀한 정당화 요구 - 직업수행의 자유 제한 ⇨ 비교적 넓은 법률상 규제 가능하나 헌법§37② 준수해야

		다. 과잉금지원칙 위반	-목적정당성○, 수단적합성○ 침해최소성×, 법익균형성 × (p.21 내부회의록Ⅱ, p.33 보도자료)
2. 의료기사법 제12조 제5항의 위헌성		가. 의회유보의 원칙 위반	-判) 법률유보의 원칙은 행정작용은 국회제정의 형식적 법률 근거 요청+입법자가 기본권 본질적사항을 결정하는 의회유보 원칙까지 내포 - 금지되는 판매방법의 범위와 기준은 본질적인 내용임에도 법에서 전혀 규정하지 아니하여 의회유보의 원칙 위반 (p.22 내부회의록Ⅱ)
	나. 포괄위임금지원칙 위반	1) 위임입법의 범위와 한계	- 헌법§75는 위임입법의 헌법상 근거 - 判)하위법령 위임⇨예측가능성+위임 필요성 (p.22 내부회의록Ⅱ)
		2) 예측가능성	-判) 누구라도 법률에서 하위법규 규정 내용을 대강 예측할 수 있어야, 예측가능성은 법 조항 전체를 종합적 판단 -判) 처벌법규, 조세법규⇨ 위임요건 범위더 엄격하게 제한 규율대상 다양, 수시 변화⇨위임요건 범위 완화 (p.22 내부회의록Ⅱ)
		3) 위임의 필요성	-判) 전문적, 기술적 사항, 즉각적 탄력적 대응要 ⇨위임 필요성↑
		4) 사안의 적용	- 판매방법에 관하여 구체적 범위 정함없이 대통령령에서 정하도록 포괄위임
⑤ 작성일과 제출일	2025. 8. 4. (p.29 송달증명원, p.30 국선대리인선임신청서, p.32 우편송달보고서)		

공법 기록형

Contents

소 장
청구취지
청구원인
 1. 이 사건 처분의 경위 (생략)
 2. 이 사건 처분의 위법성
  가. 선행처분인 이 사건 조치명령의 무효
   1) 처분사유의 부존재
   2) 처분사유 추가·변경 허부
   3) 하자의 중대·명백성
   4) 소결
  나. 이 사건 처분(행정대집행 비용납부명령)의 위법
   1) 이 사건 조치명령상 하자의 승계
    가) 관련법리
    나) 이 사건 조치명령과 이 사건 처분의 관계
   2) 행정대집행의 절차상 위법
    가) 대집행 계고시 상당한 이행기한 미부여
    나) 대집행영장통지 누락
    다) 대집행절차의 하자가 이 사건 처분에 미치는 영향
   3) 재량권의 일탈·남용
   4) 소결
 3. 결론 (생략)

헌법소원심판청구서
청 구 취 지
당 해 사 건
청 구 이 유
 Ⅰ. 사건의 개요 (생략)
 Ⅱ. 적법요건의 구비 여부
  1. 재판의 전제성
  2. 청구기간
  3. 위헌법률심판제청 신청 및 기각결정
  4. 변호사 강제주의
 Ⅲ. 위헌이라고 해석되는 이유
  1. 의료기사법 제12조 제1항의 위헌성
   가. 제한되는 기본권
    1) 직업의 자유
    2) 결사의 자유
    3) 기본권 경합
   나. 직업의 자유의 제한과 심사척도 (단계이론)
   다. 과잉금지원칙 위반
    1) 목적의 정당성 및 수단의 적합성
    2) 침해의 최소성
    3) 법익의 균형성
    4) 소결
  2. 의료기사법 제12조 제5항의 위헌성
   가. 의회유보의 원칙 위반
   나. 포괄위임금지원칙 위반
    1) 위임입법의 범위와 한계
    2) 예측가능성
    3) 위임의 필요성
    4) 사안의 적용
 Ⅳ. 결 론 (생략)
첨 부 서 류 (생략)

소 장

원 고   김희철
         주소·연락처·소송대리인 (생략)
피 고   군산시장

사 건 명   행정대집행 비용납부명령 취소

청 구 취 지

1. 피고가 2025. 2. 3. 원고에게 한 행정대집행 비용납부명령[1]을 취소한다.
2. 소송비용은 피고가 부담한다.
라는 판결을 구합니다.

청 구 원 인

1. 이 사건 처분의 경위 (생략)
2. 이 사건 처분의 위법성

가. 선행처분인 이 사건 조치명령의 무효

1) 처분사유의 부존재

폐기물관리법 제48조 제1항 제9호는 다른 사람에게 자기 소유 토지의 사용을 허용한 경우 폐기물이 버려지거나 매립된 토지의 소유자에 대하여 조치명령을 할 수 있도록 하고 있을 뿐이고 이미 폐기물이 처리된 토지를 취득한 소유자에 대해서까지 적용할 수 있는 내용이 아님은 문언상 객관적으로 명백합니다.[2] 원고는 폐기물이 버려진 이 사건 토지를 사후에 취득한 자일 뿐이므로 폐기물관리법 제48조 제1항 제9호에 해당되지 아니하여 위 조항에 따른 조치명령대상자가 아닙니다. 따라서 이 사건 조치명령은 처분사유가 존재하지 않아 위법합니다.

---
[1] 법률상담일지I(기록 p.6), 행정대집행 비용납부명령(p.18)
[2] 내부회의록I(p.8)

2) 처분사유 추가·변경 허부[3]

가) 행정처분의 취소를 구하는 항고소송에 있어 처분청은 당초 처분의 근거로 삼은 사유와 기본적 사실관계가 동일성이 있다고 인정되는 한도 내에서만 다른 사유를 추가 또는 변경할 수 있고, 이러한 기본적 사실관계의 동일성 유무는 처분사유를 법률적으로 평가하기 이전의 구체적 사실에 착안하여 그 기초인 사회적 사실관계가 기본적인 점에서 동일한지 여부에 따라 결정되므로, 추가 또는 변경된 사유가 처분 당시에 이미 존재하고 있었다거나 당사자가 그 사실을 알고 있었다고 하여 당초의 처분사유와 동일성이 있다고 할 수 없습니다.[4]

처분청이 처분 당시에 적시한 구체적 사실을 변경하지 아니하는 범위 내에서 단지 그 처분의 근거 법령만을 추가·변경하는 것에 불과한 경우에는 새로운 처분사유의 추가라고 볼 수 없으므로 행정청이 처분 당시에 적시한 구체적 사실에 대하여 처분 후에 추가·변경한 법령을 적용하여 그 처분의 적법 여부를 판단할 수 있습니다.[5] 그러나 처분의 근거 법령을 변경하는 것이 종전 처분과 동일성을 인정할 수 없는 별개의 처분을 하는 것과 다름없는 경우에는 허용될 수 없습니다.[6]

나) 피고는 이 사건 조치명령 당시 처분사유로 폐기물관리법 제48조 제1항 제9호에서 정한 조치명령 대상자라고 적시하였을 뿐이고, 원고가 사업장폐기물배출자인 우드세상의 사업장을 인수함으로써 그 권리·의무를 승계하여 폐기물관리법 제48조 제1항 제7호의 조치명령 대상자에 해당한다는 것은 전혀 언급하지 아니하였습니다. 당초의 9호 사유는 일정한 경우의 토지소유자에 관한 것이고 나중에 추가된 제7호 사유는 사업장폐기물배출자의 권리·의무를 승계한 자에 관한 것이니 각 근거법령의 내용과 취지가 크게 달라 그 기초가 되는 사회적 사실관계에 동일성이 없습니다.

따라서, 피고가 취소소송 중에 당초의 제9호 사유와 다른 제7호 사유를 처분사유로 추가하는 것은 종전 처분과 기본적 사실관계가 동일하지 아니한 새로운 처분사유를 추가·변경하는 것으로서 허용되지 아니합니다.

---

[3] 내부회의록I(p.8) - "피고가 당초의 제8호 사유와 다른 제7호 사유를 처분사유로 추가 또는 변경할 것으로 예상되는 상황이니만큼, 이에 대비하여 소장에서부터 미리 논리 전개를 하도록 합시다."
[4] 대판 2011.11.24. 2009두19021 참조
[5] 대판 1987.12.08. 87누632 참조
[6] 대판 2011.05.26. 2010두28106 참조

다) 가사 처분사유의 추가·변경이 허용된다고 하여도, 원고는 제7호에 따른 조치명령 대상자가 아닙니다. 원고가 나중에 추가된 제7호에 따른 조치명령 대상자에 해당하기 위해서는 먼저 우드세상이 제1호부터 제6호까지의 사업장폐기물배출자임을 전제로 하여야 합니다. 그런데 우드세상의 사업장이 사업장폐기물배출자에 해당한다는 점을 확인할 수 있는 아무런 자료가 없으므로 우드세상이 사업장폐기물배출자에 해당한다고 볼 수 없습니다.[7]

그렇다면 설령 처분사유의 추가·변경이 허용된다고 하더라도 원고가 폐기물관리법 제48조 제1항 제7호에 따른 조치명령 대상자에 해당한다고 볼 수 없습니다. 따라서 이 사건 조치명령은 처분사유가 존재하지 않아 위법합니다.

3) 하자의 중대·명백성

가) 행정처분이 당연무효라고 하기 위해서는 처분에 위법사유가 있다는 것만으로는 부족하고 하자가 법규의 중요한 부분을 위반한 중대한 것으로서 객관적으로 명백한 것이어야 하며, 하자의 중대·명백 여부를 판별함에 있어서는 법규의 목적, 의미, 기능 등을 목적론적으로 고찰함과 동시에 구체적 사안 자체의 특수성에 관하여도 합리적으로 고찰하여야 합니다.[8]

나) 폐기물관리법 제48조 제1항 제9호에 의할 때, 폐기물이 버려지거나 매립된 토지의 소유자라고 하여 무조건적으로 조치명령 대상자가 되는 것이 아니고 폐기물을 처리하거나 토지사용을 허용한 토지소유자로 한정하고 있음이 법문상 명백합니다. 이 사건 조치명령은 아무런 법률상 근거 없이 폐기물 처리의무가 없는 사람을 상대로 내려진 위법한 것이고 법규의 중요한 부분을 위반한 중대한 하자가 있습니다.

나아가 피고는 원고가 이 사건 폐기물이 버려진 후에 비로소 이 사건 토지를 소유하게 되었을 뿐이고 폐기물을 처리하거나 토지사용을 허용한 자가 아님을 이 사건 조치명령 당시 이미 인지하고 있었으므로, 위 하자는 대상이 되는 사실관계가 없는 사람에게 행정처분을 한 것이고 추가로 사실관계를 정확히 조사하여야 밝혀질 수 있는 등 오인의 여지가 존재하지 아니하여 외형상 객관적으로 명백하다고 보아야 합니다.

따라서 이 사건 조치명령에는 중대·명백한 하자가 있어 무효입니다.

---

7) 내부회의록I(p.8)
8) 대판 2004.11.26. 2003두2403 참조

4) 소결

이상과 같은 사유로 이 사건 조치명령은 위법하며, 그 위법에는 중대·명백한 하자가 있어 무효입니다.

나. 이 사건 처분(행정대집행 비용납부명령)의 위법

1) 이 사건 조치명령상 하자의 승계[9]

가) 관련법리

2개 이상의 행정처분이 연속적 또는 단계적으로 이루어지는 경우, 선행처분과 후행처분이 서로 합하여 1개의 법률효과를 완성하는 때에는 선행처분에 하자가 있으면 그 하자는 후행처분에 승계되는 것이므로, 선행처분에 불가쟁력이 생겨 그 효력을 다툴 수 없게 된 경우에도 선행처분의 하자를 이유로 후행처분의 효력을 다툴 수 있습니다. 그러나 선행처분과 후행처분이 서로 독립하여 별개의 법률효과를 발생시키는 경우에는, 선행처분에 불가쟁력이 생겨 그 효력을 다툴 수 없게 되면 선행처분의 하자가 중대하고 명백하여 선행처분이 당연무효인 경우를 제외하고는, 특별한 사정이 없는 한 선행처분의 하자를 이유로 후행처분의 효력을 다툴 수 없는 것이 원칙입니다. 다만 그 경우에도, 선행처분의 불가쟁력이나 구속력이 그로 인하여 불이익을 입게 되는 자에게 수인한도를 넘는 가혹함을 가져오고, 그 결과가 당사자에게 예측가능한 것이 아니라면, 국민의 재판받을 권리를 보장하고 있는 헌법의 이념에 비추어 선행처분의 후행처분에 대한 구속력을 인정할 수 없습니다.[10]

나) 이 사건 조치명령과 이 사건 처분의 관계

폐기물관리법에 따른 조치명령은 처분상대방에게 폐기물 처리의무를 부과하여 자주적으로 이를 이행시키는 것을 목적으로 하는 반면, 행정대집행법에 따른 행정대집행비용납부명령은 법률에 따른 행정청의 명령을 그 상대방이 자발적으로 이행하지 않은 경우 행정청이 의무자를 대신하여 그 의무의 내용을 강제적으로 실현하는 것을 목적으로 합니다.

이 사건 처분이 선행처분인 이 사건 조치명령을 전제로 하고 있지만, 위 두 처분은 위

---

[9] 내부회의록I(p.9)
[10] 대판 2017.07.18. 2016두49938, 대판 1994.01.25. 93누8542 참조

와 같이 행정목적을 달리할 뿐만 아니라 그 내용과 효과도 다른 독립된 행정처분으로서 '서로 합하여 1개의 법률효과를 완성하는 때'에 해당한다고 볼 수 없습니다. 따라서 이 사건 조치명령과 이 사건 처분은 그 선행처분과 후행처분이 서로 독립하여 별개의 법률효과를 발생시키는 경우에 해당합니다. 따라서 원고가 이 사건 처분의 취소를 구하는 행정심판을 제기하였을 뿐이고, 이 사건 조치명령에 대하여는 행정소송법 제20조가 정한 제소기간 내에 취소소송을 제기하지 않았으므로, 이 사건 조치명령에는 불가쟁력이 발생하여 원고는 이를 더 이상 다툴 수 없게 되었습니다.

그렇다면 원고가 이 사건 조치명령이 위법하다는 이유로 이 사건 처분의 효력을 다툴 수 있기 위해서는 이 사건 조치명령에 중대·명백한 위법이 있어 당연무효이거나 그 처분의 불가쟁력이나 구속력이 원고에게 수인한도를 넘는 가혹함을 가져오고 원고가 그 결과를 예측할 수 없는 경우에 해당하여야 하는바, 이 사건의 경우에는 앞서 본 바와 같이 선행처분인 이 사건 조치명령이 중대·명백한 위법이 있어 무효이므로 무효인 조치명령을 전제로 한 이 사건 처분 또한 위법합니다.

2) 행정대집행의 절차상 위법

가) 대집행 계고시 상당한 이행기한 미부여

행정대집행법 제3조 제1항은 대집행을 하려함에 있어서는 상당한 이행기한을 정하여 그 기한까지 이행되지 아니할 때에는 대집행을 한다는 뜻을 미리 문서로써 계고하여야 하고 이 경우 행정청은 상당한 이행기한을 정함에 있어 의무의 성질·내용 등을 고려하여 사회통념상 해당 의무를 이행하는 데 필요한 기간이 확보되도록 하여야 한다고 규정하고 있습니다.

따라서 행정청이 의무자에게 대집행 영장으로써 대집행할 시기 등을 통지하기 위하여는 그 전체로서 행정청으로 하여금 대집행계고처분을 함에 있어 의무이행을 할 수 있는 상당한 기간을 부여할 것을 요구하고 있고, 상당한 의무이행기한이 부여되지 아니한 대집행계고처분은 대집행의 적법절차에 위배한 것으로 위법한 처분이라고 해석하여야 할 것이며, 대집행영장으로써 대집행의 시기가 늦추어졌다는 등의 사정이 있다 하여 위의 결론이 달라진다고 할 수 없을 것입니다.[11]

---

[11] 대판 1990.09.14. 90누2048 참조.

이 사건 계고시 부여된 이행기간은 불과 11일이고[12], 그에 비하여 행정청이 실제로 대집행하는데 소요된 기간은 7개월이 넘습니다.[13] 이와 같이 이 사건 계고 처분에는 상당한 이행기한을 주지 않은 위법이 있습니다.

나) 대집행영장통지 누락

행정대집행법 제3조 제2항은 행정청은 의무자가 계고처분 상의 의무를 이행하지 아니할 때에는 대집행영장으로써 대집행을 할 시기, 집행책임자의 성명, 대집행에 요하는 비용의 개산 견적액 등을 의무자에게 통지하여야 한다고 규정하고 있습니다. 이러한 대집행영장 통지 절차는 의무자에게 대집행의 시기나 비용 등을 미리 통지하여 의무자가 직접 그 의무를 이행할지를 결정할 수 있도록 하고, 개산된 비용에 대하여 다툼이 있으면 불복절차를 거칠 수 있게 하는 주요한 절차로서 행정대집행의 의무적 절차입니다.

피고는 대집행영장의 통지 절차를 거치지 않고 행정대집행에 나아갔으므로 이 사건 대집행에는 중대한 절차상의 위법이 있습니다.

다) 대집행절차의 하자가 이 사건 처분에 미치는 영향

대집행의 계고·대집행영장에 의한 통지·대집행의·실행·대집행에 요한 비용의 납부명령 등은 동일한 행정목적을 달성하기 위하여 단계적인 일련의 절차로 연속하여 행하여지는 것으로서 서로 결합하여 하나의 법률효과를 발생시키는 것입니다.[14]

이처럼 2개 이상의 행정처분이 연속적 또는 단계적으로 이루어지는 경우 선행처분과 후행처분이 서로 합하여 1개의 법률효과를 완성하는 때에는 선행처분에 하자가 있으면 그 하자는 후행처분에 승계되어 후행처분 역시 위법합니다.[15]

피고는 원고에게 계고 처분을 하면서 행정대집행법 제3조 제1항이 정한 상당한 이행기한을 부여하지 않았고, 행정대집행에 앞서 대집행영장 통지 절차도 거치지 않았으므로 이 사건 행정대집행은 요건을 충족하지 못한 것이어서 위법하고, 이러한 위법한 이 사건 행정대집행의 실행에 기초한 이 사건 처분도 위법하다할 것입니다.

---

[12] 법률상담일지I(p.6). 행정대집행 계고서(p.16-17)
[13] 내부회의록I(p.10)
[14] 대판 1993.11.09. 93누14271 참조
[15] 대판 2017.07.18. 2016두49938 참조

3) 재량권의 일탈·남용[16]

행정기본법 제10조에 의하면 행정작용에 있어서 행정목적과 행정수단 사이에 합리적인 비례관계가 있어야 합니다.

이 사건 폐기물은 이명순이 운영하는 명광산업이 배출한 것이고, 당시 이 사건 토지의 소유자는 우드세상이었습니다. 피고는 이와 같은 사정을 적어도 2021년 초경에는 이미 잘 알고 있었고 이명순이나 우드세상에 대하여 이 사건 폐기물에 대한 조치명령을 할 수 있었음에도 아무런 조치명령을 하지 않다가 원고가 이 사건 토지를 낙찰받자 원고에게 이 사건 조치명령과 그에 이은 이 사건 처분을 하였습니다. 또한 피고의 적시처분명령 소홀로 인하여 폐기물이 무단으로 방치된 기간이 길어져 그 처리에 소요되는 비용이 확대되었고, 이는 이 사건 토지 관련 별다른 영업수익이 없는 원고로서는 감당하기 어려운 수준입니다. 사정이 이러함에도 피고는 이와 같은 사정을 고려하지 아니한 채 폐기물 처리에 소요된 비용 전부에 대하여 원고에게 납부를 명한바, 따라서 이 사건 처분은 재량권을 일탈·남용한 위법이 있습니다.

4) 소결

이상의 사유로 이 사건 처분은 위법하므로 취소되어야 합니다.[17]

3. 결론 (생략)

입 증 방 법 (생략)
첨 부 서 류 (생략)

2025. 9. 1.[18]

원고 소송대리인 (생략)

전주지방법원[19] 귀중

---

[16] 내부회의록I(p.9)
[17] 조치명령이 무효인 이상 후행처분인 이 사건 처분도 무효라고 주장할 수 있으나, 의뢰인의 의사에 따라 이 사건 처분의 취소를 구하는 소송임(기록 p.3 행정소송 소장 양식-사건명, p.6 법률상담일지, p.9 내부회의록 등).
[18] 행정심판재결서 수령일 2025. 6. 2.부터 기산하여(초일 불산입) 90일이 되는 날은 2025. 8. 31.임. 그러나 기간의 말일인 08.31.이 일요일이므로 그 익일까지 소제기가 가능하다.
[19] 행정소송법 제9조 제1항("취소소송의 제1심관할법원은 피고의 소재지를 관할하는 행정법원으로 한다.")에 따른 관할 법원을 기재할 것 (기록 p.1 문제). 법원조직법 부칙(법률 제4765호, 1994.07.27.) 제2조에 의하면 행정법원이 설치되지 않은 지역에 있어서의 행정법원의 권한에 속하는 사건은 행정법원이 설치될 때까지 해당 지방법원본원이 관할하도록 규정되어 있으므로, 전주지방법원에 관할권이 인정된다.

헌법소원심판청구서

청 구 인   홍안명
           주소·연락처 등 (생략)

청 구 취 지

"의료기사 등에 관한 법률(2019. 12. 20. 법률 제12321호로 개정된 것) 제12조 제1항 및 제5항은 헌법에 위반된다." 라는 결정을 구합니다.

당 해 사 건

서울중앙지방법원 2025고단246 의료기사등에관한법률위반[20]
피고인 홍안명

청 구 이 유

I. 사건의 개요 (생략)

II. 적법요건의 구비 여부

1. 재판의 전제성

헌법재판소법 제68조 제2항의 헌법소원에 있어서는 재판의 전제성이 인정되어야 하는데, 재판의 전제성이란 ① 당해 사건이 법원에 계속 중이어야 하고, ② 위헌여부가 문제되는 법률 또는 법률조항이 당해 사건의 재판에 적용되어야 하며, ③ 그 법률 또는 법률조항의 위헌여부에 따라 당해 사건을 담당한 법원이 다른 내용의 재판을 하게 되는 경우를 의미합니다. 이때 다른 내용의 재판이란 재판의 주문이 달라지거나 재판의 내용과 효력에 관한 법률적 의미가 달라지는 경우를 포함합니다.[21]

이 사건에서 청구인에 대한 의료기사법 위반사건이 서울중앙지방법원 2025고단246호로 소송 계속 중이고, 이 사건 법률조항은 위 사건의 구성요건 해당여부를 결정하기 위

---

[20] 서울중앙지방법원 결정(p.28)
[21] 헌재 1995.07.21. 93헌바46

다만, 결사 개념에 공법상의 결사나 법이 특별한 공공목적에 의하여 구성원의 자격을 정하고 있는 특수단체의 조직활동은 해당되지 않는다고 판시한 바 있을 뿐이며[29], 연혁적 이유 이외에는 달리 영리단체를 결사에서 제외하여야 할 뚜렷한 근거가 없는 터이므로, 영리단체도 헌법상 결사의 자유에 의하여 보호된다고 보아야 할 것입니다.[30]

그렇다면, 이 사건 법률조항은 합리적 이유없이 모든 법인에 의한 안경업소를 개설할 수 없으므로 법인을 설립하여 안경업소의 영업을 하려는 안경사의 단체결성 및 단체활동의 자유를 제한하고 있으므로, 결국 안경사의 결사의 자유를 제한하고 있습니다.

3) 기본권 경합

하나의 규제로 인해 여러 기본권이 동시에 제약을 받는다고 주장하는 경우에는 기본권 침해를 주장하는 청구인의 의도 및 기본권을 제한하는 입법자의 객관적 동기 등을 참작하여 먼저 사안과 가장 밀접한 관계에 있고 또 침해의 정도가 큰 주된 기본권을 중심으로 해서 그 제한의 한계를 따져 보아야 합니다.[31]

이 사건의 경우 법인을 통한 안경업소 개설을 통해 수익을 높이려는 청구인의 의도 및 자연인에 의한 안경업소 개설을 도모하려는 입법자의 객관적 동기를 고려하면 이 사건 법률조항으로 인한 규제는 직업의 자유와 가장 밀접한 관계에 있다고 할 것입니다. 따라서 이 사건 법률조항이 직업의 자유를 제한함에 있어 그 헌법적 한계를 지키고 있는지를 살펴보도록 하겠습니다.

나. 직업의 자유의 제한과 심사척도 (단계이론)

직업의 자유도 무제한의 자유는 아니고 헌법 제37조 제2항의 일반적 법률유보 아래 놓여 있어서 '국가안전보장·질서유지·공공복리'를 위하여 필요한 경우 법률로써 제한할 수 있습니다. 그러나 직업의 자유에 대한 제한이라고 하더라도 그 제한사유가 직업의 자유의 내용을 이루는 직업수행의 자유와 직업선택의 자유 중 어느 쪽에 작용하느냐에 따라 그 제한에 대하여 요구되는 정당화의 수준이 달라집니다. 그리하여 직업의 자유에 대한 법적 규율이 직업수행에 대한 규율로부터 직업선택에 대한 규율로 가면 갈수록 자유제약

---

[29] 헌재 1994.02.24. 92헌바43 참조
[30] 헌재 2002.09.19. 2000헌바84 참조
[31] 헌재 2002.04.25. 2001헌마614 참조

의 정도가 상대적으로 강해져 입법재량의 폭이 좁아지게 되고, 직업선택의 자유에 대한 제한이 문제되는 경우에 있어서도 일정한 주관적 사유를 직업의 개시 또는 계속수행의 전제조건으로 삼아 직업선택의 자유를 제한하는 경우보다는 직업의 선택을 객관적 허가조건에 걸리게 하는 방법으로 제한하는 경우에 침해의 심각성이 더 크므로 보다 엄밀한 정당화가 요구됩니다.[32]

이 사건 법률조항의 경우, 안경사는 안경업소를 자연인 개인으로만 개설할 수 있고 법인을 설립하여 안경업소를 개설할 수 없는 제약을 받으므로 안경사는 자신이 선택한 직업을 자기가 결정한 방식으로 자유롭게 수행할 수 있는 직업수행의 자유를 제한받습니다. 이때에도 직업수행의 자유는 직업선택의 자유에 비하여 공공복리 등 공익상의 이유로 비교적 넓은 법률상의 규제가 가능하지만 그 경우에도 헌법 제37조 제2항의 과잉금지의 원칙은 지켜야 합니다.

다. 과잉금지원칙 위반

1) 목적의 정당성 및 수단의 적합성

이 사건 법률조항은 전문 자격을 취득한 안경사만이 안경업소를 개설할 수 있게 함으로써 국민의 눈 건강에 관한 보건 향상을 도모하려는 목적의 정당성은 인정됩니다.

그리고 헌법재판소가 수단의 적합성으로 심사하는 내용은 입법자가 선택한 방법이 최적의 것이었는가 하는 것이 아니고 그 방법이 입법목적 달성에 유효한 수단인가 하는 점에 한정된다고 할 것입니다.[33] 이는 수단이 목적 실현에 유일무이하거나 최적의 수단일 것을 요구하지 않고 목적 실현에 기여하는 것으로 족하다는 의미입니다.[34]

이 사건 법률조항은 안경업소 개설을 안경사에 한정함으로써 국민의 눈건강에 관한 안경사 업무의 책임성, 윤리성을 확보하고 법인형태의 안경업소를 개설하여 운영할 경우 나타날 수 있는 영리추구 확대로 인한 폐해도 방지할 수 있으므로 수단의 적합성도 인정될 수 있습니다.

---

[32] 헌재 1993.05.13. 92헌바80 참조
[33] 헌재 2007.01.17. 2006헌바3 참조
[34] 헌재 2014.03.27. 2011헌바43 참조

그렇다면 안경사로 구성되는 법인 형태의 안경업소 개설까지 금지하여 달성할 수 있는 공익은 추상적이고 미미한 반면, 안경사가 법인을 구성하는 방법으로 안경업소를 개설하여 직업을 수행하려는 자유를 제한함으로써 오는 사익의 침해는 중대하므로, 이 사건 법률조항은 안경사로만 구성된 법인 형태의 안경업소 개설까지 금지하고 있어 법익의 균형성도 충족하지 못합니다.

4) 소결

이 사건 법률조항은 입법목적을 달성하기 위하여 필요한 최소한의 정도를 넘어 안경사의 직업수행의 자유를 제한하고 있어 침해의 최소성을 갖추지 못하고 있으며, 법익균형성의 원칙도 위반하였다고 할 것이므로, 과잉금지원칙을 위반하여 안경사의 직업수행의 자유를 침해하는 위헌적인 규정입니다.

2. 의료기사법 제12조 제5항의 위헌성

가. 의회유보의 원칙 위반

헌법은 법치주의를 그 기본원리의 하나로 하고 있고, 법치주의는 법률유보 원칙, 즉 행정작용에는 국회가 제정한 형식적 법률의 근거가 요청된다는 원칙을 그 핵심적 내용으로 하고 있습니다. 나아가 오늘날의 법률유보 원칙은 단순히 행정작용이 법률에 근거를 두기만 하면 충분한 것이 아니라, 국가공동체와 그 구성원에게 기본적이고도 중요한 의미를 갖는 영역, 특히 국민의 기본권 실현에 관련된 영역에 있어서는 행정에 맡길 것이 아니라 국민의 대표자인 입법자 스스로 그 본질적 사항에 대하여 결정하여야 한다는 요구, 즉 의회유보 원칙까지 내포하는 것으로 이해되고 습니다. 이 때 입법자가 형식적 법률로 스스로 규율하여야 하는 사항이 어떤 것인지는 일률적으로 확정할 수 없고 구체적인 사례에서 관련된 이익 내지 가치의 중요성 등을 고려하여 개별적으로 정할 수 있다고 할 것입니다.[40]

이 사건에서 오늘날 SNS, 인터넷과 같은 통신수단 내지 전자상거래를 통한 판매방법은 매우 편리하고 보편적인 방법인 점을 고려하면 그러한 가장 간편하고 보편적인 판매방법을 금지하는 것은 청구인의 직업수행의 자유에 대한 본질적인 사항이라고 할 수 있을 것이고, 판매자는 대면으로 판매할지 아니면 비대면으로 판매할지에 대해 자유롭게 선택할 수 있어야 하고 오늘날 택배 등의 운송수단이 잘 발달되어 있는 상황 하에서 어떠

---

[40] 헌재 2008.02.28. 2006헌바70 참조

한 판매 방법을 금지할 것인지는 입법자가 하위법령에 위임할 것이 아니라 그 본질적인 사항에 대해서 형식적 의미의 법률로 직접 규율해야 할 것입니다. 그럼에도 이 사건 법률조항은 금지되는 판매방법의 범위와 기준에 관한 본질적이고 기본적인 사항을 법률에서 전혀 규정하지 않은 채 이를 대통령령에 위임하고 있으므로 의회유보의 원칙에 위반됩니다.

나. 포괄위임금지원칙 위반

1) 위임입법의 범위와 한계

헌법 제75조는 "대통령은 법률에서 구체적으로 범위를 정하여 위임받은 사항에 관하여 대통령령을 발할 수 있다."고 규정하여 일정한 사항에 대하여 법집행자인 행정부에게 위임해야 할 필요성을 인정하여 위임의 헌법상 근거를 마련함과 동시에 위임은 구체적으로 범위를 정하여 하도록 하여 그 한계를 제시하고 있습니다.[41]

즉, 법률이 일정한 사항에 대하여 직접 규정하지 않고 하위법령에 위임하기 위하여는 예측가능성과 함께 위임의 필요성이 인정되어야 합니다.[42]

2) 예측가능성

이때 '법률에서 구체적인 범위를 정하여 위임받은 사항'이란 법률에 이미 대통령령으로 규정될 내용 및 범위의 기본사항이 구체적으로 규정되어 있어서 누구라도 당해 법률로부터 대통령령에 규정될 내용의 대강을 예측할 수 있어야 함을 의미합니다.[43] 이러한 예측가능성의 유무는 당해 특정조항 하나만을 가지고 판단할 것이 아니라 관련 법조항 전체를 유기적·체계적으로 종합하여 판단하여야 하고 위임된 사항의 성질에 따라 구체적·개별적으로 검토하여야 합니다.

위임입법의 위와 같은 구체성·명확성의 요구 정도는 각종 법률이 규제하고자 하는 대상의 종류와 성질에 따라 달라질 것이지만, 특히 처벌법규나 조세법규와 같이 국민의 기본권을 직접적으로 제한하거나 침해할 소지가 있는 법규에서는 구체성·명확성의 요구가 강화되어 그 위임의 요건과 범위가 일반적인 급부행정법규의 경우보다 더 엄격하게 제한적으로 규정되어야 하는 반면에, 규율대상이 지극히 다양하거나 수시로 변화하는 성질의 것일 때에는 위임의 구체성·명확성의 요건이 완화됩니다.[44]

---

41) 헌재 2009.12.29. 2008헌바48 참조
42) 헌재 2016.07.28. 2014헌바58·174(병합) 참조
43) 헌재 1999.01.28. 97헌바90 참조

2025년도 제3차 변호사시험 모의시험 기출문제집

기록형

형사법

【문　　제】

피고인 김갑동에 대해서는 법무법인 공정 담당변호사 김힘찬이 객관적인 입장에서 대표변호사에게 보고할 검토보고서를, 피고인 이을녀에 대해서는 법무법인 세계 담당변호사 이사랑의 변론요지서를 작성하되, 다음 쪽 양식 중 **본문 Ⅰ, Ⅱ 부분**을 작성하시오.

【작성요령】

1. 학설, 판례 등의 견해가 대립되는 경우에 한 견해를 취할 것. 다만, 대법원 판례와 다른 견해를 취하는 경우에는 자신의 입장에 따라 작성하되 대법원 판례의 취지를 적시할 것.
2. 증거능력이 없는 증거는 실제 소송에서는 증거로 채택되지 않아 증거조사가 진행되지 않지만, 이 문제에서는 시험의 편의상 증거로 채택되어 증거조사가 진행된 경우도 있음. 따라서 필요한 경우 증거능력에 대하여도 언급할 것.
3. 법률명과 죄명에서 성매매 알선 등 행위의 처벌에 관한 법률은 '성매매처벌법'으로, 성폭력범죄의 처벌 등에 관한 특례법은 '성폭법'으로, 형사소송법은 '형소법'으로 각 줄여서 기재하여도 무방함.
5. 검토의견서의 경우에는 개조식으로 작성하여도 무방함.

【기록 형식 안내】

1. 쪽 번호는 편의상 연속되는 번호를 붙였음.
2. 조서, 기타 서류에는 필요한 서명, 날인, 무인, 간인, 정정인이 있는 것으로 볼 것.
3. 증거목록, 공판기록 또는 증거기록 중 '생략' 또는 '기재생략'이라고 표시된 부분에는 법에 따른 절차가 진행되어 그에 따라 적절한 기재가 있는 것으로 볼 것.
4. 공판기록과 증거기록에 첨부하여야 할 일부 서류 중 '생략' 표시가 있는 것, 증인선서서와 수사기관의 조서에 첨부하여야 할 '수사과정확인서'는 적법하게 존재하는 것으로 볼 것(<u>증거기록 마지막에 생략된 증거와 그 요지를 거시하였음</u>).
5. 송달이나 접수, 통지, 결재가 필요한 서류는 모두 적법한 절차를 거친 것으로 볼 것.
6. 기재된 날짜가 공휴일인지는 고려하지 말 것.

【검토의견서 양식】

검토의견서(60점)

사 건 2025고단259 특수절도 등
피고인 김갑동

Ⅰ. 피고인 김갑동에 대하여
    1. 특수절도의 점
    2. 증거은닉의 점
    3. 업무방해의 점
    4. 성매매알선등행위의처벌에관한법률위반(성매매알선등)의 점
    5. 모욕의 점

※ **평가제외사항**
    - <u>공소사실의 요지, 정상관계, 피고인 김갑동에 대한 도로교통법위반(음주운전) 부분 (답안지에 기재하지 말 것)</u>

2025. 10. 18.

피고인 김갑동의 변호인 법무법인 공정 담당변호사 김힘찬 ㉑

【변론요지서 양식】

변론요지서(40점)

사 건 2025고단259 특수절도 등
피고인 이을녀

Ⅱ. 피고인 이을녀에 대하여
    1. 공갈의 점
    2. 사기의 점
    3. 도로교통법위반(음주운전)방조의 점
    4. 성폭력범죄의처벌등에관한특례법위반(카메라등이용촬영)의 점
    5. 경범죄처벌법위반의 점

※ **평가제외사항**
    - <u>공소사실의 요지, 정상관계, 피고인 이을녀에 대한 특수절도, 증거은닉 부분 (답안지에 기재하지 말 것)</u>

2025. 10. 18.

피고인 이을녀의 변호인 법무법인 세계 담당변호사 이사랑 ㉑

[참고 조문]

■ 「성매매알선 등 행위의 처벌에 관한 법률」

제19조(벌칙) ① 다음 각 호의 어느 하나에 해당하는 사람은 3년 이하의 징역 또는 3천만원 이하의 벌금에 처한다.
1. 성매매알선 등 행위를 한 사람
2. 성을 파는 행위를 할 사람을 모집한 사람
3. 성을 파는 행위를 하도록 직업을 소개·알선한 사람
② 다음 각 호의 어느 하나에 해당하는 사람은 7년 이하의 징역 또는 7천만원 이하의 벌금에 처한다.
1. 영업으로 성매매알선 등 행위를 한 사람
2. 성을 파는 행위를 할 사람을 모집하고 그 대가를 지급받은 사람
3. 성을 파는 행위를 하도록 직업을 소개·알선하고 그 대가를 지급받은 사람

■ 「경범죄 처벌법」

제3조(경범죄의 종류) ① 다음 각 호의 어느 하나에 해당하는 사람은 10만원 이하의 벌금, 구류 또는 과료(科料)의 형으로 처벌한다.
12. (노상방뇨 등) 길, 공원, 그 밖에 여러 사람이 모이거나 다니는 곳에서 함부로 침을 뱉거나 대소변을 보거나 또는 그렇게 하도록 시키거나 개 등 짐승을 끌고 와서 대변을 보게 하고 이를 치우지 아니한 사람

제8조(범칙금의 납부) ① 제7조에 따라 통고처분서를 받은 사람은 통고처분서를 받은 날부터 10일 이내에 경찰청장·해양경찰청장 또는 철도특별사법경찰대장이 지정한 은행, 그 지점이나 대리점, 우체국 또는 제주특별자치도지사가 지정하는 금융기관이나 그 지점에 범칙금을 납부하여야 한다. 다만, 천재지변이나 그 밖의 부득이한 사유로 말미암아 그 기간 내에 범칙금을 납부할 수 없을 때에는 그 부득이한 사유가 없어지게 된 날부터 5일 이내에 납부하여야 한다.
② 제1항에 따른 납부기간에 범칙금을 납부하지 아니한 사람은 납부기간의 마지막 날의 다음 날부터 20일 이내에 통고받은 범칙금에 그 금액의 100분의 20을 더한 금액을 납부하여야 한다.
③ 제1항 또는 제2항에 따라 범칙금을 납부한 사람은 그 범칙행위에 대하여 다시 처벌받지 아니한다.

제9조(통고처분 불이행자 등의 처리) ① 경찰서장, 해양경찰서장 및 제주특별자치도지사는 다음 각 호의 어느 하나에 해당하는 사람에 대하여는 지체 없이 즉결심판을 청구하여야 한다. 다만, 즉결심판이 청구되기 전까지 통고받은 범칙금에 그 금액의 100분의 50을 더한 금액을 납부한 사람에 대하여는 그러하지 아니하다.
1. 제7조제1항 각 호의 어느 하나에 해당하는 사람
2. 제8조제2항에 따른 납부기간에 범칙금을 납부하지 아니한 사람

서울중앙지방법원
구공판 형사제1심소송기록

구속만료		미결구금
최종만료		
대행 갱신 만료		

기일	사건번호	2025고단259	담임	제24단독	주심	가
1회기일 9/26 10:00 2회 10/10 14:00 3회 12/10 14:00	사 건 명	가. 특수절도 나. 공갈 다. 사기 라. 성매매알선등행위의처벌에관한법률위반(성매매알선등) 마. 성폭력범죄의처벌등에관한특례법위반(카메라등이용촬영) 바. 업무방해 사. 증거은닉 아. 도로교통법위반(음주운전) 자. 도로교통법위반(음주운전)방조 차. 모욕 카. 경범죄처벌법위반				
	검 사	이재화		2025형제1987호		
	공소제기일	2025. 9. 6.				
	피 고 인	1. 가. 라. 바. 사. 아. 차. 김갑동 2. 가. 나. 다. 마. 사. 자. 카. 이을녀				
	변 호 인	사선 법무법인 공정 담당변호사 김힘찬(피고인 김갑동) 사선 법무법인 세계 담당변호사 이사랑(피고인 이을녀)				

확 정	
보존종기	
종결구분	
보 존	

완결 공람	담임	과장	국장	주심판사	재판장

※ 기록표지 이면(접수공람, 공판준비절차, 법정 외에서 정하는 기일 기재란) 및 기록 목록 생략

증 거 목 록 (증거서류 등)
2025고단259

① 김갑동
② 이을녀

2025형제1987호　　　　　　　　　　　　　　　　　　　　　신청인: 검사

순번	증거방법 작성	쪽수(수)	쪽수(증)	증거명칭	성명	참조사항등	신청기일	증거의견 기일	증거의견 내용	증거결정 기일	증거결정 내용	증거조사기일	비고
1	사경	생략		수사보고(주취운전자 정황보고)	오경장	기재생략	1	1	①○ ②○	기재생략			
2	〃	25		주취운전자 적발보고서	오경장		1	1	①○ ②○				
3	〃	26		진술조서	강순애		1	1	①○ ②×				
4	〃	27		신고서	김장식		1	1	①○ ②○				입증취지 부인
5	〃	28		진술조서	박병남		1	1	①× ②×				
6	〃	29		피의자신문조서	김갑동		1	1	①○ ②○				
7	〃	32		고소장	이지론(주)		1	1	②○				
7-1	〃	생략		- 대출 신청서 사본	이지론(주) 외 1		1	1	②○				
8	〃	33		수사보고(범칙금납부통고서 첨부)	이경위		1	1	②○				입증취지 부인
9	〃	34		피의자신문조서	이을녀		1	1	①○ ②○				
10	〃	36		수사보고(단속경위 및 현장사진, 녹음CD 첨부)	이경위		1	1	①○				
10-1	〃	생략		- 현장녹음 CD			1	1	①×				CD를 재생하여 청취
10-2	〃	생략		- 업소시설 및 콘돔 사진			1	1	①×				
11	〃	생략		녹취록			1	1	①×				
12	〃	37		진술서	이을녀		1	1	①×				
13	〃	생략		진술서	이영신		1	1	①○				입증취지 부인
14	〃	생략		진술서	홍길동		1	1	①○				입증취지 부인
15	〃	생략		임대차계약서 사본	김갑동외1		1	1	①○				
16	〃	38		피의자신문조서(2회)	김갑동		1	1	①○				

※ 증거의견 표시 - 피의자신문조서: 인정 ○, 부인 ×
　　　　　　　　　(여러 개의 부호가 있는 경우, 적법성/성립/임의성/내용의 순서임)
　　　　　　　- 기타 증거서류: 동의 ○, 부동의 ×
　　　　　　　- 진술이 특히 신빙할 수 있는 상태 하에서 행하여졌다는 점 부인 : "특신성 부인"(비고란 기재)
※ 증거결정 표시: 채 ○, 부 ×
※ 증거조사 내용은 제시, 낭독(내용고지, 열람)

증거목록 (증거서류 등)

2025고단259

2025형제1987호

① 김갑동
② 이을녀

신청인: 검사

순번	증거방법 작성	쪽수(수)	쪽수(증)	증거명칭	성명	참조사항등	신청기일	증거의견 기일	증거의견 내용	증거결정 기일	증거결정 내용	증거조사기일	비고
17	검사	41		피의자신문조서	김갑동	기재생략	1	1	① ○ ② ○○○×	기재생략			
18	〃	생략		고소장	김철수		1	1	② ○				
19	〃	43		진술조서	김철수		1	1	② ○				
20	〃	생략		고소장	이영역		1	1	② ○				
21	〃	44		진술조서	이영역		1	1	② ○				
22	〃	생략		압수조서 및 압수목록	최경위		1	1	② ○				
23	〃	45		피의자신문조서	이을녀		1	1	① × ② ○				
24	〃	47		피의자신문조서(2회)	김갑동		1	1	① ○				
25	〃	48		수사보고(박병남 출입국내역 확인 및 진술 청취)	강호석		1	1	① × ② ×				진술청취부분 진술청취부분
25-1	〃	생략		- 출입국내역조회			1	1	① ○ ② ○				
26	〃	49		형사조정조서	전미리, 이호수, 김장호, 김갑동		1	1	① × ② ×				
27	〃	생략		예금거래신청서	김갑동		1	1	① ○				
27-1	〃	생략		금융거래복석확인서	김갑동		1	1	① ○				
27-2	〃	생략		사업자등록증			1	1	① ○				
28	〃	생략		범죄경력자료조회회보서	김갑동		1	1	① ○				
29	〃	생략		범죄경력자료조회회보서	이을녀		1	1	② ○				

※ 증거의견 표시 - 피의자신문조서: 인정 ○, 부인 ×
　　　　　　　　(여러 개의 부호가 있는 경우, 적법성/성립/임의성/내용의 순서임)
　　　　　　 - 기타 증거서류: 동의 ○, 부동의 ×
　　　　　　 - 진술이 특히 신빙할 수 있는 상태 하에서 행하여졌다는 점 부인 : "특신성 부인"(비고란 기재)
※ 증거결정 표시: 채 ○, 부 ×
※ 증거조사 내용은 제시, 낭독(내용고지, 열람)

증거목록(증인 등)

2025형제1987호

① 김갑동
② 이을녀
신청인: 검사

증거방법	쪽수(공)	입증취지 등	신청기일	증거결정 기일	증거결정 내용	증거조사기일	비고
휴대전화 (증제1호)		기재생략	1	1	기재생략	2025. 9. 26. 10:00 (실시)	
증인 강순애	18		1	1		2025. 10. 10. 14:00 (실시)	
증인 박병남			1	1		2025. 10. 10. 14:00 (철회)	
증인 이을녀	19		1	1		2025. 10. 10. 14:00 (실시)	
증인 전피리	20		1	1		2025. 10. 10. 14:00 (실시)	
증인 이효수	20		1	1		2025. 10. 10. 14:00 (실시)	
증인 김장호	20		1	1		2025. 10. 10. 14:00 (실시)	

증거목록(증거서류 등)

2025형제1987호

① 김갑동
② 이을녀
신청인: 피고인 및 변호인

순번	작성	쪽수(수)	쪽수(공)	증거명칭	성명	참조사항 등	신청기일	증거의견 기일	증거의견 내용	증거결정 기일	증거결정 내용	증거조사기일	비고
1			22	약식명령등본			3	3	○		기재생략		② 신청
2			생략	대법원 나의사건검색 출력물			3	3	○				② 신청

서울중앙지방검찰청

2025. 9. 6.

사건번호 2025년 형제1987호
수 신 자 서울중앙지방법원   발 신 자
                              검 사   이재화 *이재화* (인)

제 목 공소장
아래와 같이 공소를 제기합니다.

I. 피고인 관련사항

1. 피 고 인   김갑동 (770103-1*****), 48세
             직업 자영업, 010-****-****
             주거 서울 서초구 강남대로 3 402호
             등록기준지 (생략)

   죄   명   특수절도, 성매매알선등행위의처벌에관한법률위반(성매매알선등), 업무방해, 증거은닉, 도로교통법위반(음주운전), 모욕

   적용법조 형법 제331조 제2항, 제1항, 성매매알선 등 행위의 처벌에 관한 법률 제19조 제2항 제1호, 형법 제314조 제1항, 제155조 제1항, 도로교통법 제148조의2 제3항 제2호, 제44조 제1항, 형법 제311조, 제30조, 제40조, 제37조, 제38조

   구속여부 불구속
   변 호 인 법무법인 공정 담당변호사 김힘찬

2. 피 고 인   이을녀 (860204-2*****), 39세
             직업 무직, 010-****-****
             주거 서울 서초구 사평대로 19길의2, 107호
             등록기준지 (생략)

   죄   명   특수절도, 공갈, 사기, 성폭력범죄의처벌등에관한특례법위반(카메라등이용촬영), 증거은닉, 도로교통법위반(음주운전)방조, 경범죄처벌법위반

   적용법조 형법 제331조 제2항, 제1항, 제350조 제1항, 제347조 제1항, 성폭

력범죄의 처벌 등에 관한 특례법 제14조 제1항, 형법 제155조 제1항, 도로교통법 제148조의2 제3항 제2호, 제44조 제1항, 경범죄처벌법 제3조 제1항 제12호, 형법 제30조, 제32조 제1항, 제40조, 제37조, 제38조

구속여부   불구속
변 호 인   법무법인 세계 담당변호사 이사랑

Ⅱ. 공소사실

1. 피고인들의 공동범행

피고인들은 2025. 2. 15.경 서울 서초구 신반포로 2에 있는 서초장례식장에서 발생하였던 피고인 김갑동이 연루된 폭행 사건과 관련하여 피고인 김갑동이 처벌을 받을 것을 우려하여 위 싸움 장면이 촬영된 CCTV 본체를 가져가 없애기로 마음먹었다.

피고인 김갑동은 2025. 2. 20. 00:13경 피고인이 운행하는 싼타페 승용차에 피고인 이을녀를 태워 위 장례식장 현관 앞에 도착한 후 먼저 하차하여 CCTV 본체가 설치되어 있던 위 장례식장 1층 사무실에 들어가고, 피고인 이을녀는 위 승용차에서 내려 주변을 감시하였다. 계속하여 피고인 김갑동은 같은 날 00:19경 위 사무실에 있던 위 장례식장을 운영하던 피해자 김장식 소유의 시가 150만 원 상당의 CCTV 본체 1대를 위 승용차에 실은 후 가져갔다.

이로써 피고인들은 합동하여 피해자 소유의 재물을 절취함과 동시에 공모하여 타인의 형사사건에 관한 증거를 은닉하였다.

2. 피고인 김갑동

가. 도로교통법위반(음주운전)

피고인은 2025. 2. 20. 02:00경 서울 서초구 강남대로 20길 22 앞 도로에서부터 같은 구 동산로 13길에 있는 안남고등학교 앞 도로에 이르기까지 약 2km 구간에서 혈중알코올농도 0.135%의 술에 취한 상태로 123버4567호 싼타페 승용차를 운전하였다.

나. 업무방해

은행에서 법인명의 계좌를 개설하는 경우 당해 계좌가 금융범죄 등에 사용되는 경우 은행으로서는 과실 여부에 따라 손해배상책임을 부담해야 하므로 당해 법인이 정상적인 법인인지 여부 및 당해 계좌가 정상적인 금융거래 목적으로 사용되는지 여부 등은 은행의 계좌개설 업무에 있어서 중요한 확인사항이고, 해당 은행은 통장양도의 불법성에 관하여 고객에게 확인하고 금융거래목적확인서를 징수하는 등 목적이 불분명한 경우 계좌개설을 거절하고 있다.

피고인은 2025. 2. 25.경 서울 서초구 사임당로 32에 있는 삼호은행 서초동지점에서, 사실은 유한회사 세웅수산의 법인명의 계좌를 개설하여 그 계좌와 연결된 접근매체를

성명불상자에게 대여하려는 목적이었음에도 불구하고, '타인으로부터 대출 또는 취업 등의 목적으로 통장 대여를 요청받은 사실이 있습니까?'라는 질문지에 허위로 '아니오'라고 기재하는 등, 마치 정상적인 법인 운영에 필요한 계좌를 개설하는 것처럼 위 회사의 사업자등록증 등을 피해자인 위 은행 계좌개설 담당 직원에게 제출하면서 유한회사 세웅수산 명의의 계좌 개설을 신청한 다음, 위 계좌와 연결된 통장 등을 발급받았다.

이로써 피고인은 위계로써 은행의 계좌개설 업무를 방해하였다.

다. 성매매알선등행위의처벌에관한법률위반(성매매알선등)

누구든지 영업으로 성매매알선 등 행위를 하여서는 아니 된다.

피고인은 서울 서초구 사임당로 13길, 3층에 있는 피고인 운영의 '만남'에서 이을녀, 이영신 등 성매매 여성을 상주시키고 침구, 콘돔 등을 갖추어 놓은 뒤, 2025. 2. 27. 20:00경 손님으로 가장한 남성 경찰관에게서 대금 21만 원을 받고 내실로 안내한 다음 이을녀를 들여보내 성교행위를 하도록 하여 영업으로 성매매를 알선하였다.

라. 모욕

피고인은 2025. 2. 27. 20:00경 위 다항 기재 '만남'에서 여종업원인 피해자 이을녀(여, 39세)가 경찰관에게 피고인이 성매매업소를 운영하였다고 사실대로 진술하자 화가 나, 경찰관, 불특정 다수 손님이 지켜보고 있는 가운데 "야 이 바보 병신아, 미친년아. 그걸 다 말하면 어쩌냐! 어디서 주둥이를 함부로 놀리고 있어!"라고 말하여 공연히 피해자를 모욕하였다.

3. 피고인 이을녀

가. 공갈

피고인은 김갑동이 운영하는 성매매업소의 종업원으로, 피해자 김철수(남, 34세)로부터 돈을 받고 성교행위를 한 사실을 빌미로 피해자의 부인에게 성매매 업소에 방문한 것을 알릴 것처럼 협박하여 금원을 갈취하기로 마음먹었다.

피고인은 2024. 12. 27. 22:00경 서울 서초구 사임당로 13길, 3층에 있는 '만남'에서 피해자에게 전화하여 "성매매를 한 증거를 가지고 있다. 성매매 업소에 자주 오는 사실을 부인에게 알리고 싶지 않으면 100만 원을 달라."고 말하였다.

피고인은 이와 같이 피해자를 공갈하여 이에 겁을 먹은 피해자로부터 같은 날 23:00경 피고인의 계좌로 100만 원을 송금받았다.

나. 사기

피고인은 2025. 1. 21.경 서울 서초구 사임당로 12길 소재 상호불상의 카페에서 피고인의 휴대전화에 설치된 피해자 이지론 주식회사의 애플리케이션을 통해 '대출금액 10,000,000원, 금리 연 18.5%, 대출기간 24개월'의 조건으로 카드 대출신청을 하였다.

그러나 사실 피고인은 같은 날 동시다발적으로 카드 대출을 받는 경우 대출정보가 서로 공유되지 않는다는 점을 이용하여 다수의 카드사로부터 동시에 1억 원 상당의 대출을 받을 생각이었고, 당시 사채 채무가 1억 원 상당에 달하였으며, 지인들에 대한 채무 또한 1억 원 상당에 육박한 상태로 매월 변제하여야 하는 카드 대출 원리금 채무가 피고인의 월수입을 초과하는 등 정상적으로 대출금을 반환할 의사나 능력이 없었다. 그럼에도 불구하고 피고인은 위와 같이 피해자 회사를 기망하여 이에 속은 피해자 회사로부터 2025. 1. 21.경 차용금 명목으로 10,000,000원을 피고인 명의의 신한은행 계좌로 송금받아 편취하였다.

다. 도로교통법위반(음주운전)방조

피고인은 2025. 2. 20. 02:00경 서울 서초구 강남대로 20길 22 앞 도로에서, 김갑동과 함께 술을 먹어 김갑동이 술에 취한 상태임을 잘 알고 있음에도 김갑동 소유의 승용차를 주차해둔 곳으로 김갑동을 안내한 다음, 김갑동은 운전석에 승차하고 피고인은 조수석에 함께 탑승하여, 위 장소에서부터 같은 구 동산로 13길에 있는 안남고등학교 앞 도로에 이르기까지 약 2km 구간에서 혈중알코올농도 0.135%의 술에 취한 상태로 123버4567호 싼타페 승용차를 운전하게 하였다.

이로써 피고인은 김갑동의 음주운전 행위를 용이하게 하여 방조하였다.

라. 성폭력범죄의처벌등에관한특례법위반(카메라등이용촬영)

피고인은 2025. 2. 26. 23:00경 서초구 사임당로 13길, 3층에 있는 '만남'에서 피고인의 휴대전화를 이용하여 피해자 이영역(남, 32세)과 영상통화를 하면서, 피해자가 나체로 샤워하는 모습을 피해자의 의사에 반하여 위 휴대전화에 내장된 화면 녹화 기능을 이용하여 녹화하는 방법으로 성적 욕망 또는 수치심을 유발할 수 있는 사람의 신체를 촬영대상자의 의사에 반하여 촬영하였다.

마. 경범죄처벌법위반

피고인은 2022. 9. 6.경 CU 편의점 옆 골목에서 경범죄 처벌법 제3조 제1항 제12호 '노상방뇨 등'을 하였다.

III. 첨부서류

1. 현행범인체포서 1부(첨부 생략)
2. 피의자석방서 1부(첨부 생략)
3. 변호인선임서 2부(첨부 생략)

서울중앙지방법원
공판조서

제 1 회

사　　　건　　2025고단259 특수절도 등

재판장 판사　　공명정　　　　　　　　　　　　기　　일 :　2025. 9. 26. 10:00
　　　　　　　　　　　　　　　　　　　　　　장　　소 :　　제202호　법정
　　　　　　　　　　　　　　　　　　　　　　공개여부 :　　　　　　공개

법 원 주 사　　명정대　　　　　　　　　　　　고 지 된
　　　　　　　　　　　　　　　　　　　　　　다음기일 :　2025. 10. 10. 14:00

피　고　인　　1. 김갑동　　2. 이을녀　　　　　　　　　　　　　　각 출석
검　　　사　　정의감　　　　　　　　　　　　　　　　　　　　　　출석
변　호　인　　법무법인 공정 담당변호사 김힘찬(피고인 1을 위하여)　　각 출석
　　　　　　　법무법인 세계 담당변호사 이사랑(피고인 2를 위하여)

재판장

　　피고인들은 진술을 하지 아니하거나 각개의 물음에 대하여 진술을 거부할 수 있고, 이
　　익되는 사실을 진술할 수 있음을 고지

재판장의 인정신문

　　　성　　　명 : 김갑동, 이을녀
　　　주민등록번호, 직업, 주거, 등록기준지 : 각 공소장 기재와 같음

재판장

　　피고인들에 대하여

　　주소가 변경될 경우에는 이를 법원에 보고할 것을 명하고, 소재가 확인되지 않을 때에
　　는 그 진술 없이 재판할 경우가 있음을 경고

검　사

　　공소장에 의하여 공소사실, 죄명, 적용법조 낭독

피고인 김갑동

　　공소사실 제1항 중 특수절도의 경우 저 혼자 CCTV 본체를 훔친 것이지 이을녀는 가
　　져가는 것을 알지 못했습니다. 나머지 공소사실은 모두 인정합니다.

피고인 김갑동의 변호인

　　공소사실 제1항 중 특수절도의 경우 이을녀와 공모하거나 실행행위를 분담하지 않았
　　고, 공소사실 제2의 다.항 부분 관련 성매매업소 현장에서 영장도 없이 실시한 현장녹
　　음 및 업소시설과 콘돔을 영장 없이 촬영한 사진 등은 모두

증거능력이 없고, 진술거부권을 고지 받지 않은 이을녀의 진술서는 위법하게 수집된 증거로 증거능력이 없습니다. 나머지는 피고인을 위하여 유리한 변론을 하다(변론기재 생략).

피고인 이을녀

공소사실 제1항 특수절도 및 증거은닉은 모르는 일이고, 제3의 다.항 음주운전 방조는 당시 취해서 전혀 기억이 나지 않고, 제3의 마.항의 경우 대체 정확히 어디서, 무엇을 했다는 것인지 전혀 기억나지 않으므로 공소사실을 부인하고, 나머지 공소사실 제3의 가.항, 나.항, 라.항은 인정합니다.

피고인 이을녀의 변호인

공소사실 제1항의 범행에 가담하지 않았고, 공소사실 제3의 다.항의 경우 피고인이 술에 만취하여 김갑동의 음주운전 방조의 고의가 없었고, 공소사실 제3의 마.항의 경우 피고인이 오래 전이라 기억이 나지 않는다고 합니다. 나머지는 피고인을 위하여 유리한 변론을 하다(변론기재 생략).

재판장

증거조사를 하겠다고 고지

증거관계 별지와 같음(검사)

재판장

피고인 김갑동 및 그 변호인에게

현장 녹음, 녹취록, 업소시설과 콘돔을 찍은 사진 등의 진정성에 대해서도 다툰다는 취지인가요.

피고인 김갑동의 변호인

아니오, 진정성립에 대해서는 인정하겠습니다.

재판장

각 증거조사 결과에 대하여 의견을 묻고 권리를 보호하는 데에 필요한 증거조사를 신청할 수 있음을 고지

소송관계인

별 의견 없다고 진술

재판장

변론속행(증인신문을 위하여)

2025. 9. 26.

법원주사   명정대 ㉑

재판장 판사   공명정 ㉑

증 인 신 청 서

사건번호   2025고단259 특수절도 등
피 고 인   1. 김 갑 동
          2. 이 을 녀

검사는 위 사건에 관하여 다음과 같이 증인을 신청합니다.

다 음

증인 박병남
  가. 전 화 번 호 : + 61 - 478 - 616 - 046
  나. 주   소 : 호주 시드니 이스트우드 NSW 글렌 스트리트 1, A/14, 2122
              (1 A/14 Glen St, Eastwood NSW 2122, Australia)
  다. 입증취지 : 피고인들이 저지른 특수절도 및 증거은닉 범행을 목격한 사람입니다.

2. 증인 이을녀
  가. 전 화 번 호 : + 82 - 10 - 8342 - 2381
  나. 주   소 : 서울 서초구 사평대로 19길의2, 107호
  다. 입증취지 : 증인은 피고인 김갑동의 성매매알선등행위의처벌에관한법률위반(성매매알선등)죄와 관련된 성매매업소의 종업원으로 근무한 사람입니다.

3. 신문사항
  추후 공판기일에 제출하도록 하겠습니다.

2025. 9. 27.

검사 정의감 (인)

서울중앙지방법원 형사 제24단독 귀중

증인 불출석사유서

사건번호   2025고단259 특수절도 등
피 고 인   1. 김 갑 동
          2. 이 을 녀

위 사건에 관하여 채택된 증인은 아래와 같은 사유로 불출석사유서를 제출합니다.

아 래

증인은 현재 호주에 거주하고 있고, 비자(Visa) 조건이 외국 또는 대한민국으로 방문을 하였을 시 3년간 호주 입국을 할 수 없는 임시 체류 비자 'E'라는 조건으로 있어 피고인에 대한 재판에 증인으로 참석이 불가능합니다.

첨 부 서 류

1. 통지서 사본[호주 이민청(Department of Immigration and Border Protection) 발급]통지서 사본에는 박병남의 비자 종류가 'Bridging E visa'로, 비자 등급이 'W.E. General(subclass 050)'로 기재되어 있는 사실 (첨부 생략)

2025. 10. 1.

증인 박 병 남 (인)

서울중앙지방법원 형사 제24단독 귀중

서 울 중 앙 지 방 법 원
공 판 조 서

제 2 회
사　　　건　　2025고단259 특수절도 등
재판장 판사　　공명정　　　　　　　　　　기　　일 : 2025. 10. 10. 14:00
　　　　　　　　　　　　　　　　　　　　　장　　소 :　　　　　　제202호 법정
　　　　　　　　　　　　　　　　　　　　　공개여부 :　　　　　　　　　　공개
법원주사　명정대　　　　　　　　　　　　고 지 된 :
　　　　　　　　　　　　　　　　　　　　　다음기일 :　　　2025. 12. 10. 14:00

피　고　인　1. 김갑동　　2. 이을녀　　　　　　　　　　　　　　　각 출석
검　　　사　정의감　　　　　　　　　　　　　　　　　　　　　　　　출석
변　호　인　법무법인 공정 담당변호사 김힘찬(피고인 1을 위하여)　　각 출석
　　　　　　법무법인 세계 담당변호사 이사랑(피고인 2를 위하여)
증　　　인　강순애　　　　　　　　　　　　　　　　　　　　　　　　출석
　　　　　　박병남　　　　　　　　　　　　　　　　　　　　　　　불출석
　　　　　　이을녀　　　　　　　　　　　　　　　　　　　　　　　　출석
　　　　　　전미리,이호수,김장호　　　　　　　　　　　　　　　　각출석

재판장

　　전회 공판심리에 관한 주요사항의 요지를 공판조서에 의하여 고지

소송관계인

　　변경할 점이나 이의할 점이 없다고 진술

재판장

　　박병남이 외국에 거주하고 비자 문제로 재판에 증인으로 참석이 불가능하다는 이유로 불출석사유서를 제출하였고, 향후에도 불출석할 것으로 보이는데 박병남에 대한 증인신청을 유지하는지 검사에게 질문

검사

　　증인신청을 철회한다고 진술

재판장

　　증거조사를 하겠다고 고지

출석한 증인 강순애를 별지와 같이 신문

피고인 이을녀에 대한 변론을 분리하겠다고 고지
출석한 증인 이을녀를 별지와 같이 신문
피고인 이을녀에 대한 변론을 병합한다고 고지
출석한 증인 전미리, 이호수, 김장호를 별지와 같이 신문
증거관계 별지와 같음(검사, 변호인)

재판장
각 증거조사 결과에 대한 의견을 묻고 권리를 보호하는 데 필요한 증거조사를 신청할 수 있음을 고지

소송관계인
별 의견 없으며 달리 신청할 증거도 없다고 각각 진술

재판장
증거조사를 마치고 피고인신문을 하겠다고 고지

검 사
피고인 김갑동에게
문 피고인 이을녀가 피고인이 음주운전 하는 것을 도운 사실이 있나요.
답 네, 이을녀도 저와 함께 술을 마시긴 하였지만 많이 취한 상태는 아니었습니다. 저에게 운전해서 집으로 가자고 말하며 차를 주차해 둔 곳까지 저를 데리고 간 후, 이을녀는 조수석에 탑승하였습니다.

피고인 이을녀의 변호인
문 경찰조사 시에는 피고인 이을녀가 술에 만취하여 정신이 없었다고 대답하였으나, 이을녀가 음주운전을 방조하였다고 진술을 바꾼 이유가 무엇인가요.
답 진술을 바꾼 것이 아니라, 당시 여자친구였던 이을녀를 보호하려다 보니 사실대로 말하지 않았던 것입니다. 이후 사실대로 진술하는 것이 맞다고 판단하여 사실대로 진술하게 된 것입니다.

재판장
피고인신문을 마쳤음을 고지
변론 속행(변론 준비를 위한 검사, 변호인들의 요청으로)

2025. 10. 10.

법원주사　　　　　　명정대 ㊞

재판장 판사　　　　　공명정 ㊞

서울중앙지방법원
증인신문조서(제2회 공판조서의 일부)

사 건	2025고단259 특수절도 등
증 인	이 름 강순애
	생년월일 및 주거 (각 생략)

재판장

증언거부권 부분, 위증의 벌 경고 부분, 선서 부분, 다른 증인 퇴정 부분(각 생략)

검 사

문 증거목록 순번 3을 제시하여, 열람하게 하고) 증인은 사실대로 작성하여 서명, 날인하고, 수사기관에서 사실대로 진술하고 진술한 대로 기재된 것을 확인하고 서명, 날인하였는가요.

답 네, 그렇습니다.

문 증인은 청포식당에서 종업원으로 일하고 있었지요.

답 네, 그렇습니다.

문 증인은 2020. 2. 20. 00:30경 피고인 김갑동, 이을녀가 위 식당에 들어와서 함께 술을 마시는 것을 보았나요.

답 네, 제가 주문을 받고 손님들인 피고인들에게 소주, 맥주 여러 병을 가져다 주었고, 피고인들이 음식과 함께 술을 마시는 것을 보았습니다.

피고인 이을녀의 변호인

문 증인은 피고인 이을녀가 2020. 2. 20. 01:30경 위 식당에서 떠날 때 어떤 상태였는지 보았는가요.

답 네, 피고인 이을녀는 당시 만취하여 식당 탁자에 엎드려 잠을 자고 있었고, 피고인 김갑동이 혼자 계산을 한 후 피고인 이을녀를 부축하여 데리고 나가는 것을 보았습니다.

2025. 10. 10.

법 원 주 사   명정대 ㉑

재판장 판사   공명정 ㉑

서울중앙지방법원
증인신문조서(제2회 공판조서의 일부)

사 건   2025고단259 특수절도 등
증 인   이 름   이을녀
        생년월일 및 주거 (각 생략)

재판장
증언거부권 부분, 위증의 벌 경고 부분, 선서 부분, 다른 증인 퇴정 부분(각 생략)

검 사
문   (증거목록 순번 12를 제시하여, 열람하게 하고) 증인은 사실대로 작성하여 서명, 날인하였나요.
답   네, 그렇습니다.

피고인 김갑동의 변호인
문   증인은 피고인 김갑동이 운영하던 성매매업소가 단속되던 현장에 있었지요.
답   네, 저는 당시 그곳에서 종업원으로 근무하고 있었습니다.
문   경찰관이 단속 당시 현장에서 녹음을 하거나 콘돔을 비롯한 현장을 촬영하였지요.
답   네, 현장에서 대화를 녹음하였고, 업소 시설과 콘돔을 사진 찍었습니다.
문   경찰관이 성매매업소를 단속할 당시에 영장을 제시한 사실이 있나요.
답   아니오, 그 당시에 영장을 보여준 사실은 없습니다.
문   증인은 그 무렵 '단속될 당시 성매매를 하려고 하였다'는 내용의 진술서를 작성하였는데, 그 작성 당시 경찰관으로부터 진술거부권을 고지받았나요.
답   아니오, 고지 받은 기억이 없습니다.

2025. 10. 10.

법 원 주 사   명정대 ㊞
재판장 판사   공명정 ㊞

서 울 중 앙 지 방 법 원
증인신문조서(제2회 공판조서의 일부)

사　건　　2025고단259　특수절도 등
증　인　　이　름　　전미리, 이호수, 김장호
　　　　　생년월일 및 주거 (각 생략)

재판장
　증언거부권 부분, 위증의 벌 경고 부분, 선서 부분, 다른 증인 퇴정 부분(각 생략)

검　사
문　(증거목록 순번 26을 제시하여, 열람하게 하고) 증인들은 사실대로 작성하여 각 서명, 날인하였나요.
답　네, 그렇습니다.

(신문사항 생략)

　　　　　　　　　　2025. 10. 10.

　　　　　법 원 주 사　　　　명정대 ㊞
　　　　　재판장 판사　　　　공명정 ㊞

증 거 신 청 서

사 건   2025고단259호   특수절도 등
피고인   이을녀

위 사건에 관하여 피고인 이을녀의 변호인은 피고인의 이익을 위하여 다음 증거서류를 증거로 신청합니다.

다 음

1. 약식명령등본 1부
2. 대법원 나의사건검색 출력물 1부(2025고약7777 공갈 등 사건이 2025. 10. 15. 확정되었다는 취지로 서식 생략). 끝.

2025. 10. 16.

피고인 이을녀의 변호인
법무법인 세계 담당 변호사   이사랑 ㊞

서울중앙지방법원 형사 제24단독 귀중

서 울 중 앙 지 방 법 원
약 식 명 령

사 건	2025고약7777 협박 등	
피 고 인	이을녀 (인적사항 생략)	2025. 10. 15. 확정 서울중앙지방검찰청 검찰주사보 배수지 ㉑

주 형 과 피고인을 벌금 5,000,000(오백만)원에 처한다.
부수처분 피고인이 위 벌금을 납입하지 않는 경우 금 100,000원을 1일로 환산한 기간 피고인을 노역장에 유치한다.

피고인에 대하여 위 벌금에 상당한 금액의 가납을 명한다.

범죄사실 별지 기재와 같다.

적용법령 전자금융거래법 제49조 제4항 제2호, 제6조 제3항 제2호, 형법 제283조 제1항, 형법 제37조, 제38조, 형사소송법 제334조 제1항

검사 또는 피고인은 이 명령등본을 송달받은 날로부터 7일 이내에 정식재판을 청구할 수 있습니다.

> 등본임.
> 2025. 10. 16.
> 서울중앙지방검찰청
> 검찰주사보 한가인 ㉑

2025. 9. 25.

판 사 임 주 혜

(별지)

범 죄 사 실

1. 전자금융거래법위반

피고인은 2025. 2. 25. 서울 서초구 사임당로 32에 있는 서초우체국 삼호은행 출장소에서 대출을 받는 대가로 삼호은행 계좌와 연결된 체크카드를 성명불상자에게 보내주는 방법으로 접근매체를 대여하였다.

2. 협박

피고인은 2024. 12. 27. 22:00 불상지에서 피해자 김철수에게 전화하여 피해자가 성매매를 하는 사실을 부인에게 알리겠다고 협박하였다.

	제 1 책
	제 1 권

서울중앙지방법원
증거서류등(검사)

사건번호	2025고단259	담임	제24단독	주심	가

사건명	가. 특수절도 나. 공갈 다. 사기 라. 성매매알선등행위의처벌에관한법률위반(성매매알선등) 마. 성폭력범죄의처벌등에관한특례법위반(카메라등이용촬영) 바. 업무방해 사. 증거은닉 아. 도로교통법위반(음주운전) 자. 도로교통법위반(음주운전)방조 차. 모욕 카. 경범죄처벌법위반

검 사	이재화	2025형제1987호

피고인	1. 가. 라. 바. 사. 아. 차.　　김갑동 2. 가. 나. 다. 마. 사. 자. 카.　　이을녀

공소제기일	2025. 9. 6.		
1심 선고	20 . .	항소	20 . .
2심 선고	20 . .	상고	20 . .
확 정	20 . .	보존	

				제 1 책	
				제 1 권	

구공판	서울중앙지방검찰청 증 거 기 록				
검 찰	사건번호	2025년 형제1987호	법원	사건번호	2025고단259
	검 사	이재화		판 사	
피 고 인	1. 가. 라. 바. 사. 아. 차.　　김갑동 2. 가. 나. 다. 마. 사. 자. 카.　　이을녀				
죄 명	가. 특수절도 나. 공갈 다. 사기 라. 성매매알선등행위의처벌에관한법률위반(성매매알선등) 마. 성폭력범죄의처벌등에관한특례법위반(카메라등이용촬영) 바. 업무방해 사. 증거은닉 아. 도로교통법위반(음주운전) 자. 도로교통법위반(음주운전)방조 차. 모욕 카. 경범죄처벌법위반				
공소제기일	2025. 9. 6.				
구 속	1. 불구속 2. 불구속		석 방		
변 호 인	1. 법무법인 공정 담당변호사 김힘찬 2. 법무법인 세계 담당변호사 이사랑				
증 거 물					
비 고					

주취운전자 적발보고서				결재	계장	과장	서장
No. 2025-9-1119-00001							
주취운전측정	일시	2025. 2. 20. 02:00		위반유형			
	장소	서울서초경찰서 교통사고조사계 사무실내		■ 단순음주 　　□ 음주사고			
	방법	■ 음주측정기(기기번호 303 　)		□ 채혈검사			
	결과	혈중알콜농도 : 영점일삼오 (0.135%)					
최종음주일시장소	일시	2025. 2. 20. 01:30		음주 20분 경과 후 측정여부	경과		
	장소	서울 서초구 강남대로 20길 22 주점					
구강청정제사용여부		미사용		입헹굼 여부	○		
주취운전자	주소	(생략)		전화	(생략)		
	성명	김갑동		주민등록번호	(생략)		
	차량번호	123버4567호	면허번호	(생략)	차종	(승용), 승합, 특수, 건설기계, 이륜	
참고인	주소	(생략)					
	성명	이을녀(조수석 동승자)		전화	(생략)		
단속자	소속	서울서초경찰서 교통사고조사계					
	계급	경장		성명	오경장		
인수자	소속		계급		성명		

본인은 위 기재내용이 사실과 틀림없음을 확인하고 서명무인함.

운전자　성명　**김갑동** (무인)

확인결재	
일시	위와 같이 주취운전자를 적발하였기에 보고합니다. 2025. 2. 20. 보고자 성명 오 경 장 (인) 서울서초경찰서장　귀하
확인자	
결재	

진 술 조 서

성 명 : 강 순 애	
주민등록번호, 직업, 주거, 등록기준지, 직장 주소, 연락처 (각 생략)	

위의 사람은 김갑동에 대한 특수절도 등 피의사건에 관하여 2025. 2. 20. 서울서초경찰서에 임의출석하여 다음과 같이 진술하다.

[피의자와의 관계, 피의사실과의 관계 등(생략)]

문 진술인은 서울 서초구 강남대로 20길 22에 있는 청포식당의 종업원인가요.

답 네, 맞습니다.

문 2025. 2. 20. 01:30경 식당에서 술을 마신 남녀가 싼타페 승용차에 탑승하는 것을 보았나요.

답 네, 목격했습니다.

문 당시 누가 운전을 하였나요.

답 저는 당연히 대리운전을 할 것이라고 생각했는데, 술을 마신 남자가 운전석 문을 열어서 이상하다고 생각하기는 했습니다.

문 당시 여자는 차량 어디에 탑승하였나요.

답 차량 조수석에 탑승하였습니다.

문 조수석에 탑승한 여자도 남성이 음주운전을 하는 사실을 알고 있었나요.

답 그 남녀가 둘이서 1시간 동안 맥주와 소주를 마셨는데, 당연히 알고 있었겠죠.

문 더 할 말이 있는가요.

답 없습니다. 이런 일로 바쁜 사람 경찰서에 오라가라 하지 마세요.

위의 조서를 진술자에게 열람하게 하였던바 진술한 대로 오기나 증감·변경할 것이 없다고 말하므로 간인한 후 서명 날인하게 하다.

진술자 강순애 ㊞

2025. 2. 20.

서울서초경찰서

사법경찰관 경위 임 정 만 ㊞

신 고 서

성 명   김장식 (인적사항 생략)

1. 피해내역

2025. 2. 20.경 제가 운영하는 서초장례식장 1층 사무실에서 보관 중이던 시가 150만 원 상당 CCTV 본체 1대를 도난 당하였습니다.

2. 경위 등 기타

제가 운영하는 서초장례식장 1층 사무실에서 보관 중이던 CCTV를 누군가 훔쳐 갔다는 말을 관리인 박병남으로부터 듣고 경찰에 도난 신고를 하게 되었습니다. 자세한 경위는 장례식장 관리인 박병남에게 확인해 주시기 바랍니다. CCTV를 돌려받고 싶습니다.

2025. 2. 20.

진술자   김장식 ㊞

서울서초경찰서장 귀중

진 술 조 서

성　　　명 : 박병남
주민등록번호, 직업, 주거, 등록기준지, 직장 주소, 연락처 (각 생략)

위의 사람은 김갑동에 대한 특수절도 등 피의사건에 관하여 2025. 2. 21. 서울서초 경찰서에 임의출석하여 다음과 같이 진술하다.

문　진술인이 관리인으로 있는 서초장례식장에서 2025. 2. 20. 절도 피해를 당하였다고, 업주인 김장식이 경찰에 신고를 한 사실이 있지요.
답　네, 제가 2. 20. 밤 12시쯤에 CCTV를 훔쳐가는 것을 보고 사장님께 보고했습니다.
문　누가 CCTV를 가지고 나갔는지 목격했나요.
답　네, 얼마 전에 저희 장례식장에서 큰 집단 폭행 사건이 있었습니다. 그 때 저도 폭행 사건의 목격자로 조사를 받으면서 폭행 사건에 관여된 사람의 이름과 얼굴을 알게 되었는데, 이번에 CCTV를 훔쳐간 사람은 김갑동이라는 사람입니다.
문　김갑동이 CCTV를 어떻게 훔쳤는가요.
답　2. 20. 00:13경 저는 장례식장 현관 근처에 있는 관리사무소에서 휴식 중이었는데, 앞서 말씀드린 폭행 사건 관련해서 얼굴을 본적 있는 김갑동이 차량 운전석에서 내리더니 장례식장 안으로 들어갔습니다. 조문을 하러 왔나보다 생각했는데, 조수석에서 여자가 내려서 주변을 살피고 있어서 이상하기는 했습니다. 몇 분 뒤에 김갑동이 어떤 물체를 가지고 나와서 여자와 함께 다시 차에 탑승했습니다. 제가 1층 사무실로 달려가 CCTV 본체가 없어진 것을 발견했습니다.
문　조수석에서 내린 여성은 누구인가요.
답　지난 폭행 사건 경찰 조사 때 얼굴을 보았는데, 김갑동의 동거녀인 이을녀인 것으로 알고 있습니다. 그 여자가 차에서 나와서 주변을 살피는 것을 목격했습니다.
문　이상의 진술은 사실인가요.
답　예, 사실대로 진술하였습니다.

위의 조서를 진술자에게 열람하게 하였던바, 진술한 대로 오기나 증감·변경할 것이 전혀 없다고 말하므로 간인한 후 서명날인하게 하다.

진술자 박병남 ㉐

2025. 2. 21.

서울서초경찰서
사법경찰관 경위 임정만 ㉐

피 의 자 신 문 조 서

피 의 자 : 김 갑 동
피의자 김갑동에 대한 특수절도 등 피의사건에 관하여 2025. 2. 23. 서울서초경찰서에서 사법경찰관 경위 임정만은 사법경찰리 순경 서경남을 참여하게 하고, 아래와 같이 피의자임에 틀림없음을 확인하다.

문   피의자의 성명, 주민등록번호, 직업, 주거, 등록기준지 등을 말하십시오.

답   성명은 김갑동(金甲東)

        주민등록번호, 직업, 주거, 등록기준지, 직장 주소, 연락처 (각 생략)

사법경찰관은 피의사건의 요지를 설명하고 사법경찰관의 신문에 대하여 「형사소송법」 제244조의3에 따라 진술을 거부할 수 있는 권리 및 변호인의 참여 등 조력을 받을 권리가 있음을 피의자에게 알려주고 이를 행사할 것인지 그 의사를 확인하다.

[진술거부권 및 변호인 조력권을 고지하고 아직 변호인을 선임하지 아니하여 변호인 참여 없이 진술하기로 함(생략)]

이에 사법경찰관은 피의사실에 관하여 다음과 같이 피의자를 신문하다.

[특수절도, 증거은닉의 점]

문   피의자는 2025. 2. 20. 00:13경 서울 서초구 신반포로 2에 있는 서초장례식장에 간 사실이 있나요.

답   네, 있습니다.

문   무슨 일로 장례식장에 갔나요.

답   장례식장에 조문하러 갔습니다.

문   서초장례식장 관리인이 피의자가 CCTV를 가져오는 것을 봤다고 하는데, 조문을 하러 간 것이 맞나요.

답   (한숨을 쉰 뒤) 물건을 가지러 갔습니다.

문   장례식장 사무실에서 시가 150만 원 상당의 CCTV 본체 1대를 가지고 나왔나요.

답   네, 가지고 나왔습니다.

문   CCTV를 가지고 갈 당시, 차에 동승했던 여자는 이을녀가 맞나요.

답   네, 맞습니다. 그러나 이을녀는 단순히 차에 타고 있었을 뿐이고 CCTV와는 아무 관련이 없습니다.

문 당시 이을녀가 장례식장 밖에서 피의자가 CCTV를 가지고 나올 때까지 망을 본 것이 아닌가요.

답 아닙니다. 전혀 그렇지 않습니다. 저는 이을녀에게 소변이 마려워 잠시 장례식장 화장실에 다녀오겠다고 하고 CCTV를 가지고 나왔습니다.

문 이을녀가 차에서 내려서 주변을 살피는 것을 목격한 사람이 있는데, 이을녀가 망을 본 것이 아닌가요.

답 잠시 차에 나와서 바람을 쐰 것이겠지요. 물건 훔치러 가는 것이 뭐 좋은 일이라고 여자친구한테 말하고 가겠습니까.

문 CCTV를 가지고 나간 이유가 무엇인가요.

답 돈이 필요했습니다. 예전에 장례식장에 가보니 새벽에는 사무실을 관리하는 사람이 없다는 것을 알게 되었고, 돈이 될 만한 물건을 가져오게 되었습니다.

문 피의자는 2025. 2. 15. 서초장례식장에서 발생한 폭행 사건의 당사자가 맞나요.

답 네, 맞습니다. 그러나 그 폭행 사건과 이번 절도 사건은 아무 관련이 없습니다.

문 2025. 2. 15. 서초장례식장에서 발생한 폭행 사건 담당 경찰관에게 문의한 결과, 피의자가 폭행에 가담한 사실을 부인하고 있다고 합니다. 폭행에 가담한 증거를 없애기 위해 폭행 장면이 담긴 CCTV를 가지고 간 것이 아닌가요.

답 이미 경찰이 CCTV 영상과 증거를 확보했을 텐데, 5일이 지나서 CCTV 본체를 없앤다고 무슨 의미가 있겠습니까. 저는 단순히 돈이 필요해서 훔친 것입니다.

문 지금 CCTV 본체는 어디에 있나요.

답 집에 보관하고 있는데, 집에서 보니 CCTV에 폭행 녹영상이 있었습니다.

문 돈이 필요해서 CCTV 본체를 훔쳤으면서 팔지 않은 이유는 무엇인가요.

답 훔치고 나니 어디에 팔아야 할지 몰라서 집에 두었습니다.

[도로교통법위반(음주운전)의 점]

문 피의자는 술을 마시고 운전하다 음주단속된 사실이 있는가요.

답 네, 있습니다.

문	언제, 어디서 그랬는가요.
답	2025. 2. 20. 02:00경 서울 서초구 강남대로 20길 22 앞 도로에서부터 서울 서초구 동산로 13길 안남고등학교 앞 도로까지 2km 정도 운전하다가, 고등학교 앞에서 음주단속 되었습니다.
문	술은 언제 어디에서 얼마나 마셨나요.
답	서초장례식장에서 CCTV를 훔쳐 나온 뒤, 강남대로 20길 22에 있는 청포식당으로 이동했습니다. 그리고 그 곳에서 01:30경까지 대략 1시간 정도 이을녀와 함께 소주 2병, 맥주 1병을 나눠 마셨습니다.
문	음주측정을 한 결과 피의자의 혈중알콜농도가 0.135%로 측정되었는데, 이를 인정하나요.
답	네, 제가 술을 마시고 음주운전한 것은 틀림없으니 인정하겠습니다.
문	음주운전 당시 이을녀는 어디에 탑승하였나요.
답	조수석에 탑승하였습니다.
문	피의자가 음주운전을 하는데, 이을녀가 말리지 않았나요.
답	이을녀는 술에 많이 취해서 정신이 없었습니다.
문	이상의 진술에 대하여 이의나 의견이 있나요.
답	없습니다.

위의 조서를 피의자에게 열람하게 하였던바, 진술한대로 오기나 증감·변경할 것이 전혀 없다고 하므로 간인한 후 서명날인하게 하다.

진술자 김갑동 ㉑

2025. 2. 23.

서울서초경찰서

사법경찰관 경위 임정만 ㉑

사법경찰리 순경 서경남 ㉑

고 소 장

서초경찰서 접수인(3557호) (2025. 2. 23.)

고 소 인 이지론 주식회사 대표이사 김동아 (인적사항 생략)

피고소인 이을녀 (인적사항 생략)

죄   명 사기

1. 고소인은 서민들에게 대출을 해주는 '이지론 주식회사'입니다.
2. 피고소인 이을녀는 2025. 1. 21.경 이지론 주식회사 애플리케이션을 통해 대출금액 10,000,000원, 금리 연 18.5%, 대출기간 24개월의 조건으로 카드 대출 신청을 하였습니다.
3. 이을녀가 2025. 2. 21. 이자를 납입하지 않아 다른 카드사에 확인해본 바, 피고소인이 이지론 주식회사에 대출을 받은 날과 같은 날인 2025. 1. 21.경 여러 카드사에서 동시에 애플리케이션으로 대출을 받은 사실을 확인하였습니다.
4. 또한, 이을녀에게 상환 여부에 대하여 질문하였더니, 사채 채무도 1억 원 상당이고, 지인들에 대한 채무도 많아서 매월 상환해야 할 원리금이 월수입보다 훨씬 많아서 대출금을 당장 상환하기 어렵다고 하였습니다. 이에 이을녀가 처음부터 고소인 회사를 속여서 10,000,000원을 대출받은 것으로 판단되어 사기죄로 고소하오니 엄벌에 처해주시기 바랍니다.

참 고 자 료

1. 대출 신청서 사본 1부. (첨부 생략)

2025. 2. 23.

고소인 이지론 주식회사 대표이사 김동아 ㊞

서울서초경찰서 귀중

서 울 서 초 경 찰 서

2025. 2. 24.

제2025-(생략)호
수 신: 경 찰 서 장
참 조: 형 사 과 장
제 목: 수사보고(범칙금납부 통고서 첨부)

○ 피의자 이을녀가 2022. 9. 6. CU 편의점 옆 골목에서 노상방뇨 등을 하여 범칙금 납부 통고처분을 받았음에도 납부기간에 범칙금을 납부하지 않은 사실을 확인하고, 당시 발급된 범칙금 납부 통고서를 첨부함. 끝.

첨부: 1. 범칙금 납부 통고서 사본 1부.

경로	지휘 및 의견	구 분	결재	일시
경위 이경위	생략	기안	생략	생략
경감 장경감	생략	결재	생략	생략

범칙금 납부통고서(경범죄)

통고서번호: 2022-321

(1차)납부기한	2022년 9월 16일	금액	40,000원
(2차)납부기한	2022년 10월 9일	가산금액	48,000원
적용 법조문	「경범죄 처벌법」 제3조제1항제12호	범칙내용	노상방뇨 등

범칙자	성명	이을녀	직업	-	주민등록번호	-
	주소	생략			전화	생략
범칙행위	일시	2022년 9월 6일 시 분				
	장소	CU 편의점 옆 골목				

위 내용이 사실임을 확인하고 서명합니다. (범칙자) 이을녀 (서명)

「경범죄처벌법」 제7조 및 같은 법 시행령 제3조제1항에 따라 위와 같이 범칙금의 납부를 통고하오니 기한 내에 납부하시기 바랍니다. 만일 기한 내에 범칙금을 납부하지 않으면 즉결심판에 회부됨을 알려 드립니다.

2022년 9월 6일

서초경찰서장 [직인]

피 의 자 신 문 조 서

피 의 자 : 이 을 녀

피의자 이을녀에 대한 특수절도 등 피의사건에 관하여 2025. 2. 25. 서울서초경찰서에서 사법경찰관 경위 임정만은 사법경찰리 순경 서경남을 참여하게 하고, 아래와 같이 피의자임에 틀림없음을 확인하다.

문   피의자의 성명, 주민등록번호, 직업, 주거, 등록기준지 등을 말하십시오.

답   성명은 이을녀

주민등록번호, 직업, 주거, 등록기준지, 직장 주소, 연락처 (각 생략)

사법경찰관은 피의사건의 요지를 설명하고 사법경찰관의 신문에 대하여 「형사소송법」 제244조의3에 따라 진술을 거부할 수 있는 권리 및 변호인의 참여 등 조력을 받을 권리가 있음을 피의자에게 알려주고 이를 행사할 것인지 그 의사를 확인하다.

[진술거부권 및 변호인 조력권을 고지하고 아직 변호인을 선임하지 아니하여 변호인 참여 없이 진술하기로 함(생략)]

[특수절도, 증거은닉의 점]

이에 사법경찰관은 피의사실에 관하여 다음과 같이 피의자를 신문하다.

문   피의자는 2025. 2. 20. 남자친구인 김갑동의 폭행 장면이 담긴 CCTV 본체를 훔쳐 없애기 위해 김갑동과 함께 서초장례식장에 간 사실이 있지요.

답   아니오, 저는 김갑동이 밤에 놀러 가자고 하여 그가 운전하던 차를 타고 가던 중 김갑동이 소변이 급하다고 하여 근처 서초장례식장 건물에 들어갔다가 나오고 저는 차 안에 있었을 뿐입니다.

문   김갑동이 피의자에게 CCTV 본체를 훔친다고 말했거나 피의자가 당시 위 장례식장에서 망을 보지 않았나요.

답   저는 김갑동의 폭행사건이나 CCTV는 처음 듣고, 망을 보지 않았습니다.

문   피의자는 위 장례식장에서 나와 김갑동과 청포식당에서 술을 마신 후 술에 취한 김갑동을 김갑동의 차로 인도한 사실이 있나요.

답   아니오, 저는 식당에서 술을 마시다가 취해 잠이 들어 아무 기억이 없습니다.

[사기의 점]

문 피의자는 휴대전화 어플을 통해 이지론(주)으로부터 1,000만 원을 대출받았나요.

답 네, 그렇습니다.

문 피의자가 위 대출을 받은 경위를 설명해 보세요.

답 제 휴대전화에 이지론(주) 어플을 설치해 그 어플에 대출 용도, 보유자산, 연소득정보, 부채정보, 연소득 대비 고정지출, 신용점수 등을 입력하니 대출금 1,000만 원이 제 계좌로 저절로 송금되었습니다.

문 신용조회결과 등에 의하면, 피의자는 위 대출을 받을 당시 다른 금융기관에도 약 1억 원의 대출을 신청해 두었고, 남자친구인 김갑동은 피의자의 사채 채무도 약 1억 원에 달하여 매월 원리금이 피고인의 월수입보다 많다는데 사실인가요.

답 네, 당시 빚이 너무 많아 새로운 빚으로 종전 빚을 갚으려 했어요.

[경범죄처벌법위반의 점]

문 범칙금통보서에 의하면, 피의자는 2022. 9. 6.경 CU 편의점 옆 골목에서 노상방뇨 등의 행위를 하였다는데, 그러한 사실이 있나요.

답 워낙 오래 전의 일이고, 정확히 어디서 뭘 했다고 하시는 건지 모르겠습니다. 그런데, 제가 길에서 대소변을 보는 그런 사람은 결코 아닙니다.

문 이상의 진술에 대하여 이의나 의견이 있나요.

답 없습니다.

위의 조서를 피의자에게 열람하게 하였던바, 진술한대로 오기나 증감·변경할 것이 전혀 없다고 하므로 간인한 후 서명날인하게 하다.

진술자 이을녀 ㉑

2025. 2. 25.

서울서초경찰서
사법경찰관 경위 임정만 ㉑
사법경찰리 순경 서경남 ㉑

서 울 서 초 경 찰 서

2025. 2. 27.

제2025-(생략)호
수 신: 경 찰 서 장
참 조: 형 사 과 장
제 목: 수사보고(단속경위 및 현장사진, 녹음CD 첨부)

- 서울서초경찰서 풍속범죄수사팀은 서울 서초구에서 성매매업소가 운영되고 있다는 제보를 입수하고, 현장 단속 계획을 세운 후 경찰관이 손님으로 가장하여 2025. 2. 27. 19:40경 서울 서초구 사임당로 13길 3층에 있는 '만남'이라는 상호의 성매매업소 영업시간에 맞추어 업소를 방문함
- 성매매 업소 업주인 김갑동과 종업원 이을녀에게 성매매가 가능한지 여부를 문의하고, 비용과 성매매 방법 등에 대한 대화를 함께 나누며 해당 대화를 몰래 녹음함
- 대금 21만 원을 결제한 후 계속하여 업주 김갑동의 안내에 따라 종업원 이을녀와 함께 내실로 들어간 후, 종업원 이을녀가 바지를 벗기고 침대 위로 올라오려고 하자 단속 사실을 밝히고 외부에 대기 중인 나머지 경찰관들을 호출함
- 같은 날 20:00경 성매매알선을 범죄사실로 하여 피의사실의 요지, 체포의 이유와 변호인을 선임할 수 있음을 고지하고 변명의 기회를 준 후 김갑동을 현행범인으로 체포함
- 김갑동을 현행범인으로 체포한 후, 여종업원인 이을녀로부터 진술서를 받고, '만남'의 업소시설을 사진으로 촬영하고, 내실에 보관 중이던 콘돔 사진을 촬영함. 끝.

첨부: 1. 현장녹음 CD 1매. (첨부생략)
2. 업소 시설 및 콘돔 사진 3매. (첨부생략)

경로	지 휘 및 의 견	구 분	결 재	일 시
경위 이경위	생략	기안	생략	생략
경감 장경감	생략	결재	생략	생략

진 술 서

성 명   이을녀 (인적사항 생략)

1. 저는 성매매업소 단속과 관련하여, 단속현장에서 단속경찰관에게 다음과 같이 임의로 진술합니다.

1. 2025. 2. 27. 19:50경 제가 일하고 있는 성매매업소 '만남'에 손님으로 가장한 경찰관이 왔습니다.

1. 저는 손님인줄 알고, 성매매가 가능하다는 내용으로 사장님(김갑동), 손님과 함께 대화를 나눴습니다. 그리고 사장님(김갑동)이 배정한 내실로 그 손님과 함께 들어갔습니다.

1. 제가 손님의 바지를 벗기고 침대 위로 올라가 성관계를 하려고 하였는데, 손님이 자신이 단속 중인 경찰관임을 밝히고, 사장님(김갑동)을 현행범인으로 체포하고, 업소시설과 콘돔을 촬영하였습니다.

2025. 2. 27.

진술인   이을녀 ㊞

피의자신문조서(2회)

> 피 의 자 : 김 갑 동
> 피의자 김갑동에 대한 성매매알선등행위의처벌에관한법률위반(성매매알선) 피의사건에 관하여 2025. 2. 27. 서울서초경찰서에서 사법경찰관 경위 임정만은 사법경찰리 순경 서경남을 참여하게 하고, 아래와 같이 피의자임에 틀림없음을 확인하다.

문 피의자의 성명, 주민등록번호, 직업, 주거, 등록기준지 등을 말하십시오.

답 성명은 김갑동(金甲東)

주민등록번호, 직업, 주거, 등록기준지, 직장 주소, 연락처 (각 생략)

[진술거부권 및 변호인 조력권을 고지하고 아직 변호인을 선임하지 아니하여 변호인 참여 없이 진술하기로 함(생략)]

이에 사법경찰관은 피의사실에 관하여 다음과 같이 피의자를 신문하다.

[성매매알선등행위의처벌에관한법률위반(성매매알선)의 점]

문 피의자는 2025. 2. 27. 20:00경 성매매업소를 운영하다 경찰관에게 단속된 사실이 있나요.

답 네, 있습니다. 저는 서울 서초구 사임당로 13길 3층에서 '만남'이라는 상호로 성매매업소를 운영하였는데, 2025. 2. 27. 19:40경 손님으로 가장한 경찰관이 방문하였습니다. 저는 경찰관이라고 의심하지 않고, 평소 손님에게 안내하듯이 성행위 대가가 21만 원이고, 진행 방식 등에 관하여 설명하였습니다.

문 해당 시간은 평소 업소를 운영하던 시간인가요.

답 네, 보통 18:00부터 업소를 운영하였기 때문에, 손님으로 가장한 경찰관이 방문한 시간도 영업시간이었습니다.

문 성행위 대가 등에 대하여 설명한 후 어떻게 하였나요.

답 설명을 마친 후에는 여종업원을 배정하여 내실로 안내하였습니다. 그날은 여종업원이 부족하여, 제 여자친구인 이을녀와 함께 손님을 내실로 안내하였습니다.

문 현행범인으로 체포된 경위는 어떠한가요.

답 내실에 들어갔던 손님과 이을녀가 밖으로 나왔고, 곧바로 경찰관들이 업소에 들어와 저를 현행범인으로 체포하였습니다.

문 현행범인 체포 과정에 이의가 있나요.

답 아니요. 체포할 때 범죄사실과 체포 이유를 고지받았고, 미란다 원칙도 모두 고지받았습니다.

문 (현장에서 촬영된 업소 시설과 콘돔 사진을 제시하며) 단속 경찰관들이 피의자를 현행범인으로 체포한 후 촬영한 업소와 콘돔 사진인데, 맞나요.

답 네, 맞습니다. 저희 업소 사진이고, 업소에서 사용하는 콘돔을 촬영한 사진이 맞습니다.

문 언제부터 성매매업소를 운영하였나요.

답 2024. 12. 26.부터 운영하였습니다. 내실에 침대와 콘돔 등 필요한 물품을 구비해 두었고, 성매매업소를 홍보하는 웹사이트에 업소 광고를 하여 방문한 손님을 상대로 영업하였습니다. 당시에는 이영신이라는 여종업원이 주로 손님을 상대하였습니다.

문 성매매 대금은 어떻게 정했나요.

답 이 업계에서는 통상 1회 21만 원부터 시작하였기 때문에 대부분 21만 원을 받았습니다.

문 성매매 알선이 법으로 처벌된다는 사실을 알고 있지요.

답 네, 알고 있습니다.

[업무방해의 점]

문 성매매 사건과 별개로, 피의자가 개설한 계좌가 보이스피싱 범행에 이용되었다는 신고가 접수되어 수사 중인데, 유한회사 세웅수산을 알고 있나요.

답 (한숨을 쉬며) 네, 알고 있습니다. 세웅수산 계좌가 보이스피싱 범행에 이용되었습니까.

문 네. 유한회사 세웅수산을 운영하고 있나요.

답 아닙니다. 계좌를 만들기 위해 유령법인을 설립한 것입니다.

문 계좌를 개설한 경위가 어떠한가요.

답 성매매 업소를 운영하는 데에도 비용이 많이 들어 돈이 필요했습니다. 그때 어떤 대출업자로부터, 법인 계좌를 개설하여 통장과 체크카드를 넘기면 가공의 입출금 거래실적을 만들어 신용한도를 높인 후 대출해주겠다는 설명을 들었습니다. 그래서 대출 절차가 마무리되면 통장과 체크카드는 다시 돌려받기로 하고, 세웅수산이라는 법인 명의로 계좌를 개설하게 되었습니다.

문 서울 서초구 사임당로 32 삼호은행 서초동지점에 계좌를 개설할 때 해당 사실을 알렸나요.

답 아닙니다. 2025. 2. 25. 삼호은행 서초동지점에 방문하여 법인 명의 계좌를 개설하겠다고 하니, 직원이 질문지를 주었습니다.

그 질문지에 '타인으로부터 대출 또는 취업 등의 목적으로 통장 대여를 요청받은 사실이 있습니까'라는 항목이 있었는데, 저는 허위로 '아니오'라고 표시하였습니다. 이후 세웅수산의 사업자등록증과 제 신분증 등 필요한 자료를 계좌 개설 담당 직원에게 제출하였습니다.

문 은행 직원이 직접 통장 개설과 관련된 질문을 하거나 추가 자료 제출을 요청하던가요.

답 아니요, 질문을 받지도 않았고, 그 밖의 자료 제출을 요청받은 것도 없습니다.

문 은행은 법인 명의 계좌를 개설하는 경우, 해당 계좌가 금융범죄 등에 사용되면 과실 여부에 따라 손해배상책임을 부담할 수 있으므로, 법인이 정상적인 법인인지 여부는 계좌 개설 업무에 있어 중요한 확인사항입니다. 그런데 피의자가 허위로 답변하여 은행의 업무를 방해한 사실을 인정하나요.

답 네, 인정합니다. 죄송합니다.

문 이상의 진술이 모두 사실인가요.

답 네, 사실입니다.

위의 조서를 피의자에게 열람하게 하였던바, 진술한대로 오기나 증감·변경할 것이 전혀 없다고 하므로 간인한 후 서명날인하게 하다.

진술자 김갑동 ㊞

2025. 2. 27.

서울서초경찰서

사법경찰관 경위 임정만 ㊞

사법경찰리 순경 서경남 ㊞

피의자신문조서

성   명 : 김갑동
주민등록번호 : (생략)

피의자 김갑동에 대한 특수절도 등 피의사건에 관하여 2025. 6. 7. 서울중앙지방검찰청 703호 검사실에서 검사 이재화는 검찰주사 강호석을 참여하게 하고, 아래와 같이 피의자임에 틀림없음을 확인하다.

주민등록번호, 직업, 주거, 등록기준지, 직장 주소, 연락처 (각 생략)

검사는 피의사실의 요지를 설명하고 검사의 신문에 대하여 「형사소송법」 제244조의3에 따라 진술을 거부할 수 있는 권리 및 변호인의 참여 등 조력을 받을 권리가 있음을 피의자에게 알려주고 이를 행사할 것인지 그 의사를 확인하다.

[진술거부권 및 변호인 조력권을 고지하고 변호인 참여없이 진술하기로 함(생략)]
[피의자의 병역, 학력, 가족 관계, 재산 및 월수입, 건강 상태 등(생략)]
[특수절도, 증거은닉, 성매매알선등행위의처벌에관한법률위반(성매매알선등), 업무방해의 점]
사법경찰관 작성 피의자신문조서 기재와 동일하게 진술(기재 생략)

[도로교통법위반(음주운전)의 점]

문   피의자는 경찰 조사 시 음주운전한 사실에 대하여 사실대로 진술하였나요.
답   네. 제가 음주운전을 한 것에 대하여는 사실대로 진술하였습니다. 그러나 동승했던 이을녀에 대하여는 잘못 진술한 부분이 있습니다.
문   어떤 진술이 잘못되었나요.
답   경찰에서 진술할 당시 '피의자가 음주운전을 하는데, 이을녀가 말리지 않았나요.'라는 질문을 받고, '이을녀는 술에 많이 취해 정신이 없었습니다.'라고 대답하였으나, 이는 거짓입니다. 사실은 이을녀가 술에 많이 취해 있지 않았고, 정신이 있는 상태에서 저와 함께 청포식당에서 술을 나눠 마신 뒤, 저에게 얼른 운전해서 집에 가자고 하였습니다. 그리고 제 차를 주차해 둔 곳까지 저를 데리고 간 후, 자신은 조수석에 탑승하였습니다.
문   경찰 조사 시에는 이을녀가 술에 취해 정신이 없었다고 진술하였다가, 지금은 마치 이을녀가 음주운전을 방조한 것처럼 진술하는 이유가 있나요.
답   경찰 조사 당시에는 이을녀와 교제하며 동거하던 사이였기 때문에 지켜주고 싶은 마음에 거짓말을 하였습니다. 그러나 성매매업소가 단속된 이후 이을녀와 사이가 틀어져 헤어지게 되었고, 더 이상 이을녀를 지킬 필요가 없어서 사실대로 말하는 것입니다.

문 피의자는 이을녀와 헤어진 후 감정이 좋지 않은 상태에서, 이을녀에게 책임을 전가하기 위하여 진술을 변경한 것이 아닌가요.

답 아닙니다. 만약 이을녀에게 책임을 전가하기 위해 진술을 바꾼 것이라면, 장례식장에서 CCTV를 훔친 것과 관련하여서도 이을녀와 함께 훔쳤다고 진술했을 것입니다. 그러나 이을녀가 훔치지 않은 부분은 훔치지 않았다고 사실대로 진술하였고, 이을녀가 음주운전을 방조한 부분은 방조했다고 사실대로 진술하는 것입니다.

문 추가로 할 말이 있나요.

답 네, 사실은 이을녀가 성매매업소에서 일하면서 성매수 남성들을 상대로 부인에게 알린다며 협박하고 돈을 뜯어 낸 사실도 있습니다. 또한, 이을녀 휴대전화기에 남성들의 나체 영상이 저장되어 있는 것을 본 적 있습니다.

문 피해 남성들의 이름을 알고 있나요.

답 네, 저희 업소에 몇 번 방문한 손님이라서 알고 있습니다. 김철수, 이영역입니다.

문 조서에 진술한 대로 기재되지 아니하였거나 사실과 다른 부분이 있나요.

답 없습니다.

위의 조서를 진술자에게 열람하게 하였던바, 진술한 대로 오기나 증감·변경할 것이 전혀 없다고 말하므로 간인한 후 서명무(날)인하게 하다.

진술자 김갑동 (무인)

2025. 6. 7.

서울중앙지방검찰청

검　　사　　이재화 ㊞

검찰주사　　강호석 ㊞

진 술 조 서

성　　명 : 김철수

주민등록번호, 직업, 주소, 연락처 등은 생략

위의 사람은 이을녀에 대한 공갈 등 피의사건에 관하여 2025. 6. 25. 서울중앙지방검찰청 703호 검사실에 임의출석하여 다음과 같이 진술하다.

[직업, 기본인적사항 등 질문 생략]

문　진술인은 2024. 12. 27. 이을녀로부터 공갈 피해를 당한 사실이 있지요.

답　네, 제가 갔던 성매매업소의 종업원인 이을녀가 협박하여 이을녀에게 100만 원을 송금한 사실이 있습니다.

문　피해를 입은 구체적인 경위를 진술하시기 바랍니다.

답　저는 서울 서초구에 있는 '만남'이라는 상호의 성매매업소에 가서 성매매를 한 적이 있는데 당시 성관계를 한 상대방이 이을녀였습니다. 그 이후 이을녀와 몇 번 연락을 주고받으면서 알고 지내던 중, 2024. 12. 27. 22:00경 이을녀로부터 전화가 와서 "성매매를 한 증거를 가지고 있다. 성매매업소에 자주 오는 사실을 부인에게 알리고 싶지 않으면 100만 원을 달라"고 하여 겁이 나서 이을녀의 계좌로 100만 원을 송금하였습니다.

문　이 사건이 수사기관에 드러난 경위에 대해 아는 것이 있나요

답　제가 100만 원을 송금한 후 생각해 보니 친한 사이에 은혜를 원수로 갚았다는 생각이 들어 억울하여 성매매업소의 업주인 김갑동에게 전화하여 성매매업소를 경찰에 신고하겠다는 등으로 항의하였습니다. 그러자 이을녀가 제게 다시 100만 원을 송금해 주어서 피해를 회복하였습니다. 그래서 김갑동과 다시 가깝게 지내던 중, 김갑동으로부터 이을녀와 사이가 틀어져 김갑동이 이을녀를 신고했다고 들었습니다.

문　진술인은 이을녀의 처벌을 원하나요.

답　네.

문　더 할 말이 있는가요

답　이제 더 이상 연락을 안 하셨으면 좋겠습니다.

위의 조서를 진술자에게 열람하게 하였던바 진술한 대로 오기나 증감·변경할 것이 없다고 말하므로 간인한 후 서명 날인하게 하다.

진술자 김철수 ㉑

2025. 6. 25.

서울중앙지방검찰청

검찰주사 강호석 ㉑

진 술 조 서

성   명 : 이영역

주민등록번호, 직업, 주소, 연락처 등은 생략

위의 사람은 이을녀에 대한 성폭력범죄의처벌등에관한특례법위반(카메라등이용촬영)피의사건에 관하여 2025. 7. 25. 서울중앙지방검찰청 703호 검사실에 임의출석하여 다음과 같이 진술하다.

[피의자와의 관계, 피의사실과의 관계 등(생략)]

문   진술인은 2025. 2. 26. 23:00경 피의자 이을녀와 영상통화를 하던 중, 진술인이 나체로 샤워하는 모습을 피의자 이을녀가 휴대전화 녹화기능을 이용하여 녹화한 사실을 알고 있나요.

답   저는 피의자 이을녀가 휴대전화로 제가 나체로 샤워하는 것을 촬영하는지 알지 못했는데, 피의자 이을녀의 휴대전화에 제 나체 영상이 있다는 연락을 받고 이렇게 검찰청에 오게 된 것입니다.

문   그럼, 진술인이 피의자 이을녀와 영상통화를 하게 된 경위는 어떤가요.

답   제가 몇 번 다니던 성매매업소가 있었는데 피의자 이을녀는 그곳에서 종업원으로 일하던 여성이었습니다. 저도 아직 미혼에 외롭고 그곳에서 피의자 이을녀와 대화가 잘 되었습니다. 이에 몇 차례 영상통화를 하게 된 것이 전부입니다.

문   그런데 어떻게 영상통화를 하던 중에 진술인이 나체 상태로 샤워를 하게 되고 피의자 이을녀가 이를 촬영하게 된 것인가요

답   영상통화는 카메라를 고정시켜 놓은 상황에서 서로 옷을 입은 상태로 1시간이 넘는 오랜 시간 동안 일상에 대한 이야기를 계속 이어나갔습니다. 그러다가 밤이 늦어 잠을 자려고 영상통화를 마치기로 하고 피의자 이을녀에게 인사를 하고 영상통화 종료 버튼을 누르는 것을 깜박 잊고 옷을 벗은 채 샤워를 하는 장면이 상대편 피의자 이을녀의 휴대전화에 보이게 된 것 같습니다.

문   진술인은 피의자 이을녀의 처벌을 원하나요.

답   네.

문   이상 진술한 내용이 사실인가요.

답   네. 사실입니다.

위의 조서를 진술자에게 열람하게 하였던바 진술한 대로 오기나 증감·변경할 것이 없다고 말하므로 간인한 후 서명 날인하게 하다.

진 술 자 이영역 ㊞

2025. 7. 25.

서울중앙지방검찰청

검찰주사 강호석 ㊞

피의자신문조서

성   명 : 이을녀
주민등록번호 : (생략)

　피의자 이을녀에 대한 특수절도 등 피의사건에 관하여 2025. 8. 29. 서울중앙지방검찰청 703호 검사실에서 검사 이재화는 검찰주사 강호석을 참여하게 하고, 아래와 같이 피의자임에 틀림없음을 확인하다.

　주민등록번호, 직업, 주거, 등록기준지, 직장 주소, 연락처 (각 생략)

　검사는 피의사실의 요지를 설명하고 검사의 신문에 대하여 「형사소송법」 제244조의3에 따라 진술을 거부할 수 있는 권리 및 변호인의 참여 등 조력을 받을 권리가 있음을 피의자에게 알려주고 이를 행사할 것인지 그 의사를 확인하다.

[진술거부권 및 변호인 조력권을 고지하고 변호인 참여없이 진술하기로 함(생략)]
[피의자의 학력, 가족 관계, 재산 및 월수입, 건강 상태 등(생략)]
[공갈의 점]

문　피의자는 2024. 12. 27. 22:00경 피해자 김철수(남, 34세)에게 전화하여 성매매업소에 온 사실을 부인에게 알리지 않는 대신 100만 원을 달라고 하여 받았나요.

답　아니오, 저는 그런 짓을 한 적은 없습니다.

문　김철수가 피의자의 계좌에 송금한 내역이 있고, 김철수가 피의자가 일하던 성매매업소의 업주 김갑동에게 항의하여 김갑동도 같은 진술을 하는데요.

답　그렇다면, 공소사실을 모두 인정하겠습니다. 할 수 없네요.

문　피의자는 김철수로부터 받은 100만 원으로 무엇을 하였나요.

답　평소 사고 싶었던 가방을 샀는데 나중에 김철수가 신고한다고 하여 100만 원을 돌려주었습니다.

[성폭력범죄의처벌등에관한특례법위반(카메라등이용촬영)의 점]

문　피의자는 2025. 2. 26. 23:00경 성매매업소 고객으로 알고 지내던 이영역(남, 32세)이 나체로 샤워하는 모습을 휴대전화로 녹화하여 촬영한 사실이 있나요.

답　아니오, 그런 사실은 없습니다.

(압수된 휴대전화를 제시하며)

문　피의자의 남자친구 김갑동이 피의자의 휴대전화에 그 동영상을 보았다고 경찰에 제보하였고, 이에 발부받은 영장에 의해 압수한 피의자의 휴대전화에 그 동영상이 버젓이 있는데도 부인할 것인가요.

답	이영역이 나체로 샤워하는 동영상을 찍었으나 이영역을 좋아해서 혼자 보기 위한 것이었지 이를 유포하거나 전송한 사실은 없습니다.
문	피의자가 동영상을 촬영한 경위를 진술해 보세요.
답	성매매업소 고객이던 이영역과 장시간 영상통화를 하던 중에 이영역이 영상통화가 계속 켜진 것을 모르고 샤워하는 것이 제 휴대전화에 보여 녹화하였습니다.
문	이영역은 샤워하는 것을 피의자가 촬영한 사실을 알지 못했나요.
답	네, 아마 그랬을 겁니다. 이영역은 통화를 마치고 인사를 하였는데 종료 버튼을 누르는 것을 잊고 혼자 옷을 벗고 샤워하러 갔기 때문입니다.

[도로교통법위반(음주운전)방조의 점]

문	김갑동은 2025. 2. 20. 02:00경 서울 서초구 강남대로 20길 22 앞 도로에서부터 서울 서초구 동산로 13길 안남고등학교 앞까지 음주운전할 당시와 관련하여, 피의자와 함께 청포식당에서 술을 마셨고 김갑동이 음주운전을 시작할 때 피의자가 의식이 있었음에도, 김갑동이 음주운전하는 것을 도왔다고 주장하는데, 그런 사실이 있나요.
답	아니오, 당시 만취해서 아무 기억이 없고, 음주운전을 도울 상황도 아니었습니다.
문	더 할 말이 있는가요.
답	저도 억울한 부분이 있어도 참고 있었는데, 김갑동이 제가 음주운전을 방조했다고 진술했다고 하니 괘씸합니다. 성매매 업소가 경찰에 단속될 당시 제가 현장에서 사실대로 말했다는 이유로 김갑동이 화가 나서 손님과 경찰관들이 있는 자리에서 제게 "야 이 바보 병신아, 미친년아. 그걸 다 말하면 어쩌냐! 어디서 주둥이를 함부로 놀리고 있어!"라고 욕설한 사실도 있습니다.
문	피의자는 김갑동의 처벌을 원하나요.
답	오랜기간 김갑동과 맺은 인연을 생각해 덮어두려고 했는데, 김갑동이 제가 김철수로부터 돈을 받은 것을 폭로한 이상 저도 가만히 있을 수 없습니다. 김갑동을 모욕죄로 고소하오니 엄하게 처벌하여 주시기 바랍니다.
문	이상의 진술에 대하여 이의나 의견이 있나요.
답	없습니다.

위의 조서를 피의자에게 열람하게 하였던바, 진술한대로 오기나 증감·변경할 것이 전혀 없다고 하므로 간인한 후 서명날인하게 하다.

진술자 이을녀 (무인)

2025. 8. 29.

서울중앙지방검찰청

검　　사　　이재화 ㊞

검찰주사　　강호석 ㊞

피의자신문조서(2회)

성   명 : 김갑동
주민등록번호 : (생략)

피의자 김갑동에 대한 모욕 피의사건에 관하여 2025. 8. 30. 서울중앙지방검찰청703호 검사실에서 검사 이재화는 검찰주사 강호석을 참여하게 하고, 아래와 같이 피의자임에 틀림없음을 확인하다.

주민등록번호, 직업, 주거, 등록기준지, 직장 주소, 연락처 (각 생략)

검사는 피의사실의 요지를 설명하고 검사의 신문에 대하여 「형사소송법」 제244조의3에 따라 진술을 거부할 수 있는 권리 및 변호인의 참여 등 조력을 받을 권리가 있음을 피의자에게 알려주고 이를 행사할 것인지 그 의사를 확인하다.

[진술거부권 및 변호인 조력권을 고지하고 변호인 참여없이 진술하기로 함(생략)]

[모욕의 점]

문   피의자는 2025. 2. 27. 20:00경 피의자가 운영하던 성매매업소가 단속될 당시 피해자 이을녀를 모욕한 사실이 있나요.

답   네, 있습니다. 제가 운영하던 업소에 단속경찰관들이 와서 저를 현행범인으로 체포하는 긴박한 상황이었는데, 이을녀가 경찰관들에게 성매매업소를 운영한 사실을 다 자백하길래 너무 화가 나 "야 이 바보 병신아, 미친년아. 그걸 다 말하면 어쩌냐! 어디서 주둥이를 함부로 놀리고 있어!"라고 말했습니다.

문   피의자가 피해자에게 욕설할 당시 주변에 다른 사람들이 있었나요.

답   네, 단속 경찰관들도 있고 손님들도 지켜보고 있었습니다.

문   조서에 진술한 대로 기재되지 아니하였거나 사실과 다른 부분이 있나요.

답   없습니다.

위의 조서를 진술자에게 열람하게 하였던바, 진술한 대로 오기나 증감·변경할 것이 전혀 없다고 말하므로 간인한 후 서명무(날)인하게 하다.

진술자   김갑동 (무인)

2025. 8. 30.

서울중앙지방검찰청
검   사   이재화 ㊞
검찰주사   강호석 ㊞

서울중앙지방검찰청

|주임검사|
|㊞|

수신 검사 이재화
제목 수사보고(박병남 출입국내역 확인 및 진술 청취)

　　피의자들에 대한 특수절도와 관련하여, 목격자 박병남의 진술을 전화로 청취하였습니다. 목격자의 진술 요지는 다음과 같습니다.

○ 박병남이 국내에서 사용하던 휴대전화번호로 연락하니 박병남이 전화를 받아 자신은 현재 취업을 위해 호주로 이민을 왔는데 발급받은 E Visa가 외국 또는 대한민국으로 방문을 하였을 시 3년간 호주 입국을 할 수 없어서 귀국할 수 없다고 진술함
○ 박병남은 호주로 출국하기 전에 자신이 경찰에서 한 진술은 모두 사실이고, 다시 말해 피의자 김갑동이 서초장례식장에서 CCTV 본체를 가지고 나올 때 피의자 이을녀가 차에서 내려 주변을 두리번 거리면서 차 앞에서 김갑동으로부터 위 CCTV 본체를 받아 차에 싣는 것을 보았다고 확인함

　　위 진술에 따라 박병남에 대한 출입국내역을 확인한바, 박병남은 2025. 8. 22. 호주로 출국한 이래 다른 출입국 내역이 없어 출입국내역을 첨부하여 보고합니다.

첨부 : 1. 출입국내역조회 1부(생략)

2025. 9. 1.

위 보고자 검찰주사 강호석 ㊞

형사조정조서

사건번호 2025년형제1987호	기 일 2025년 9월 2일
죄 명 특수절도 등	장 소 형사조정실
피의자 성 명 1. 김갑동	■ 출 석 □ 불출석
2. 이을녀	□ 출 석 ■ 불출석
피해자·고소인 성 명 김장식	□ 출 석 ■ 불출석

1. 당사자의 주장

가. 피해자(고소인)의 주장
 - 새로운 CCTV를 설치해주기를 요청함(전화 진술)

나. 피의자의 주장
 - 공소사실을 모두 인정함
 - 다만, 이을녀와 함께 훔친 그 CCTV를 그대로 돌려주겠다고 진술

2. 조정위원회 조정권고안

가. 권고안의 내용(기재 생략)
나. 당사자의 의견(기재 생략)

3. 조정 결과 (불성립)

 - 합의 금액에 대한 의견차이로 조정 불성립

4. 기타 참고 사항

 - 특이사항 없음

형사조정위원회   조정장   전미리 (인)
              위원   이호수 (인)
         간사 검찰수사관 김장호 (인)
              피의자·피고소인 김갑동 (인)
              피해자·고소인   (인)

기타 법원에 제출되어 있는 증거들

※ 편의상 다음 증거서류의 내용을 생략하였으나, 법원에 증거로 적법하게 제출되어 있음을 유의하여 검토할 것.

○ [증거목록 순번 1] 수사보고(주취운전자 정황보고)
  - 단속 경찰관이 차량 문을 열었더니 술 냄새가 많이 났고, 얼굴도 붉어서 음주운전이 강하게 의심되며, 조수석에 여자가 탑승하고 있었다는 내용

○ [증거목록 순번 7-1] 대출 신청서 사본
  - 피의자 이을녀가 자신의 휴대전화에 설치된 이지론 주식회사 애플리케이션을 통해 전산상 작성된 대출 신청서를 출력한 서류

○ [증거목록 순번 10-1] 현장녹음 CD 1매
  - 경찰관이 현장에서 녹음한 내용이 저장된 CD

○ [증거목록 순번 10-2] 업소시설 및 콘돔 사진 3매
  - 경찰관이 피의자 김갑동을 현행범인 체포한 후 촬영한 업소시설 및 콘돔 사진

○ [증거목록 순번 11] 녹취록
  - (녹음일시) 2025. 2. 27. 19:50경
  - (작성방법) 경찰관이 현장에서 녹음한 CD를 속기사 나속기가 녹취
  - (대화내용) 경찰관 "여기 성매매 하죠"
      김갑동 "네, 기본 21만 원부터 시작합니다"등 이하 생략

○ [증거목록 순번 13] 진술서
  - 이영신 작성의 진술서로, '김갑동 운영의 성매매 업소에서 근무하였다'는 내용

○ [증거목록 순번 14] 진술서
  - 홍길동 작성의 진술서로, '성매매 업소 만남에서 21만 원을 내고 성매매를 한 적이 있다'는 내용

○ [증거목록 순번 15] 임대차계약서 사본
  - 김갑동이 서울 서초구 사임당로 13길 3층 점포를 2024. 12. 26.부터 임차한 내용

○ [증거목록 순번 18] 고소장
  - 김철수 작성의 고소장으로, '이을녀를 공갈로 고소한다'는 내용(진술조서 기재와 동일)

○ [증거목록 순번 20] 고소장
- 이영역 작성의 고소장으로, '이을녀를 성폭력범죄의처벌등에관한특례법위반(카메라등이용촬영)으로 고소한다'는 내용(진술조서 기재와 동일)

○ [증거목록 순번 22] 압수조서 및 압수목록
- 피의자 이을녀의 성폭력범죄의처벌등에관한특례법위반(카메라등이용촬영) 피의사실과 관련하여, 사전영장을 발부받아 휴대전화기를 압수하였다는 내용
○ [증거목록 순번 25-1] 출입국내역조회
- 박병남의 출입국 내역으로, 2025. 8. 22. 호주로 출국한 후 다른 출입국 내역 없음
○ [증거목록 순번 27] 예금거래신청서
- 피의자 김갑동이 세웅수산 법인명의 계좌를 개설할 당시 삼호은행에 제출한 서류
○ [증거목록 순번 27-1] 금융거래목적 확인서
- 피의자 김갑동이 세웅수산 법인명의 계좌를 개설할 당시 삼호은행에 제출한 서류
○ [증거목록 순번 27-2] 사업자등록증
- 피의자 김갑동이 세웅수산 법인명의 계좌를 개설할 당시 삼호은행에 제출한 서류
○ [증거목록 순번 28, 29] 범죄경력자료조회회보서
 - 김갑동 : 서울중앙지방법원 2024. 7. 3. 상해 등, 벌금 300만 원, 약식명령
 - 이을녀 : 서울중앙지방법원 2025. 9. 25. 협박 등, 벌금 500만 원, 약식명령

확 인 : 법학전문대학원협의회

MGI Point 2025년 제3차 변호사시험 모의시험 형사법 기록형 메모장

공소제기일 2025.9.6.	부동의 증거 (p.5 ~ 7 증거목록) d1 : 박병남 사경 진조(312④-증거X)[1], 현장녹음CD, 업소시설 및 콘돔 사진, d2 사경 진술서(312④-증거O),[2] d2 검피(312①-증거X), 수사보고 진술청취 부분(313①-증거X), 형사조정조서(증거X) d2 : 강순애 사경 진조(312④-증거O), 박병남 사경 진조(312④-증거X), d1 검피(312①-증거X)[3], 수사보고 진술청취부분(313①-증거X), 형사조정조서(증거X)				

	공소사실(p.8) (d1 : 김갑동, d2 : 이을남)	인부 (p.12)	공판단계	수사단계	비고	쟁점 및 결론
d1	1.특수절도 2025.2.20.	X(합동하여 절도X)	-피고인들은 피고인 이을녀가 실행행위 분담하지 않았다고 일관되게 진술	-박병남 사경 진조-증거X -수사보고 진술청취 부분-증거X -형사조정조서 중 피고인 진술 부분-증거X(312, 313) -기타 목격자나 CCTV영상 없음(부족증거)		-증거능력 및 증명력 검토 ⇨ **무죄(325 후단)**, 축소사실인 절도죄는 유죄
	2.증거은닉 2025.2.20.	O				-자기 이익을 위하여 증거를 은닉한 경우 증거은닉죄 성립여부(判) ⇨ **무죄(325 전단)**
	3.업무방해 2025.2.25.	O				-피고인이 업무방해의 위험성을 발생시켰다고 할 수 있는지 여부(判) ⇨ **무죄(325 전단 또는 후단)**
	4.성매매처벌법위반(성매매알선) 2025.2.27.	O		-현장녹음CD-증거O(수사기관이 일반적으로 허용되는 상당한 방법으로 녹음) -업소시설 및 콘돔 사진-증거O (형소 212, 216, 217) -d2 진술서-증거O(참고인 지위에서 진술하였으므로 진술거부권 고지대상 아님, 위수증X)		-자백의 보강증거 존재 여부 -각 증거의 증거능력 검토 ⇨ **유죄**
	5.모욕 2025.2.27.	O				-친고죄 고소기간 도과 ⇨ **공소기각(327 2호)**

---

1) 제312조 제4항 - 부동의 등 ⇨ 전문법칙 예외 검토(원진술자 법정 진정성립X), 314조 요건 충족X - 증거 X, 314조 요건도 해당X
2) 제312조 제4항 - 부동의 등 ⇨ 전문법칙 예외 검토(원진술자 법정 진정성립O) - 증거 O
3) 제312조 제1항 - 부동의 등 ⇨ 전문법칙 예외 검토(당해 피고인이 내용부인취지로 부동의) - 증거 X

d2	1.공갈 2024.12.27.	O			약식 명령	-약식명령 기재 협박과 이 부분 공갈의 기본적 사실관계 동일여부 -약식명령의 기판력이 미치는지 여부(判) ⇨ **면소(326 1호)**
	2.사기 2025.1.21	O				-사람에 대한 기망행위를 수반하지 않는 경우(사기죄 성립 여부(判) ⇨ **무죄(325 전단)**
	3.도로교통법위반(음주운전)방조 2025.2.20.	X(방조의 고의 부인)	-d1 법정진술 -일관성X -신빙성X -강순애 법정진술-여자(피고인 이을녀)가 만취한 상태에서 식당에서 잠을 자다가 남자의 부축을 받아서 식당을 나갔다-오히려 피고인 진술에 부합	-d1 검피-증거X -강순애 사경 진조 추측성 진술에 불과 -신빙성X		-증거능력 및 증명력 검토 ⇨ **무죄(325 후단)**
	4.성폭법위반(카메라등 이용촬영) 2025.2.26.	O				-사람의 신체 이미지가 담긴 영상을 촬영한 행위가 성폭법 제14조 제1항이 규정한 사람의 신체 촬영행위에 해당 여부(判) ⇨ **무죄(325 전단)**
	5.경범죄처벌법위반 2022.9.6.	X				-공소사실이 특정되지 않아 피고인의 방어권행사에 지장 있는 경우(判) ⇨ **공소기각(327 2호)**

형사법 기록형

Contents

검토의견서

I. 피고인 김갑동에 대하여
  1. 특수절도의 점
    가. 쟁점
    나. 증거능력 없는 증거
      1) 박병남에 대한 경찰 작성 진술조서
      2) 수사보고서(출입국내역 확인 및 진술청취) 중 진술청취 부분
      3) 형사조정조서 중 피고인 진술부분
    다. 부족증거
    라. 소결
    마. 축소사실인 절도죄의 성립여부
  2. 증거은닉의 점
    가. 쟁점
    나. 법리
    다. 이 사건의 경우
    라. 소결
  3. 업무방해의 점
    가. 쟁점
    나. 법리
    다. 이 사건의 경우
    라. 소결
  4. 성매매처벌법위반(성매매알선등)의 점
    가. 쟁점
    나. 증거능력의 검토
      1) 현장녹음 CD의 증거능력
      2) 업무시설 및 콘돔 사진의 증거능력
      3) 이을녀의 진술서
    다. 소결
  5. 모욕의 점
    가. 쟁점
    나. 법리
    다. 이 사건의 경우
    라. 소결

변론요지서

II. 피고인 이을녀에 대하여
  1. 공갈의 점
    가. 공소사실에 대한 인부 및 쟁점
    나. 법리
    다. 이 사건의 경우
    라. 소결
  2. 사기의 점
    가. 공소사실의 인부 및 쟁점
    나. 법리
    다. 이 사건의 경우
    라. 소결
  3. 도로교통법위반(음주운전)방조의 점
    가. 공소사실의 인부 및 쟁점
    나. 증거능력 없는 증거
    다. 신빙성 없는 증거 및 부족증거
    라. 소결
  4. 성폭법위반(카메라등이용촬영)의 점
    가. 공소사실의 인부 및 쟁점
    나. 법리
    다. 사안의 경우
    라. 소결
  5. 경범죄처벌법위반의 점
    가. 공소사실이 인부 및 쟁점
    나. 법리
    다. 사안의 경우
    라. 소결

검토의견서

I. 피고인 김갑동에 대하여(60점)

1. 특수절도의 점

가. 쟁점

이 부분 공소사실에 대하여 피고인은 이을녀와 공모하거나 실행행위를 분담하지 않았으므로 특수절도죄가 성립하지 않는다는 입장인바, 증거의 검토가 문제되고, 축소사실인 절도죄의 성립여부가 문제됩니다.

나. 증거능력 없는 증거

1) 박병남에 대한 경찰 작성 진술조서

박병남에 대한 경찰 작성 진술조서는 피고인이 부동의한 피고인이 아닌 자의 진술을 기재한 서류이므로 형사소송법 제312조 제4항의 요건을 충족하여야 하나, 원진술자인 박병남이 법정에 출석하지 않아 검사가 증인신청을 철회하여 진정성립 요건을 충족하지 않아 그 요건을 갖추지 못하였습니다.

한편, 피고인 아닌 자의 진술을 기재한 서류가 진술자가 공판정에서 한 진술에 의하여 진정성립이 증명되지 않았음에도 형사소송법 제314조에 의하여 증거능력이 인정되려면, 진술자가 사망·질병·외국거주·소재불명, 그 밖에 이에 준하는 사유로 인하여 공판정에 출석하여 진술할 수 없는 때에 해당하고, 또 서류의 작성이 특히 신빙할 수 있는 상태에서 행하여졌음이 증명되어야 하는데 여기서 '외국거주'란 진술을 요하는 자가 외국에 있다는 것만으로는 부족하고, 수사기관이 가능하고 상당한 수단을 다하더라도 진술을 요할 자를 법정에 출석하게 할 수 없는 사정이 있어야 예외적으로 적용이 있습니다. 진술을 요하는 자가 외국에 거주하고 있더라도 해당 국가와 대한민국 간에 국제형사사법공조조약이 체결된 상태라면 우선 사법공조의 절차에 의하여 증인을 소환할 수 있는지를 검토해 보아야 하고, 소환을 할 수 없는 경우라도 외국의 법원에 사법공조로 증인신문을 실시하도록 요청하는 등의 절차를 거쳐야 하고, 이러한 절차를 전혀 시도해 보지도 아니한 것은 가능하고 상당한 수단을 다하더라도 진술을 요하는 자를 법정에 출석하게 할 수 없는 사정이 있는 때에 해당한다고 보기 어렵습니다.4)

그런데 박병남이 거주하는 호주와 대한민국 사이에는 형사사법공조조약이 체결된 상태임에도 사법공조 절차에 의한 소환 검토 또는 호주 법원에 사법공조로 증인신문을 실시하도록 요청하는 등의 절차를 전혀 시도하지 않았는바, 형사소송법 제314조의 요건도 갖추지 못하였으므로, 증거능력이 없습니다.

2) 수사보고서(출입국내역 확인 및 진술청취) 중 진술청취 부분

외국에 거주하는 박병남과의 전화통화 내용을 문답 형식으로 기재한 검찰주사 작성의 수사보고서는 '피고인 아닌 자의 진술을 기재한 서류'로서 피고인이 동의하지 않는 한 형사소송법 제313조 제1항에 따라 증거능력이 인정되어야 합니다. 그런데 원진술자인 박병남의 서명 또는 날인이 없으므로 적법한 절차와 방식에 따라 작성된 것이 아니어서 증거능력이 없습니다.5)

3) 형사조정조서 중 피고인 진술부분

형사소송법은 제310조의2에서 원칙적으로 전문증거의 증거능력을 인정하지 않고, 제311조부터 제316조까지 정한 요건을 충족하는 경우에만 예외적으로 증거능력을 인정합니다. 형사조정조서 중 피고인의 진술을 기재한 부분은 비록 수사기관이 아닌 자에 의하여 작성되었다고 하더라도 수사가 시작된 이후 수사기관의 관여나 영향 아래 작성된 경우로서 실질적으로 고찰할 때 수사과정 외에서 작성된 것이라고 볼 수 없으므로 형사소송법 제313조 제1항에 따라 증거능력을 인정할 수 없으며, 이는 수사기관이 작성한 피의자신문조서나 피고인이 아닌 자의 진술을 기재한 조서가 아니어서 형사소송법 제312조에 의하여 증거능력을 인정할 수도 없는바, 증거능력이 인정되지 않습니다.6)

이는 형사조정조서의 작성자인 전미리, 이호수, 김장호가 법정에서 성립의 진정을 인정하는 진술을 하였다 하더라도 마찬가지입니다.

---

4) 대판 2016.02.18. 2015도17115
5) 대판 1999.02.26. 98도2742
6) 대판 2024.11.14. 2024도11314

다. 부족증거

피고인은 이을녀는 단순히 차에 타고 있었을 뿐이고 CCTV와는 아무 관련이 없고 자신이 소변이 마려워 잠시 화장실에 다녀오겠다고 하고 CCTV를 가지고 나왔다고 진술하였고, 이을녀도 같은 내용으로 진술하고 있는 점, 이을녀가 차에서 내려 망을 보는 것을 보았다는 다른 목격자도 없고, CCTV 영상 등 객관적인 증거가 없는 점, 종업원 강순애는 경찰 조사과정에서 2025. 1. 30.경 식당에서 술을 마신 피고인들이 승용차에 탑승하는 것을 목격하였는데 여자(이을녀)가 차량 조수석에 탑승하였다고만 진술하였을 뿐인 점 등에 비추어 볼 때 피고인 이을녀가 특수절도에 관한 공모 또는 실행행위를 분담하였다는 점을 증명할 증거가 부족합니다.

라. 소결

그러므로 특수절도의 점은 합리적인 의심 없이 증명되지 아니하므로 형사소송법 제325조 후단의 무죄 판결이 선고될 것으로 예상됩니다.

마. 축소사실인 절도죄의 성립여부

법원은 공소사실의 동일성이 인정되는 범위 내에서 공소가 제기된 범죄사실에 포함된 보다 가벼운 범죄사실이 인정되는 경우에 심리의 경과에 비추어 피고인의 방어권 행사에 실질적 불이익을 초래할 염려가 없다고 인정되는 때에는 공소장이 변경되지 않았더라도 직권으로 공소장에 기재된 공소사실과 다른 공소사실을 인정할 수 있는바,[7] 특수절도죄로 공소제기한 사실을 법원이 검사의 공소장변경절차 없이 절도죄로 인정하더라도 공소원인 사실의 동일성에 변경이 없으므로 위법이라 할 수 없습니다.[8][9]

---

[7] 대판 1996.05.10. 96도755, 대판 1999.04.15. 96도1922(전합) 등
[8] 대판 1973.07.24. 73도1256
[9] 일반적으로 출입이 허용되어 개방된 건조물에 관리자의 출입제한이나 제지가 없는 상태에서 통상적인 방법으로 들어갔다면 사실상의 평온상태를 해치는 행위 태양으로 그 건조물에 들어갔다고 볼 수 없어 건조물침입죄에 규정하는 침입행위에 해당하지 않으므로 야간건조물침입절도죄는 성립하지 않으나(대판 2022.05.12. 2022도2907) 장례식장 1층 사무실에 들어간 것과 관련하여 야간방실침입절도로 공소장변경을 거치는 경우 유죄 판결이 선고될 수 있을 것으로 예상된다는 답변이 있을 수 있다. 그러나 특수절도에 있어서 주거침입은 그 구성요건이 아니므로, 절도범인이 그 범행수단으로 주거침입을 한 경우에 그 주거침입행위는 절도죄에 흡수되지 아니하고 별개로 주거침입죄를 구성하여 절도죄와는 실체적 경합의 관계에 있게 되는데(대판 2009.12.24. 2009도9667), 이 사건의 경우 주거침입죄는 공소장 기재 공소사실에 포함되어 있지 않다는 점 등을 고려하면 축소사실로서 야간방실침입절도죄의 성립을 인정할 수는 없다 할 것이다.

축소사실인 절도죄의 경우 피고인이 자백하고 있고 피해자 신고서 등 보강증거가 존재하므로 유죄판결이 선고될 것으로 예상됩니다.

2. 증거은닉의 점

가. 쟁점

이 부분 공소사실은 피고인이 인정하고 있으나, 피고인이 CCTV 본체를 가져간 행위에 대하여 증거은닉죄가 성립하는 것인지 문제됩니다.

나. 법리

증거은닉죄는 타인의 형사사건이나 징계사건에 관한 증거를 은닉할 때 성립하고, 범인 자신이 한 증거은닉 행위는 형사소송에 있어서 피고인의 방어권을 인정하는 취지와 상충하여 처벌의 대상이 되지 아니하므로, 피고인 자신이 직접 형사처분을 받게 될 것을 두려워한 나머지 자기의 이익을 위하여 그 증거가 될 자료를 은닉하였다면 증거은닉죄에 해당하지 않고, 제3자와 공동하여 그러한 행위를 하였다고 하더라도 마찬가지이며, 그 행위가 동시에 다른 공범자의 형사사건에 관한 증거를 은닉한 결과가 된다고 하더라도 이를 증거은닉죄로 볼 수 없습니다.[10]

다. 이 사건의 경우

피고인이 장례식장에서 폭행한 영상이 담긴 본체를 가져간 행위는 자신의 형사사건에 관한 증거를 은닉하는 행위로서 증거은닉죄가 성립하지 않고, 이는 위 폭행의 다른 공범자의 증거를 은닉한 결과가 된다고 하더라도 마찬가지이므로 증거은닉죄는 성립하지 않습니다.

라. 소결

그러므로 이 부분 공소사실은 죄가 되지 아니하므로 형사소송법 제325조 전단 무죄판결이 선고될 것으로 예상됩니다.

---

[10] 대판 2023.11.18. 2011도5329, 대판 2018.10.25. 2015도1000

3. 업무방해의 점

가. 쟁점

이 부분 공소사실은 피고인이 인정하고 있으나, 피고인의 행위가 업무방해의 위험성을 발생시켰다고 할 수 있는지 문제됩니다.

나. 법리

계좌개설 신청인이 접근매체를 양도할 의사로 금융기관에 법인 명의 계좌를 개설하면서 예금거래신청서 등에 금융거래의 목적이나 접근매체의 양도의사 유무 등에 관한 사실을 허위로 기재하였으나, 계좌개설 심사업무를 담당하는 금융기관의 업무담당자가 단순히 예금거래신청서 등에 기재된 계좌개설 신청인의 허위 답변만을 그대로 믿고 그 내용의 진실 여부를 확인할 수 있는 증빙자료의 요구 등 추가적인 확인조치 없이 법인 명의의 계좌를 개설해 준 경우 그 계좌개설은 금융기관 업무담당자의 불충분한 심사에 기인한 것이므로, 계좌개설 신청인의 위계가 업무방해의 위험성을 발생시켰다고 할 수 없어 위계에 의한 업무방해죄를 구성하지 않습니다.[11]

다. 이 사건의 경우

피고인이 유한회사 세웅수산 법인명의 계좌를 개설하면서 작성한 서류는 내용의 진실성이 담보되는 서류라고 볼 수 없고, 제출된 관련 서류들도 계좌 개설 시 기본적으로 구비하여야 할 서류들로 보일 뿐, 계좌 명의자가 영업을 정상적으로 하고 있다거나 사업이 정상적으로 운영될 것이라는 등의 진실한 금융거래 목적을 확인할 수 있는 자료가 아닙니다.

이 사건에서 계좌개설 심사업무를 담당하는 금융기관의 업무담당자가 예금거래신청서 등에 기재된 금융거래 목적의 진실 여부를 확인하기 위하여 추가로 그에 관한 객관적 자료의 제출을 요구하는 등 적절한 심사절차를 진행하였음에도 피고인이 그에 관하여 허위 서류를 작성하거나 문서를 위조하여 제출함으로써 업무담당자가 허위임을 발견하지 못하여 계좌를 개설하기에 이르렀다는 등의 특별한 사정은 찾아보기 어려운 바, 이 사건 법인 명의 계좌가 개설된 것은 피해 금융기관 업무담당자의 불충분한 심사에 기인한 것으

---

11) 대판 2023.08.31. 2021도17151

로 볼 여지가 많아 계좌개설 신청인인 피고인의 위계가 업무방해의 위험성을 발생시켰다고 할 수 없으므로 위계에 의한 업무방해죄를 구성하지 않는다고 보아야 합니다.

라. 소결

그러므로 이 부분 공소사실은 범죄가 되지 아니하거나 범죄의 증명이 없는 때에 해당하므로, 형사소송법 제325조 전단 또는 후단에 따라 피고인에게 무죄 판결이 선고될 것으로 예상됩니다.[12]

4. 성매매처벌법위반(성매매알선등)의 점

가. 쟁점

피고인은 이 부분 공소사실을 인정하고 있으나, 피고인의 변호인은 이 부분 공소사실과 관련하여 성매매업소 현장에서 영장 없이 실시한 현장녹음 및 업무시설과 콘돔을 영장 없이 촬영한 사진 등은 증거능력이 없고, 진술거부권을 고지 받지 않은 이을녀의 진술서는 위법하게 수집된 증거로 증거능력이 없다고 하고 있어 자백을 보강할 증거능력 있는 증거가 있는지 문제됩니다.

나. 증거능력의 검토

1) 현장녹음 CD의 증거능력

수사기관이 적법한 절차와 방법에 따라 범죄를 수사하면서 현재 그 범행이 행하여지고 있거나 행하여진 직후이고, 증거보전의 필요성 및 긴급성이 있으며, 일반적으로 허용되는 상당한 방법으로 범행현장에서 현행범인 등 관련자들과 수사기관의 대화를 녹음한 경우라면, 위 녹음이 영장 없이 이루어졌다 하여 위법하다고 단정할 수 없습니다. 이는 설령 그 녹음이 행하여지고 있는 사실을 현장에 있던 대화상대방, 즉 현행범인 등 관련자들이 인식하지 못하고 있었더라도, 통신비밀보호법 제3조 제1항이 금지하는 공개되지 아니한 타인 간의 대화를 녹음한 경우에 해당하지 않는 이상 마찬가지입니다. 수사기관이 일반적으로 허용되는 상당한 방법으로 녹음하였는지는 수사기관이 녹음장소에 통상적인 방법

---

[12] 위 대판 2023.08.31. 2021도17151 사건의 원심인 인천지법 2021.11.25. 2021노2136 에 의하면, "업무방해의 점은 범죄가 되지 아니하거나 범죄의 증명이 없는 때에 해당하므로, 형사소송법 제325조에 따라 피고인에게 무죄를 선고하기로 하여 주문과 같이 판결한다."고 하였음.

으로 출입하였는지, 녹음의 내용이 대화의 비밀 내지 사생활의 비밀과 자유 등에 대한 보호가 합리적으로 기대되는 영역에 속하는지 등을 종합적으로 고려하여 신중하게 판단하여야 합니다.13)

이 사건 녹음은 대화의 당사자인 경찰관이 손님으로 가장하고 이 사건 성매매업소를 방문하여 위 업소를 운영하는 피고인 및 종업원인 이을녀와 자신의 대화 내용을 녹음한 것으로 통신비밀보호법 제3조 제1항이 금지하는 공개되지 아니한 타인 간의 대화를 녹음한 경우에 해당하지 않는 점, 사전에 제보를 받고 단속 현장에 나간 위 사법경찰관은 불특정 다수가 출입할 수 있는 이 사건 성매매업소에 통상적인 방법으로 들어가 적법한 방법으로 수사를 하는 과정에서 피고인의 이 사건 성매매알선 범행이 행하여진 시점에 위 범행의 증거를 보전하기 위하여 범행 상황을 녹음한 점, 녹음의 내용이 대화의 비밀 내지 사생활의 비밀과 자유 등에 대한 보호가 합리적으로 기대되는 영역에 속한다고 보기도 어려운 점 등을 종합하면 녹음이 영장 없이 이루어졌다 하여 이를 위법하다고 할 수 없습니다.

2) 업무시설 및 콘돔 사진의 증거능력

검사 또는 사법경찰관은 형사소송법 제212조의 규정에 의하여 피의자를 현행범인으로 체포하는 경우에 필요한 때에는 체포현장에서 영장 없이 압수·수색·검증을 할 수 있고(형사소송법 제216조 제1항 제2호), 이와 같이 압수한 물건을 계속 압수할 필요가 있는 경우에는 체포한 때부터 48시간 이내에 지체 없이 압수영장을 청구하여야 합니다(형사소송법 제217조 제2항).

경찰관은 이 사건 성매매알선 행위를 범죄사실로 하여 피고인을 현행범인으로 체포하였고, 단속 경찰관들이 그 체포현장인 이 사건 성매매업소를 수색하여 체포의 원인이 되는 이 사건 성매매알선 혐의사실과 관련하여 업무시설 및 콘돔 사진 촬영을 하였는바, 이는 형사소송법 제216조 제1항 제2호에 의하여 예외적으로 영장에 의하지 아니한 강제

---

13) 대판 2024.05.30. 2020도9370 - 위 판결 사안에서 법원은 "이 사건 녹음은 대화의 당사자인 사법경찰관 공소외 2가 손님으로 가장하고 이 사건 성매매업소를 방문하여 위 업소를 운영하는 피고인 및 종업원인 공소외 1과의 대화 내용을 녹음한 것으로 통신비밀보호법 제3조 제1항이 금지하는 공개되지 아니한 타인간의 대화를 녹음한 경우에 해당하지 않는다. 또한 사전에 제보를 받고 단속 현장에 나간 위 사법경찰관은 불특정 다수가 출입할 수 있는 이 사건 성매매업소에 통상적인 방법으로 들어가 적법한 방법으로 수사를 하는 과정에서, 피고인의 이 사건 성매매알선 범행이 행하여진 시점에 위 범행의 증거를 보전하기 위하여 범행 상황을 녹음하였다. 녹음의 내용이 대화의 비밀 내지 사생활의 비밀과 자유 등에 대한 보호가 합리적으로 기대되는 영역에 속한다고 보기도 어렵다. 따라서 위 녹음이 비록 대화상대방인 피고인 및 공소외 1이 인식하지 못한 사이에 영장 없이 이루어졌다 하여 이를 위법하다고 할 수 없다."고 판시하였음.

처분을 할 수 있는 경우에 해당한다고 봄이 상당하므로 그 수색이나 촬영이 영장 없이 이루어졌다고 하더라도 위법하다고 할 수 없습니다. 나아가 압수는 증거물 또는 몰수할 것으로 사료되는 물건의 점유를 취득하는 강제처분인데(대법원 2013. 9. 26. 선고 2013도7718 판결 등 참조), 범행현장에서 발견된콘돔을 촬영하였다는 사정만으로는 단속 경찰관들이 강제로 그 점유를 취득하여 이를 압수하였다고 할 수 없으므로 사후에 압수영장을 받을 필요가 있었다고 보기도 어려운바, 위 업무시설 및 콘돔 사진의 증거능력이 인정된다 할 것입니다.[14]

3) 이을녀의 진술서

수사기관에 의한 진술거부권 고지의 대상이 되는 피의자의 지위는 수사기관이 조사대상자에 대하여 범죄의 혐의가 있다고 보아 실질적으로 수사를 개시하는 행위를 한 때에 인정되는 것으로 봄이 상당한바, 이러한 피의자의 지위에 있지 아니한 자에 대하여는 진술거부권이 고지되지 아니하였다 하더라도 그 진술의 증거능력을 부정할 것은 아닙니다.[15]

이을녀의 진술서에 기재된 내용은 피고인의 성매매알선 행위에 관한 것에 한정되고, 성매매미수범에 관한 처벌규정이 없는 이상 성매매알선 행위에 따라 실제로 성매매 행위를 하지 않은 이을녀에 대한 범죄혐의사실이 위 진술서에 포함되어 있다고 볼 수 없습니다. 따라서 이을녀가 피의자로서의 지위가 아닌 참고인으로서 조사를 받으면서 수사기관으로부터 진술거부권을 고지받지 않았더라도 그 이유만으로 그 진술이 위법수집증거로서 증거능력이 없다고 할 수 없습니다.

이을녀의 진술서는 피고인이 아닌 자가 수사과정에서 작성한 진술서로서 형사소송법 제312조 제5항에 따라 준용되는 제312조 제4항의 요건을 갖추면 되는바, 이을녀에 대한 변론 분리 후 이을녀에 대한 증인신문과정에서 원진술자인 이을녀가 진술서의 진정성립을 인정하는 등 제312조 제4항의 요건을 갖춘바, 위 진술서는 증거능력이 있습니다.

---

[14] 대판 2024.05.30. 2020도9370
[15] 대판 2011.11.10. 2011도8125, 대판 2015.10.29. 2014도5939, 대판 2024.05.30. 2020도9370

다. 소결

그러므로 이 부분 공소사실은 피고인이 자백하고 있고, 현장녹음 CD, 업소시설 및 콘돔촬영 사진, 이을녀의 진술서, 임대차계약서, 홍길동과 이영신의 진술서 등 보강증거가 있으므로 유죄판결이 선고될 것으로 보입니다.

5. 모욕의 점

가. 쟁점

이 부분 공소사실은 피고인이 인정하고 있으나 모욕죄는 친고죄이므로 고소기간이 도과된 것인지 문제됩니다.

나. 법리

모욕죄는 친고죄이므로 고소기간은 범인을 알게 된 날로부터 6월입니다(형사소송법 제230조 제1항 본문).

다. 이 사건의 경우

이을녀의 고소장에 의하면 고소인이 범인을 알게 된 날은 김갑동으로부터 욕설을 들은 2025. 2. 27.이고, 범인의 처벌을 요구하는 의사를 표시한 날은 2025. 8. 29.인바, 고소기간을 도과한 사실이 역수상 명백합니다.

라. 소결

그러므로 이 부분 공소사실은 공소제기 절차가 법률의 규정에 위반하여 무효인 때에 해당하므로 형사소송법 제327조 제2호의 공소기각 판결이 선고될 것으로 보입니다.

변론요지서

Ⅱ. 피고인 이을녀에 대하여(40점)

1. 공갈의 점

가. 공소사실에 대한 인부 및 쟁점

피고인은 이 부분 공소사실을 인정하고 있으나 확정된 약식명령의 기판력이 미치는지 문제됩니다.

나. 법리

확정판결이 있는 사건과 동일사건에 대하여 공소의 제기가 있는 경우에는 판결로써 면소의 선고를 하여야 하는 것인바(형사소송법 제326조 제1호), 확정판결의 기판력이 미치는 것인지의 여부는 그 기본적 사실관계가 동일한 것인가의 여부에 따라 판단합니다.[16]

공소사실이나 범죄사실의 동일성 여부는 사실의 동일성이 갖는 법률적 기능을 염두에 두고 피고인의 행위와 그 사회적인 사실관계를 기본으로 하되 그 규범적 요소도 고려하여 판단하여야 합니다.[17]

포괄일죄 관계인 범행의 일부에 대하여 약식명령이 확정된 경우에는 약식명령 발령시를 기준으로, 그 이전에 이루어진 범행에 대하여는 확정판결의 기판력이 미칩니다.[18]

다. 이 사건의 경우

피고인이 서울중앙지방법원 2025고약7777 약식명령에 의해 유죄로 확정된 협박의 범죄사실과 이 사건 공갈의 공소사실은 범행일시와 장소가 동일하고 위 협박 행위가 이 사건 공갈의 실행행위에 포함되는 것으로 평가되는 점, 피고인이 피해자를 협박한 행위와 협박한 상태에서 300만원을 갈취한 행위는 모두 피고인이 피해자로부터 돈을 갈취하려는 단일의 범의 하에 저지른 상호 수단과 결과의 관계에 있는 일련의 행위로서 밀접한 인과관계가 있는 점 등에 비추어 보면 기본적 사실관계가 동일하므로 유죄로 확정된 위 약식명령의 기판력이 이 사건 공소사실에도 미친다 할 것입니다.

---

[16] 대판 1994.03.22. 93도2080(전합), 대판 2010.02.25. 2009도14263
[17] 대판 1998.08.21. 98도749
[18] 대판 2023.06.29. 2020도3705

라. 소결

그러므로 이 부분 공소사실은 확정판결이 있는 때에 해당하므로 소송법 제326조 제1호의 면소 판결을 선고해주시기 바랍니다.

2. 사기의 점

가. 공소사실의 인부 및 쟁점

피고인은 이 부분 공소사실을 인정하고 있으나 피고인은 사람을 기망한 것이 아니므로 사기죄가 성립하는지 문제됩니다.

나. 법리

형법 제347조 사기죄의 성립요건인 기망행위는 사람으로 하여금 착오를 일으키게 하는 것을 말하므로 사람에 대한 기망행위를 수반하지 않는 경우 사기죄로 처벌할 수 없습니다.[19]

다. 이 사건의 경우

피고인이 카드회사로부터 카드론 대출을 받기 위하여 휴대전화에 설치된 피해자 회사들의 애플리케이션을 이용하여 자금용도, 보유자산, 연소득정보, 부채정보, 연소득 대비 고정 지출, 신용점수 등을 입력한 데 따라 대출이 전산상 자동적으로 처리되어 송금 받을 계좌로 대출금이 송금된바, 그 대출신청을 처리하는 일련의 과정에 피해자 회사들의 직원이 대출신청을 확인하거나 대출금을 송금하는 등으로 개입하였다고 인정할 만한 사정은 보이지 않으므로, 피고인이 대출을 받는 과정에서 피해자 회사들의 직원 등 사람을 기망하였다고 볼 수 없습니다. 따라서 피고인의 이 사건 공소사실 기재 행위는 사람에 대한 기망행위를 수반하지 않으므로 사기죄에 해당하지 않는다 할 것입니다.

라. 소결

그러므로 이 부분 공소사실은 죄가 되지 아니하므로 형사소송법 제325조 전단의 무죄를 선고하여 주시기 바랍니다.

---

[19] 대판 2020.02.27. 2019도14960, 대판 2025.03.27. 2024도18441

3. 도로교통법위반(음주운전)방조의 점

가. 공소사실의 인부 및 쟁점

피고인은 술에 만취하여 김갑동의 음주운전 방조의 고의가 없었다고 주장하고 있는바, 증거의 검토가 문제됩니다.

나. 증거능력 없는 증거

피고인이 자신과 공범관계에 있는 다른 피고인이나 피의자에 대하여 검사가 작성한 피의자신문조서의 내용을 부인하는 경우에는 형사소송법 제312조 제1항에 따라 유죄의 증거가 될 수 없는바[20] 김갑동에 대한 검찰 작성 피의자신문조서는 피고인 이을녀가 내용부인 취지로 부동의하므로 형사소송법 제312조 제1항에 의하여 증거능력이 없습니다.

다. 신빙성 없는 증거 및 부족증거

이 부분 공소사실에 부합하는 듯한 김갑동의 법정진술의 경우 ① 김갑동은 경찰 진술 당시에는 이을녀의 음주운전 방조사실에 관하여 진술하지 않다가 검찰에 이르러 갑자기 진술을 번복하여 이을녀가 음주운전을 방조하였다고 진술하기 시작하여 그 진술에 일관성이 없는 점, ② 김갑동은 성매매업소 단속 당시 이을녀가 경찰에 진술서를 제출한 것이 화가 나 이을녀에게 음주운전의 책임을 전가하기 위해 허위로 진술하였을 가능성이 있는 점 등에 비추어 신빙성이 없습니다.

한편, 피고인은 이 사건 직후부터 이 법정에 이르기까지 일관되게 자신은 당시 술에 만취하여 기억이 나지 않는다고 하고 있고, 김갑동이 음주운전을 하기 전 술을 마신 식당 종업원 강순애의 경찰 조사 당시의 진술 중 '조수석에 탑승한 여자도 남성이 음주운전을 하는 사실을 알고 있었을 것'이라는 부분의 경우 피고인이 음주운전을 방조하였다는 것이 아니라 추측성 진술에 불과하고, 오히려 위 강순애의 법정 증언에 의하면 '여자(피고인 이을녀)가 만취한 상태에서 식당에서 잠을 자다가 남자의 부축을 받아서 식당을 나갔다'는 것이므로 피고인의 진술에 부합하고 있습니다.

한편, 나머지 주취운전자적발보고서, 수사보고(주취운전자 정황보고)만으로는 피고인 이을녀에 대한 공소사실을 인정하기에 부족하고 달리 위 혐의를 인정할 증거가 없다 할 것입니다.

---

[20] 대판 2023.06.01. 2023도3741, 대판 2024.08.29. 2024도8200

라. 소결

그러므로 이 부분 공소사실은 합리적 의심 없이 증명되지 아니하므로 형사소송법 제325조 후단의 무죄 판결을 선고하여 주시기 바랍니다.

4. 성폭법위반(카메라등이용촬영)의 점

가. 공소사실의 인부 및 쟁점

피고인은 이 부분 공소사실을 인정하고 있으나 피고인의 행위에 대하여 죄가 성립하는지 문제됩니다.

나. 법리

성폭법 제14조 제1항은 촬영의 대상을 '사람의 신체'로 규정하고 있으므로, 사람의 신체 그 자체를 직접 촬영하는 행위만이 위 조항에서 규정하고 있는 '사람의 신체를 촬영한 행위'에 해당하고, 사람의 신체 이미지가 담긴 영상을 촬영한 행위는 이에 해당하지 않습니다.[21]

다. 사안의 경우

피고인이 피해자와 영상통화를 하면서 피해자가 나체로 샤워하는 모습을 휴대전화 녹화기능을 이용하여 녹화·저장한 행위는 피해자의 신체 그 자체가 아니라 피고인의 휴대전화에 수신된 신체 이미지 영상을 대상으로 한 것이어서 위 조항이 정하는 '사람의 신체를 촬영한 행위'에 해당한다고 볼 수 없습니다.[22]

라. 소결

그러므로 이 부분 공소사실은 범죄가 되지 아니하므로 형사소송법 제325조 전단 무죄 판결을 선고해주시기 바랍니다.

5. 경범죄처벌법위반의 점

가. 공소사실의 인부 및 쟁점

피고인은 이 부분 공소사실이 기억나지 않아 부인하고 있는바, 공소사실이 특정된 것인지가 문제됩니다.

---

21) 대판 2013.06.27. 2013도4279, 대판 2018.08.30. 2017도3443, 대판 2024.10.31. 2024도10477, 대판 2025.06.05. 2024도16133 등
22) 대판 2024.10.31. 2024도10477

나. 법리

형사소송법 제254조 제4항은 "공소사실의 기재는 범죄의 시일, 장소와 방법을 명시하여 사실을 특정할 수 있도록 하여야 한다"고 규정하여 공소사실을 구체적으로 특정할 것을 요구하고 있는바 이는 법원에 대하여 심판의 대상을 한정함으로써 심판의 능률과 신속을 꾀함과 동시에 방어의 범위를 특정하여 피고인의 방어권 행사를 쉽게 해 주려는 데 그 취지가 있습니다.[23] 따라서 검사는 가능한 한 기소 당시의 증거에 의하여 이를 특정하여야 할 것이고, 이에 이르지 아니함으로써 사실상 피고인의 방어권행사에 지장을 가져오는 경우에는 형사소송법 제254조 제4항에서 정하고 있는 구체적인 범죄사실의 기재가 있는 공소장이라고 할 수 없습니다.[24]

공소장의 기재가 불분명한 경우에는 법원은 형사소송규칙 제141조에 따라 검사에게 석명을 한 다음, 그래도 검사가 이를 명확하게 하지 않은 때에는 공소사실의 불특정을 이유로 공소를 기각해야 합니다.[25]

다. 사안의 경우

이 사건 공소사실은 범죄의 장소를 CU 편의점 옆 골목이라고만 기재하여 장소를 특정하지 않았으며 범죄의 방법과 관련하여 경범죄 처벌법 제3조 제1항 제12호에서 정한 여러 행위 중 어떠한 행위를 어떻게 하였다는 것인지 전혀 기재되어 있지 않아 공소사실이 특정되었다고 볼 수 없습니다. 또한 피고인은 공소사실에 대하여 전혀 기억하지 못하는바, 범죄 일시와 방법이 특정되지 않아 방어권 행사에도 현저한 지장이 있다 할 것입니다.

라. 소결

그러므로 이 부분 공소사실은 공소사실이 특정되었다고 볼 수 없어 공소제기 절차가 법률의 규정에 위반되어 무효인 때에 해당하므로 형사소송법 제327조 제2호의 공소기각 판결을 선고해주시기 바랍니다.

---

[23] 대판 2009.10.22. 2009도7436(전합)
[24] 대판 2009.05.14. 2008도10885, 대판 2022.12.29. 2020도14662
[25] 대판 1983.06.14. 82도293, 대판 2022.01.13. 2021도13108 등

2025년도 제3차
변호사시험 모 의 시 험 기출문제집

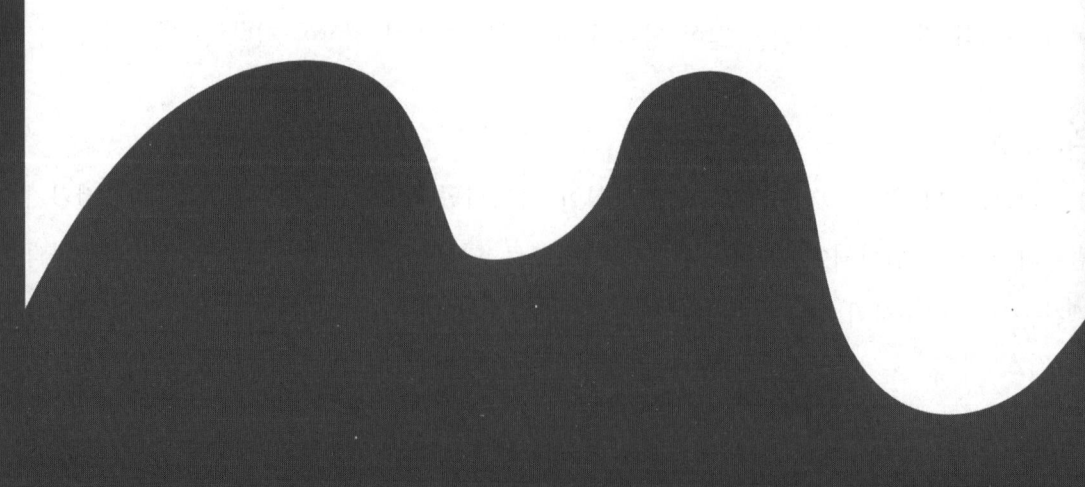

기록형 민사법

2025년도 제3차 변호사시험 모의시험 - 논술형(기록형)

시험과목	민사법(기록형)

응시자 준수사항

【공통사항】
1. 시험 시작 전 문제지의 봉인을 손상하는 경우, 봉인을 손상하지 않더라도 문제지를 들추는 행위 등으로 문제 내용을 미리 보는 경우 그 답안은 영점으로 처리됩니다.
2. 시험시간 중에는 휴대전화, 스마트워치, 무선이어폰 등 무선통신 기기를 비롯한 전자기기를 지녀서는 안 됩니다.
3. 답안지에는 문제 내용을 쓸 필요가 없으며, 답안 이외의 사항을 기재하거나 밑줄 기타 어떠한 표시도 하여서는 안 됩니다.
4. 지정된 시각까지 지정된 시험실에 입실하지 않거나 시험관리관의 승인 없이 시험시간 중에 시험실에서 퇴실한 경우, 그 시간 시험과 나머지 시간의 시험에 응시할 수 없습니다.
5. 시험시간 중에는 어떠한 경우에도 문제지를 시험실 밖으로 가지고 갈 수 없고, 그 시험시간이 끝난 후에는 문제지를 시험장 밖으로 가지고 갈 수 있습니다.

【IBT 방식】
1. 시험시간은 프로그램에 의해 자동 시작, 종료되며 시험이 종료되면 답안을 수정하는 등 답안 작성을 일절 할 수 없습니다.

【수기 방식】
1. 답안은 흑색 또는 청색 필기구(수성펜이나 연필 사용 금지) 중 한 가지 필기구만을 사용하여 답안 작성란(흰색 부분) 안에 기재하여야 합니다.
2. 답안지에 성명과 수험번호 등을 기재하지 않아 인적사항이 확인되지 않는 경우에는 영점으로 처리되는 등 불이익을 받게 됩니다. 특히 답안지를 바꾸어 다시 작성하는 경우, 성명 등의 기재를 빠뜨리지 않도록 유의하여야 합니다.
3. 답안을 정정할 경우에는 두 줄로 긋고 다시 써야 하며, 수정액·수정테이프 등은 사용할 수 없습니다.
4. 시험 종료 시각에 임박하여 답안지를 교체했더라도 시험시간이 끝나면 그 즉시 새로 작성한 답안지를 회수합니다.
5. 시험시간이 지난 후에는 답안지를 일절 작성할 수 없습니다. 이를 위반하여 <u>시험시간이 종료되었음에도 불구하고 계속 답안을 작성할 경우 그 답안은 영점으로 처리됩니다.</u>
6. 답안은 답안지의 쪽수 번호 순으로 써야 합니다. <u>배부된 답안지는 백지 답안이라도 모두 제출</u>하여야 하며, <u>답안지를 제출하지 아니한 경우 그 시간 시험과 나머지 시험에 응시할 수 없습니다.</u>

법학전문대학원협의회
THE ASSOCIATION OF KOREAN LAW SCHOOLS

【문　　제】

　귀하는 변호사 정만대로서, 의뢰인 전찬성과의 상담을 통해 아래 【상담내용】과 같은 사실관계를 청취하고, 【의뢰인 희망사항】 기재사항에 관한 본안소송의 대리권을 수여받고, 첨부된 서류를 자료로 받았습니다.
　의뢰인을 위한 본안의 소를 제기하기 위한 소장을 작성하시오.

【작성요령】

1. 소장 작성일 및 소 제기일은 2025. 10. 20.로 하시오.
2. 일방 당사자가 여러 명인 경우 성명으로 특정하시오(예, '피고 홍길동').
3. 청구취지와 청구원인은 가급적 피고별로 나누어 기재하시오.

[이하의 작성요령은 실무의 기준과 다를 수 있음]

4. 관할권이 있는 법원 중 한 곳에 1건의 공동소송으로 제기하되, 공동소송의 요건은 갖추어진 것으로 전제하고, 전속관할이 있는 청구가 있으면 반드시 그 관할법원에 소를 제기하며, 주관적이든 객관적이든 예비적·선택적 병합청구는 하지 마시오.
5. 【의뢰인 희망사항】 란에 기재된 희망사항에 부합하되, 현행법과 그 해석상 승소 가능한 최대한의 범위에서 청구하고, 소 각하나 청구기각 부분이 발생하지 않도록 하시오.
6. 제시된 사실관계만으로 상대방에게 항변사유가 있고 그 요건이 갖추어진 것으로 판단되면 이를 청구범위에 반영하고, 【사건관계인의 주장】으로 정리된 사항 중 원고의 주장에 관하여는 해당 법리에 대한 판단을 거쳐서 청구를 하고, 피고의 주장에 관하여는 이유 있다고 판단되면 청구범위에 반영하되 이유 없다고 판단되면 해당 청구원인 부분에 배척의 이유를 기재하시오.
7. 【의뢰인 상담일지】와 첨부자료에 기재된 사실관계는 모두 사실에 부합한 것으로 보고(의견에 해당하는 사항은 제외), 기재되지 않은 사실은 없는 것으로 전제하며, 첨부된 서류는 모두 진정하게 성립된 것으로 간주하시오. 기록의 내용증명은 별도의 송달일자가 있는 경우 그 해당일자에, 그렇지 않은 경우에는 발송일자 무렵에 각 적법하게 송달된 것으로 간주하시오. 기록에 (인)으로 표시된 부분은 적법하게 날인된 것으로 간주하시오.
8. <증명방법>과 <첨부서류>란 기재는 생략하고, 부동산의 표시는 아래 [목록(부동산의 표시)]을 소장 말미에 첨부함을 전제로 하여 작성하므로 소장 말미에 [별지 목록]을 기재 내지 작성하지 마시오.
9. 기간에 비례하여 정기적으로 발생하는 이자, 지연손해금, 부당이득에 대하여는 다시 지연손해금 청구를 하지 마시오.
10. 관련 증거자료를 제시하여 기술할 필요는 없음. 사건 파악에 지장이 없는 범위에서 오탈자 등이 있을 수 있음.
11. 기록상의 날짜가 공휴일인지 여부, 주소지가 실재하는지 여부, 문서의 서식이 실제와 부합하는지 여부는 고려하지 마시오.

목　록 (부동산의 표시)

1. 전남 영광군 대마면 남산리 757 답 1,000㎡
2. (1동의 건물의 표시)
   서울 송파구 잠실동 57 행복아파트 102동
   [도로명주소] 서울 송파구 송파대로 687
   철근콘크리트조 평옥개 5층 아파트
   1층 339.21㎡
   2층 339.21㎡
   3층 339.21㎡
   4층 339.21㎡
   5층 339.21㎡
   옥탑 36㎡
   지하실 157.98㎡
   (대지권의 목적인 토지의 표시)
   서울 송파구 잠실동 57 대 10,539㎡
   (전유부분의 건물의 표시)
   제3층 제301호 철근콘크리트조 37.12㎡
   (대지권의 표시)
   소유권대지권 3,188분의 8.616. 끝.

[참고자료]

각급 법원의 설치와 관할구역에 관한 법률(일부)

제4조(관할구역) 각급 법원의 관할구역은 다음 각 호의 구분에 따라 정한다. 다만, 지방법원 또는 그 지원의 관할구역에 시·군법원을 둔 경우 「법원조직법」 제34조제1항 제1호 및 제2호의 사건에 관하여는 지방법원 또는 그 지원의 관할구역에서 해당 시·군법원의 관할구역을 제외한다.
1. 각 고등법원·지방법원과 그 지원의 관할구역: 별표 3

　(이하 제2호 내지 제8호는 생략)

[별표3] 고등법원·지방법원과 그 지원의 관할구역(일부)

고등법원	지방법원	지원	관할구역
서울	서울중앙		서울특별시 종로구·중구·강남구·서초구·관악구·동작구
	서울동부		서울특별시 성동구·광진구·강동구·송파구
	서울남부		서울특별시 영등포구·강서구·양천구·구로구·금천구
	서울북부		서울특별시 동대문구·중랑구·성북구·도봉구·강북구·노원구
	서울서부		서울특별시 서대문구·마포구·은평구·용산구
광주	광주		광주광역시·나주시·화순군·장성군·담양군·곡성군·영광군

의뢰인 상담일지

변호사 정만대 법률사무소
서울 서초구 서초대로 54, 403호(서초동)
☎ : 02-530-8945, 팩스 : 02-530-7854, e-mail : jmd@smail.com

접수번호	2025-0165	상담일시	2025. 10. 15.
상담인	전찬성 (010-1234-5678)	내방경위	지인 소개

【상담내용】

1. 대여금 관련
 가. 한때 인쇄소를 운영하였던 의뢰인은 인쇄소를 그만둔 후에도 출판업체 운영자인 백일권과 친분관계를 유지하면서 백일권에게 아래와 같이 사업자금을 빌려주었다.
  - 2014. 8. 21. 1억 원 대여(1차 대여금)
  - 2015. 2. 21. 2억 원 대여(2차 대여금)
 나. 백일권은 2016. 8. 20. 의뢰인에게 위 각 대여금 관련 변제를 위해 1억 2천만 원을 송금한 후 추가 변제를 하지 않았다. 이에 의뢰인은 2020. 8.경 백일권의 재산에 부동산가압류를 해두고, 유체동산가압류도 시도했지만 유체동산가압류는 집행할 재산이 존재하지 않았다.
 다. 그 후에도 백일권은 의뢰인에게 아무런 변제를 하지 않았고, 이에 의뢰인은 백일권에게 문자메시지를 보내어 변제를 요청하기도 하였으나, 백일권은 메시지를 확인하고도 묵묵부답으로 일관하고 있다.

2. 자동차매매계약의 계약금 관련
 가. 의뢰인은 2021. 9. 5. 중고자동차 매매업을 하는 차필승과 사이에, 의뢰인이 차필승으로부터 중고자동차를 대금 7천만 원에 매수하는 내용의 계약을 체결하면서, 계약 당일 차필승에게 계약금 7백만 원을 지급하였다.
 나. 그러나 의뢰인이 차필승 측으로부터 설명 받은 차량과 매매계약서에 기재된 차량은 서로 다른 차량이었고, 2021. 9. 10. 이를 알게 된 의뢰인은 더 이상 매매계약을 이행하지 않은 채 같은 날 차필승에게 통지서를 보내어 계약금의 반환을 요구하였다.

3. 영광군 토지 관련
가. 의뢰인은 1998. 1.경 부친으로부터 영광군 토지를 상속받아 소유하고 있었다. 의뢰인은 서울에 거주하고 있고, 근처를 방문할 일도 거의 없었기에 바로 옆에서 농사를 짓는 사촌동생 전태성에게 토지 관리를 부탁하였다.

나. 의뢰인은 2002. 2.경 전태성으로부터 농지 직불금을 신청해야 하니 필요한 서류를 발급받기 위한 위임장을 보내달라는 요청을 받고 인감증명서 등의 발급을 위한 위임장을 작성해 전태성에게 보내주었다. 전태성은 위임장을 이용하여 매매계약서 등 소유권이전등기에 필요한 서류를 위조한 후 영광군 토지에 관하여 자기 명의로 소유권이전등기를 마쳤다.

다. 의뢰인은 본업에 바빠 소유권이 이전된지도 모르고 지내다가 2013년경 우연히 등기부등본을 확인해보고 소유권이 전태성에게 이전된 사실을 알게 되었다. 의뢰인이 전태성을 찾아가 항의하자, 전태성은 자신의 잘못을 인정하며 건강이 좋지 않고 경제적 형편도 어렵다고 하소연하였다. 의뢰인은 전태성이 딱하다는 생각도 들고, 당장 영광군 토지가 필요한 상황은 아니었기에 전태성에게 확인서만 받아 두고 추후 소유권을 다시 이전받기로 하였다.

라. 전태성은 자녀 없이 2015년경 사망하였다. 의뢰인은 홀로 남은 전태성의 배우자 김말숙이 안타까워 영광군 토지에 대해 특별한 조치를 취하지 않았다. 그런데 최근 영광군 토지 인근에 산업단지가 개발된다는 소식이 들려와 김말숙에게 토지를 돌려달라고 요청했는데, 김말숙은 자기 땅이 되었다고 주장하고 있다. 그리고 최근 등기부등본을 다시 확인해 보니 김기봉 명의 가압류등기, 박대여 명의 근저당권설정등기, 이진동 명의 근저당권이전등기 등 의뢰인이 전혀 알지 못하는 등기가 마쳐져 있었다.

4. 송파구 아파트 관련
가. 의뢰인은 노후에 신축 아파트에 거주하고 싶어서 2025. 1. 7. 최고가로부터 재건축을 앞두고 있는 송파구 아파트를 매매대금 15억 원에 매수하였다. 송파구 아파트는 토지거래허가구역 내 위치하고 있어 계약을 체결하기 전에 토지거래허가를 받아야 했으나, 매도인 최고가가 본인의 사정상 급전이 필요하고, 계약일을 앞당길 필요가 있다고 하여 토지거래허가를 받지 않고 계약하되 대신 매매대금을 시세보다 다소 저렴하게 정하였고, 계약금 1억 5,000만 원을 당일 지급하였다.

나. 의뢰인과 최고가는 2025. 4. 30.까지 토지거래허가를 받고, 2025. 5. 13. 잔금 지급과 소유권 이전을 동시에 하기로 약정하였다. 그런데 계약 직후 부동산 시세가 급등하자, 최고가는 이런저런 핑계를 대며 토지거래허가에 협조해주지 않았다. 그러던 중 2025. 5. 13.이 되자, 최고가는 공인중개사 사무소에 등기서류를 맡겨 놓았다며 잔금을 그날 지급하지 않으면 계약을 해제하겠다고 주장했다. 의뢰인은 토지거래허가를 받지 못한 상태에서 등기서류를 받아봐야 의미가 없기에 잔금지급을 거절했다.

다. 2025. 8. 29. 송파구 아파트에 대한 토지거래허가구역 지정이 해제되었고, 의뢰인은 최고가에게 계약이행을 촉구하였다. 그런데 2025. 9. 4. 최고가는 해약금 약정에 따라 계약을 해제한다고 주장하였다. 의뢰인은 최고가의 위 해약금 해제가 유효하지 않다고 판단하였고, 다시 해약금 해제를 하는 것을 막기 위해 2025. 9. 5. 최고가에게 잔금 중 일부인 3억 5,000만 원을 지급하였다.

【사건관계인의 주장】

1. 백일권은 2025. 10. 20. 현재 의뢰인의 백일권에 대한 각 대여금의 원금, 이자, 지연손해금 채권은 모두 변제 및 시효 완성으로 소멸하였다고 주장한다. 이에 대하여 의뢰인은 변제충당, 시효중단 등을 고려하면, 아직 소멸하지 않은 채권이 존재한다고 주장한다.

2. 차필승은, 의뢰인은 '자동차 매매계약 당시 황바람으로부터 기망 당하였다'는 취지로 주장하는데, 차필승은 황바람이 의뢰인을 기망했는지 여부를 알지 못하므로, 민법 제110조 제2항에 따라 의뢰인은 매매계약을 취소할 수 없다고 주장하고, 그렇지 않더라도 의뢰인이 취소 원인을 밝히지 않고서 한 기존의 취소권 행사는 그 효력이 없으며, 2025. 10. 20. 현재는 제척기간이 도과하여 더 이상 취소권을 행사할 수 없다고 주장한다.

3. 김말숙은, 2002. 3. 4.부터 자주점유를 개시한 전태성의 점유를 승계하여 2022. 3. 4. 영광군 토지에 관한 점유취득시효가 완성되었고, 김말숙 단독으로 2025. 1. 29. 등기부취득시효가 완성된 이상 김말숙 명의 등기는 실체적 권리관계에 부합하여 유효하다고 주장한다. 또한 전태성의 토지 개간비용 지출로 인한 유익비상환청구권을 기초로 하는 유치권이 성립한 이상 영광군 토지를 점유할

정당한 권원이 있고(지출한 유익비는 3,000만 원이고, 현존 이익은 2,000만 원인데 이 사건 소송절차에서 실제로 청구할 의사는 없고 추후 별도 청구 예정이다), 선의 점유자이므로, 영광군 토지의 과실수취권이 있다고 주장한다.

4. 박대여는 근저당권을 이진동에게 이전해 준 이상 자신은 영광군 토지와 아무런 관련이 없다고 주장한다.

5. 이진동은 자신은 근저당권의 이전등기만 마쳤을 뿐이고, 근저당권설정등기를 마친 사람은 박대여이므로, 그 말소는 박대여에게 구하여야 한다고 주장한다.

6. 최고가는, 송파구 아파트 매매계약에서 2025. 4. 30.까지 토지거래허가를 받기로 약정하였는데, 그 기간 내 토지거래허가를 받지 못하였으므로, 매매계약은 확정적 무효이고, 확정적 무효가 아니라 해도 여전히 유동적 무효인 이상 의뢰인은 그 이행을 청구할 수 없다고 주장한다. 또한 설령 무효가 아니라 해도 매매계약은 2025. 5. 13. 의뢰인의 이행지체에 따라 해제되었고, 2025. 9. 4. 해약금 약정에 따른 해제권행사로도 해제되었다고 주장한다. 그리고 만일 계약이 해제되지 않았다 해도 잔금을 지급받을 때까지는 소유권이전등기를 마쳐줄 수 없다고 주장한다.

【의뢰인 희망사항】

1. 백일권에 대한 각 대여 원금, 이자, 지연손해금 채권 중 변제, 소멸시효로 소멸하지 않은 부분이 있다면, 이를 전부 받아내고 싶다.

2. 차필승과 체결한 자동차매매계약 취소를 원인으로 기지급한 계약금을 돌려받고, 지연손해금도 지급받고 싶다.

3. 김말숙으로부터 영광군 토지를 돌려받고 싶고, 영광군 토지에 설정된 타인 명의 소유권이전등기, 근저당권, 가압류 등 의뢰인의 소유권 행사에 방해되는 등기가 모두 말소되었으면 좋겠다. 그리고 김말숙의 영광군 토지 사용 대가를 가능한 범위 내에서 전부 받아내고 싶다.

4. 최고가로부터 행복아파트 소유권을 이전받고 싶다. 소유권 이전이 불가능하다면 최고가의 토지거래허가 비협조에 따른 손해배상금과 기지급한 일부 매매대금이라도 지급받고 싶다.

차용증

대여자 : 전찬성 (성전인찬)

차용인 : 백일권 (권백인일)

위 차용인은 위 대여자로부터 1억 원을 이자 월 1%(매월 20일 지급), 변제기 2015. 8. 20.로 정하여 차용함

2014년   8월   21일

차용증

대여자 : 전찬성 (전찬성인)

차용인 : 백일권 (백일권인)

위 차용인은 위 대여자로부터 2억 원을 이자 월 1%(매월 20일 지급), 변제기 2016. 2. 20.로 정하여 차용함

2015년   2월   21일

인터넷 뱅킹 이체확인증

신한은행

입금일 : [2016. 8. 20.] **/시각** [14:30:01]   **입금점** : [인터넷 뱅킹]/**전화번호**:[1577-1000]

보내시는 분	백일권	받으시는 분	전찬성
지급 계좌번호	신한 159-***-1266951	입금 계좌번호	농협은행 010-0000-1111
타행처리번호	07142321533976	입금내역 (CMS코드)	
수수료	0원	금액	120,000,000원
보내는 분 통장메모	전찬성	받은 분 통장 메모	백일권

▶ 위의 내용이 정상적으로 이체되었음을 확인합니다.
▶ 위 명세는 고객편의를 위해 제공되는 것으로, 거래의 참고용으로만 사용하실 수 있습니다.

서 울 서 부 지 방 법 원
결 정

사　　건　　2020카단10882 부동산가압류
채 권 자　　전찬성 (630702-1******)
　　　　　　서울 광진구 아차산로 76, 103동 401호(자양동, 미소아파트)
채 무 자　　백일권 (610830-1******)
　　　　　　서울 강동구 천중로 100, 105동 1046호(길동, 한라아파트)

주 문

채무자 소유의 별지 부동산 목록 기재 부동산을 가압류한다.
채무자는 다음 청구금액을 공탁하고 집행정지 또는 집행취소를 신청할 수 있다.

청구채권의 내용　2015. 2. 21.자 대여금 2억 원 및 이에 대한 이자, 지연손해금 채권
청구금액　　　　　330,000,000원

> 정 본 입 니 다.
> 2020. 9. 10.
> 서울서부지방법원
> 법원주사 황당한 ㊞

이 유

이 사건 부동산가압류신청은 이유 있으므로, 담보로 10,000,000원의 지급보증 위탁계약을 맺은 문서를 제출받고 주문과 같이 결정한다.

2020. 8. 12.
판사　노민호　(인)

별지

부동산 목록

서울 서대문구 연희동 77(연희대로 33) 철근콘크리트조 슬래브 지붕 단층 창고 150㎡. 끝.

· 코트넷 사건검색 기본내용(서울서부지방법원)

사건번호	2020카단10882	사건명	부동산가압류
채권자	전찬성	채무자	백일권
제3채무자		청구금액	330,000,000원
재판부	55(민사)단독	담보내용	(보증보험증권)
접수일	2020. 8. 1.	종국결과	2020. 8. 12. 인용
수리구분	제소	병합구분	없음
기록보존인계일	2021. 9. 15.	기록송부일	
항고인		항고일	
항고신청결과		해제내용	
보존여부	기록보존됨		
결정문송달일	2020. 8. 20.		
송달료(법원/은행)			

(이하생략)

등기사항전부증명서(말소사항 포함) - 건물

[건물] 서울특별시 서대문구 연희동 77   고유번호 1109-2014-326925

【표 제 부】 (건물의 표시)

표시번호	접 수	소재지번	건물내역	등기원인 및 기타사항
1		서울특별시 서대문구 연희동 77 [도로명 주소] 서울특별시 연희동 연희대로 33	철근콘크리트조 슬래브 지붕 단층 창고 150㎡	

【갑 구】 (소유권에 관한 사항)

순위번호	등기목적	접 수	등기원인	권리자 및 기타사항
1	소유권보존	2010년1월10일 제50호		소유자 백일권 (610830-1******) 서울특별시 강동구 천중로 100, 105동 1046호
2	가압류	2020년8월13일 제26775호	2020년8월12일 서울서부지방법원의 가압류결정 (2020카단10882)	청구금액 330,000,000원 채권자 전찬성 (630702-1******) 서울특별시 광진구 아차산로 76, 103동 401호

-- 이 하 여 백 --

수수료 금 1,000원 영수함   관할등기소 서울서부지방법원 등기국 / 발행등기소 법원행정처 등기정보중앙관리소

이 증명서는 등기기록의 내용과 틀림없음을 증명합니다.

서기 2025년 10월 14일
법원행정처 등기정보중앙관리소 전산운영책임관

[등기정보중앙관리소전산운영책임관 인]

* 실선으로 그어진 부분은 말소사항을 표시함.   * 등기기록에 기록된 사항이 없는 갑구 또는 을구는 생략함.

문서 하단의 바코드를 스캐너로 확인하거나 인터넷등기소(http://iros.go.kr)의 발급확인 메뉴에서 발급확인번호를 입력하여 위·변조 여부를 확인할 수 있습니다. 발급확인번호를 통한 확인은 발행일부터 3개월까지 5회에 한하여 가능합니다.

발행번호11360011004936072010961250SLBO114951WKK295021311567   1/1   발행일 2025/10/14

대 법 원

서 울 동 부 지 방 법 원
결 정

사　　　건　　2020카단366987 유체동산가압류
채 권 자　　전찬성 (630702-1******)
　　　　　　서울 광진구 아차산로 76, 103동 401호(자양동, 미소아파트)
채 무 자　　백일권 (610830-1******)
　　　　　　서울 강동구 천중로 100, 105동 1046호(길동, 한라아파트)

주 문

채무자 소유의 별지 목록 기재 유체동산을 가압류한다.
채무자는 다음 청구금액을 공탁하고 집행정지 또는 그 취소를 신청할 수 있다.
청구채권의 내용　　2014. 8. 21.자 대여금 1억 원 반환채권
청구금액　　　　　금 100,000,000원

> 정 본 입 니 다.
> 2020. 8. 17.
> 서울동부지방법원
> 법원주사 오경섭 ㊞

이 유

이 사건 유체동산가압류 신청은 이유 있으므로, 담보로 공탁보증보험증권(서울보증보험주식회사 증권번호 제100-000-000005호)을 제출받고 주문과 같이 결정한다.

2020. 8. 15.
판사　　황경민　(인)

별지

목록

서울 강동구 진황도로 48, 301호에 있는 채무자 백일권의 사무실 내 기계, 기구, 집기 및 사무용품 일체. 끝.

· 코트넷 사건검색 기본내용(서울동부지방법원)

사건번호	2020카단366987	사건명	유체동산가압류
채권자	전찬성	채무자	백일권
제3채무자		청구금액	100,000,000원
재판부	24(민사)단독	담보내용	(보증보험증권)
접수일	2020. 8. 5.	종국결과	2020. 8. 15. 인용
수리구분	제소	병합구분	없음
기록보존인계일	2021. 9. 15.	기록송부일	
항고인		항고일	
항고신청결과		해제내용	
보존여부	기록보존됨		
결정문송달일	2020. 8. 18.		
송달료(법원/은행)			

(이하생략)

서울동부지방법원
유체동산가압류 집행불능조서

사　　　건 : 2020가336

채　권　자 : 전찬성

채　무　자 : 백일권

집 행 권 원 : 서울동부지방법원 2020카단366987 유체동산가압류 결정

집 행 일 시 : 2020. 8. 20. 11:00

집 행 장 소 : 서울 강동구 진황도로 48, 301호(채무자 사무실)

위 집행권원에 의한 유체동산가압류 집행은 아래의 사유로 실시하지 못하였다.

　　　　　　　　　　－ 집행불능사유 －

- 가압류할 채무자 소유 동산이 존재하지 아니하여 그대로 집행절차 종료함.

이 조서는 현장에서 작성하여 집행참여자에게 읽어준(보여준) 즉 승인하고, 다음에 서명날인하였다.

2020. 8. 20.

> 정 본 입 니 다.
> 2020. 8. 30.
> 서울동부지방법원
> 법원주사 오경섭 ㊞

집행관　　강직해

채권자　　전찬성

채무자　　백일권

참여자　성명　　　　　　　　　주민등록번호
　　　　주소

참여자　성명　　　　　　　　　주민등록번호
　　　　주소

문자메시지

[전찬성이 2025. 6. 20. 백일권에게 보낸 휴대전화 메시지]

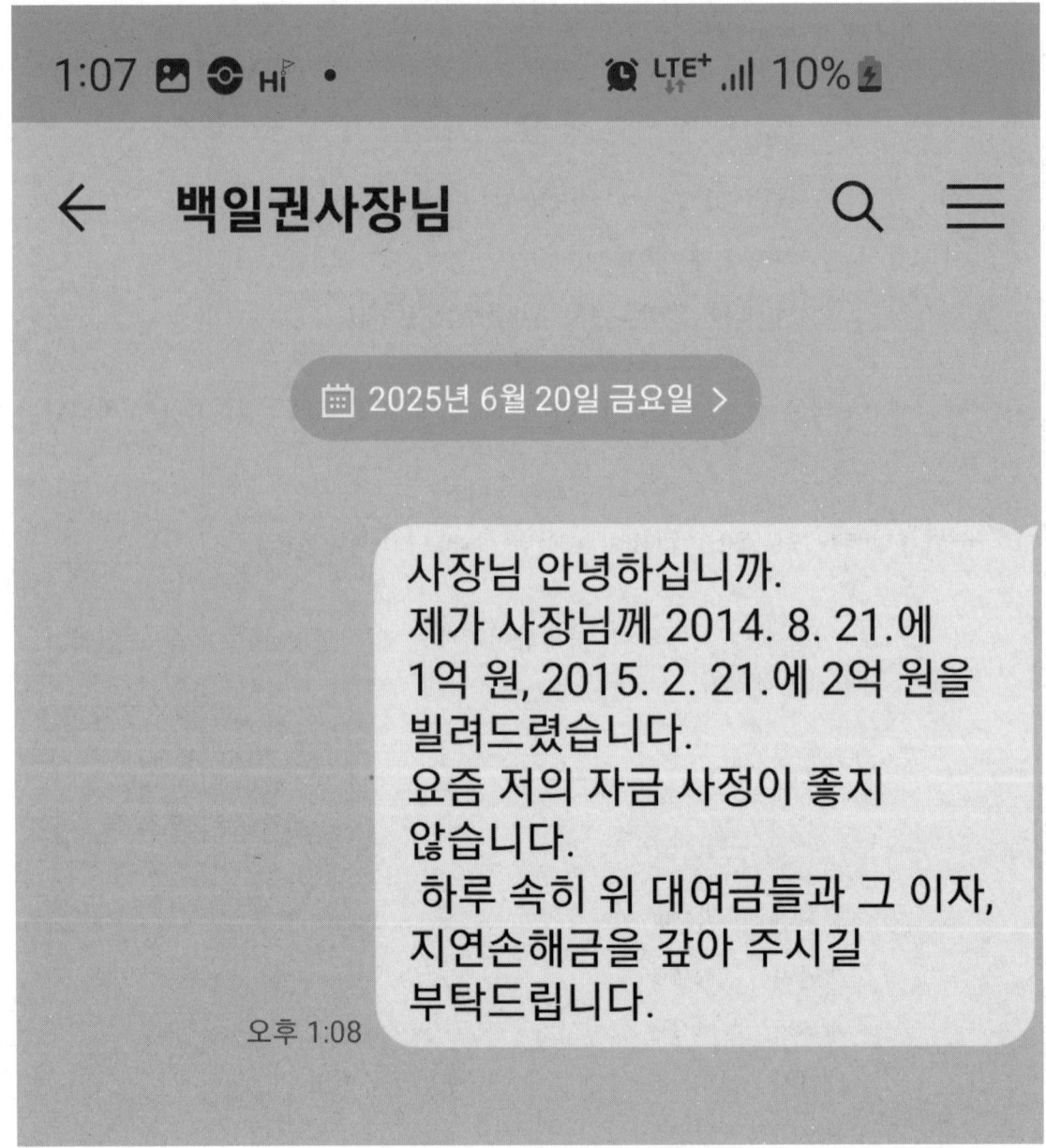

자동차 매매계약서

매도인과 매수인 쌍방은 아래와 같이 자동차 매매계약을 체결한다.

1. 자동차의 표시
등록번호 : ****-*****
차종 : 승용차
차대번호 : 75부9878
차명 : BMW 528i

2. 계약내용
제1조 매수인은 매도인에게 매매대금을 아래와 같이 지불하기로 한다.
　　　매매대금: 7천만 원(70,000,000원)
　　　계 약 금: 7백만 원(7,000,000원). 계약당일 지급 2021. 9. 5. 영수함. 차필승 (승차인필)
　　　잔　　 금: 6천 3백만 원(63,000,000원). 2021. 9. 10. 지급
제2조 매도인은 매수인으로부터 잔금을 지급받음과 동시에 매수인에게 소유권이전등록에 필요한 모든 서류를 교부하며, 위 자동차를 인도한다.
제3조 매도인은 위 자동차에 설정된 제3자 명의의 저당권, 지상권, 임차권 등 소유권의 행사를 제한하는 사유가 있거나, 조세·공과금 기타 부담금의 미납금 등이 있을 때에는 잔금 수수일까지 그 권리의 하자 및 부담 등을 제거한 상태로 소유권이전등록 및 인도를 하여야 한다.
제4조 매수인이 매도인에게 잔금을 지불할 때까지는 매도인은 계약금의 배액을 상환하고, 매수인은 계약금을 포기하고 이 계약을 해제할 수 있다.

이 계약을 증명하기 위하여 계약 당사자가 이의 없음을 확인하고 각자 날인하다.

2021년 9월 5일

매도인:	차 필 승　(승차인필)
	서울 은평구 서오릉로 104, 205동 705호(대조동, 타운아파트)
매수인:	전 찬 성　(성전인찬)
	서울 광진구 아차산로 76, 103동 401호(자양동, 미소아파트)
입회인:	황 바 람　(람황인바)
	서울 광진구 아차산로 89, 201호

통지서

발신인 전찬성
   서울 광진구 아차산로 76, 103동 401호(자양동, 미소아파트)

수신인 차필승
   서울 은평구 서오릉로 104, 205동 705호(대조동, 타운아파트)

1. 본인은 귀하와 75부9878 차량에 관한 매매계약을 체결한 사실이 없습니다.
2. 본인은 2021. 9. 5. 귀하의 매장에서 귀하의 친구인 황바람으로부터 80부7383 차량의 상태를 확인받은 후 80부7383 차량을 매수하기 위해 매매계약을 체결한 사실이 있을 뿐입니다.
3. 그럼에도 귀하는 그 매매계약서에 매매대상 차량이 75부9878로 잘못 기재되어 있음을 기화로 해당 차량에 관한 매매계약을 주장하고 있습니다. 하지만 본인은 80부7383 차량을 매수할 생각으로 매매대금을 7천만 원으로 정하여 계약서를 작성한 것이고, 계약서를 제대로 읽어보지 않은 실수로 오기가 있음을 인식하지 못한 것입니다.
4. 그러므로, 본인과 귀하 사이에 체결된 75부9878 차량에 관한 매매계약을 이 통지서로 취소하는 바입니다.
5. 따라서 귀하는 이 통지서를 받는 즉시 본인에게 위 7백만 원을 반환하시기 바랍니다.

2021. 9. 10.

전찬성 (성전인찬)

본 우편물은 2021-9-10
제9813호에 의하여
내용증명우편물로 발송하였음을 증명함
서울광진우체국장

우 편 물 배 달 증 명 서				
수취인의 주거 및 성명 　서울 은평구 서오릉로 104, 205동 705호 　차필승				
접수국명	서울광진	접수연월일	2021년 9월 10일	
접수번호	9813	배달연월일	2021년 9월 11일	
적　요	수취인과의 관계 본인 수령 차필승		(서울은평우체국장인) 서울은평우체국장	

이행요구서

발신인　전찬성
　　　　서울 광진구 아차산로 76, 103동 401호(자양동, 미소아파트)

수신인　차필승
　　　　서울 은평구 서오릉로 104, 205동 705호(대조동, 타운아파트)

1. 본인은 2021. 9. 5. 귀하와 자동차매매계약서를 작성하고, 같은 날 귀하에게 계약금 7백만 원을 지급한 사실이 있습니다.
2. 그러나 위 자동차매매계약서는 무효이므로, 귀하는 본인에게 계약금 7백만 원을 반환할 의무가 있습니다.
3. 그럼에도 귀하는 3년이 가까이 본인에게 위 돈을 반환하지 않고 있는바, 조속히 위 돈을 반환할 것을 요청합니다.
4. 반환 요청에 응하지 않을 경우 민·형사상 조치를 취할 수밖에 없음을 유의하시기 바랍니다.

2024. 8. 31.

전찬성 (인)

본 우편물은 2024-8-31
제8815호에 의하여
내용증명우편물로 발송하였음을 증명함
서울광진우체국장

우 편 물 배 달 증 명 서				
수취인의 주거 및 성명 　서울 은평구 서오릉로 104, 205동 705호 　차필승				
접수국명	서울광진	접수연월일	2024년 8월 31일	
접수번호	8815	배달연월일	2024년 9월 1일	
적　요	수취인과의 관계 본인 수령 차필승			(서울은평우체국장인) 서울은평우체국장

답변서

발신인 차필승
 서울 은평구 서오릉로 104, 205동 705호(대조동, 타운아파트)

수신인 전찬성
 서울 광진구 아차산로 76, 103동 401호(자양동, 미소아파트)

1. 본인은 2021. 9. 5. 귀하와 적법하게 75부9878 차량에 관한 자동차매매계약을 체결하고, 계약금으로 7백만 원을 지급받았습니다.
2. 그럼에도 귀하는 정당한 근거 없이 계약 이행을 거부하였습니다.
3. 이에, 귀하가 지급한 계약금 7백만 원은 몰취되었음을 알려드립니다.
4. 귀하는 계약서에 기재된 차량을 다른 차량으로 잘못 알고 있었다고 주장하지만, 이는 귀하의 일방적인 사정일 뿐입니다. 또한, 귀하는 2021. 9. 10.자 통지서를 통해 계약을 취소한다고 통지한바 있지만, 위 통지서에는 취소사유조차 기재되어 있지 않아서 취소의 효력이 발생할 수 없습니다.
5. 귀하는 황바람이 귀하를 기망하여 착오에 빠졌다는 취지로 주장하는데, 본인은 황바람이 귀하를 기망하였는지 여부를 전혀 알지 못하고, 따라서 귀하의 주장이 사실이라고 하더라도 계약 취소는 불가합니다.

2024. 9. 4.

차필승 (차필승 인)

은평우체국
2024. 9. 4.
24 - 8569

본 우편물은 2024-9-4
제8569호에 의하여
내용증명우편물로 발송하였음을 증명함
서울은평우체국장

우 편 물 배 달 증 명 서				
수취인의 주거 및 성명 　서울 광진구 아차산로 76, 103동 401호 　전찬성				
접수국명	서울은평	접수연월일	2024년 9월 4일	
접수번호	8569	배달연월일	2024년 9월 5일	
적　요	수취인과의 관계 본인 수령 전찬성		서울광진우체국장인 서울광진우체국장	

취소 및 반환요구서

발신인   전찬성
          서울 광진구 아차산로 76, 103동 401호(자양동, 미소아파트)

수신인   차필승
          서울 은평구 서오릉로 104, 205동 705호(대조동, 타운아파트)

1. 본인은 2021. 9. 5. 귀하와 자동차매매계약서를 작성하고, 같은 날 귀하에게 계약금 7백만 원을 지급한 사실이 있습니다.
2. 그 후 본인은 황바람에게 속아서 위 매매계약을 잘못 체결한 사실을 알게 되었고, 그러한 사실을 알게 된 날인 2021. 9. 10. 즉시 귀하에게 통지서를 보내 위 매매계약을 취소하였습니다.
3. 그럼에도 귀하는 매매계약 취소 원인이 불분명하여 위 매매계약이 취소되지 않았다고 주장하므로, 이 서면을 통해 다시 한번 매매계약을 취소합니다.
4. 또한, 취소 원인은 민법 제109조 제1항(착오) 및 민법 제110조 제1항(사기)임을 명백히 합니다.
5. 그러므로, 귀하는 이 서면을 받는 즉시 계약금 7백만 원을 반환하시기 바랍니다.

2024. 9. 7.

전찬성 (전찬성인)

서울광진우체국
2024. 9. 7.
24 - 9613

본 우편물은 2024-9-7
제9613호에 의하여
내용증명우편물로 발송하였음을 증명함
서울광진우체국장

우 편 물 배 달 증 명 서				
수취인의 주거 및 성명 　서울 은평구 서오릉로 104, 205동 705호 　차필승				
접수국명	서울광진	접수연월일	2024년 9월 7일	
접수번호	9613	배달연월일	2024년 9월 8일	
적　요	수취인과의 관계 본인 수령 차필승			서울은평우체국장 (서울은평우체국장인)

확인서

1. 본인은 2021. 9. 5.경 전찬성이 중고차를 사기 위해 차필승의 중고차 매장에 방문했을 당시 친구인 차필승의 부탁으로 차필승을 대신하여 전찬성에게 중고차를 보여준 사실이 있습니다.
2. 당시 거래를 원활하게 성사시키기 위해 관리가 잘 되어 있어서 1억 원 상당에 매도 가능한 80부7383 차량을 전찬성에게 보여주면서 마치 그 차량이 매매계약서에 기재된 75부9878 차량인 것처럼 설명했습니다.
3. 그러나 사실 매매계약서에 기재된 75부9878 차량은 관리가 제대로 되지 않은 낡은 차량으로서 정당한 매매가가 약 5천만 원 정도였습니다.
4. 본인이 위와 같이 전찬성에게 계약서에 기재된 차량과 다른 차량을 보여준 것은 순전히 본인의 독자적인 행동이었고, 차필승과 어떠한 모의도 한 사실이 없습니다. 그 후 원고가 차필승에게 항의한 후에도 그런 사실이 없다고 말하여 차필승은 원고의 주장이 거짓이라고 생각하고 있을 것입니다.
5. 본인은 차필승을 위해 잘못된 행동을 한 점을 깊이 후회하며, 이와 관련한 민형사상 책임을 질 것을 약속합니다.

이상은 틀림없는 사실임을 확인합니다.

2025. 10. 10.

황바람 [주소: 서울 광진구 아차산로 89, 201호]

등기사항전부증명서 (말소사항 포함) - 토지 [제출용]

[토지] 전라남도 영광군 대마면 남산리 757   고유번호 1151-1986-142554

【 표 제 부 】 (토지의 표시)

표시번호	접 수	소재지번	지 목	면 적	등기원인 및 기타사항
1 (전 2)	1978년8월16일	전라남도 영광군 대마면 남산리 757	답	1,000㎡	부동산등기법 제177조의 6 제1항의 규정에 의하여 2001년 7월 23일 전산이기

【 갑 구 】 (소유권에 관한 사항)

순위번호	등 기 목 적	접 수	등 기 원 인	권 리 자 및 기 타 사 항
1 (전 4)	소유권이전	1998년2월16일 제834호	1998년1월20일 상속	소유자 전찬성 630702-1****** 서울특별시 광진구 자양동 375 미소아파트 103동 401호
				부동산등기법 제177조의 6 제1항의 규정에 의하여 2001년 7월 23일 전산이기
2	소유권이전	2002년3월4일 제1574호	2002년2월1일 매매	소유자 전태성 650911-1****** 전라남도 영광군 대마면 월산리 178
3	소유권이전	2015년1월29일 제748호	2015년1월2일 상속	소유자 김말숙 690509-2****** 전라남도 영광군 대마면 영장로 248 (월산리)
4	가압류	2024년8월1일 제2745호	2024년7월28일 광주지방법원의 가압류결정(2024카단35789)	청구금액 금 50,000,000원 채권자 김기봉 720317-1****** 광주광역시 북구 면양로34번길 8, 103동 402호(문흥동, 주공아파트)

【 을 구 】 (소유권 이외의 권리에 관한 사항)

순위번호	등 기 목 적	접 수	등 기 원 인	권 리 자 및 기 타 사 항
1	근저당권설정	2014년7월29일 제3878호	2014년7월15일 설정계약	채권최고액 금 50,000,000원 채무자 전태성 근저당권자 박대여 730817-1****** 전라남도 영광군 대마면 동삼로 187 (월산리)
1-1	1번근저당권이전	2020년5월3일 제1879호	2020년4월30일 확정채권양도	근저당권자 이진동 570802-1****** 전라남도 영광군 영광읍 물무로 348 (백학리)

---- 이 하 여 백 ----

수수료 1,000원 영수함
관할등기소 광주지방법원 영광등기소 / 발행등기소 법원행정처 등기정보중앙관리소

이 증명서는 등기기록의 내용과 틀림없음을 증명합니다.

서기 2025년 10월 14일
법원행정처 등기정보중앙관리소 전산운영책임관

*실선으로 그어진 부분은 말소사항을 표시함. *등기기록에 기록된 사항이 없는 갑구 또는 을구는 생략함.
*증명서는 컬러 또는 흑백으로 출력 가능함.

[인터넷 발급] 문서 하단의 바코드를 스캐너로 확인하거나, 인터넷등기소(http://www.iros.go.kr)의 발급확인 메뉴에서 **발급확인번호**를 입력하여 **위·변조 여부**를 확인할 수 있습니다. 발급확인번호를 통한 확인은 발행일로부터 3개월까지 5회에 한하여 가능합니다.

발행번호 12489234789452836718934082939023344   1/1   발급확인번호 BAIK-VPTF-3694   발행일 2025/10/14

확 인 서

1. 본인은 남산리 754번지에서 농사를 지으면서 바로 옆에 있는 전찬성 형님 소유의 남산리 757번지 토지를 관리하던 중 욕심이 생겨 전찬성 형님에게 직불금 서류가 필요하다고 거짓말을 하여 받아낸 서류를 이용하여 757번지 토지를 제 명의로 등기했습니다.
2. 남산리 757번지 토지의 제 명의 등기는 가짜 서류를 이용해서 마친 것입니다. 757번지 토지 소유자는 여전히 전찬성 형님임을 인정하고, 전찬성 형님이 원하시면 언제든 등기를 돌려드릴 것을 맹세합니다.
3. 본인은 현재 폐암수술을 받은 후 요양중이고, 수술비로 돈을 너무 많이 써서 형편이 어렵습니다. 못난 동생을 불쌍히 여기시고 전찬성 형님의 선처를 앙원합니다.

이상은 틀림없는 사실임을 확인합니다.

2013. 7. 6.

전태성 [주소: 전남 영광군 대마면 영장로 248(월산리)]

| 가 | 족 |

가족관계증명서　　　　[폐쇄]

등록기준지	전라남도 영광군 대마면 월산리 419

구 분	성 명	출생연월일	주민등록번호	성별	본
본 인	전태성(全泰成) 사망	1965년 09월 11일	650911-1******	남	旌善

가 족 사 항

구분	성 명	출생연월일	주민등록번호	성별	본
부	전갑식(全甲植) 사망	1938년 07월 06일	380706-1******	남	旌善
모	박복순(朴福順) 사망	1942년 06월 26일	420626-2******	여	潘南
배우자	김말숙(金末淑)	1969년 05월 09일	690509-2******	여	光山

위 가족관계증명서는 가족관계등록부의 기록사항과 틀림없음을 증명합니다.

2025년 10월 14일

전라남도 영광군수　[영광군수인 민원사무전용]

광 주 지 방 법 원
결 정

사　건	2024카단35789 부동산가압류
채 권 자	김기봉(720317-1******)
	광주 북구 면양로34번길 8, 103동 402호(문흥동, 주공아파트)
채 무 자	김말숙(690509-2******)
	전남 영광군 대마면 영장로 248(월산리)

주　　문

채무자 소유의 별지 목록 기재 부동산을 가압류한다.

채무자는 다음 청구금액을 공탁하고 집행정지 또는 집행취소를 신청할 수 있다.

청구채권의 내용　2023. 5. 4.자 대여금

청구금액　　　　　50,000,000원

> 정 본 입 니 다.
> 2024. 8. 10.
> 광주지방법원
> 법원주사 김승헌 ㊞

이　　유

　이 사건 부동산가압류신청은 이유 있으므로, 담보로 공탁보증보험증권(서울보증보험주식회사 증권번호 제187-556-578655호)을 제출받고 주문과 같이 결정한다.

2024. 7. 28.

판사　구혜경　　(인)

별지

목록

전남 영광군 대마면 남산리 757 답 1,000㎡. 끝.

[전찬성과 김말숙이 2025. 8. 19. 주고받은 휴대전화 메시지]

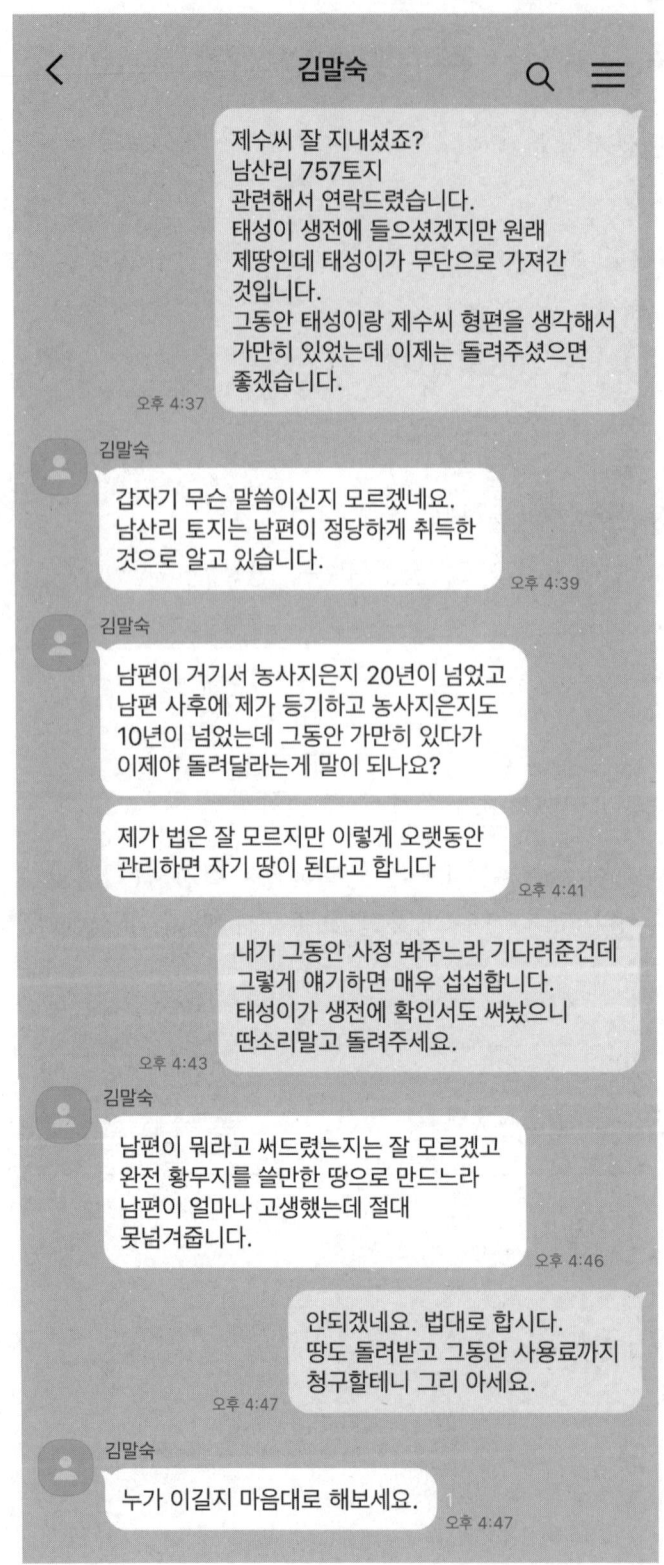

부동산시세확인서

1. 부동산의 표시

구분	내용
조사기준일	2015. 1. 1. ~ 현재
부동산의 소재지	전남 영광군 대마면 남산리 757
월세 시세	1㎡ 당 300원

2. 조사에 대한 의견

대상 부동산의 위치, 현황, 거래사례, 최근 부동산 경기 등을 종합적으로 확인조사한 결과 대상 부동산의 시세임을 확인합니다.

3. 용도 : 시세확인용

2025. 10. 1.

상호	성실 공인중개사사무소	대표	김복실
사업자등록번호	538-17-30578	연락처	061-396-8792
소재지	전남 영광군 영광읍 중앙로 387		

등기사항전부증명서 (말소사항 포함) - 집합건물 [제출용]

[집합건물] 서울특별시 송파구 잠실동 57 행복아파트 102동 제301호   고유번호 1158-1987-108651

【 표 제 부 】 (1동의 건물의 표시)

표시번호	접 수	소재지번, 건물명칭 및 번호	건물내역	등기원인 및 기타사항
1	1978년 8월 16일	서울특별시 송파구 잠실동 57 행복아파트 102동 [도로명주소] 서울특별시 송파구 송파대로 687	철근콘크리트조 평옥개 5층 아파트 1층 339.21㎡ 2층 339.21㎡ 3층 339.21㎡ 4층 339.21㎡ 5층 339.21㎡ 옥탑 36㎡ 지하실 157.98㎡	부동산등기법시행규칙 부칙 제3조 제1항의 규정에 의하여 1998년 4월 8일 전산이기

(대지권의 목적인 토지의 표시)

표시번호	소재지번	지목	면적	등기원인 및 기타사항
1	서울특별시 송파구 잠실동 57	대	10,539㎡	1986년 2월 26일

【 표 제 부 】 (전유부분의 건물의 표시)

표시번호	접수	건물번호	건물내역	등기원인 및 기타사항
1	1978년 8월 16일	제3층 제301호	철근콘크리트조 37.12㎡	도면편철장 제1책 제5194장

(대지권의 표시)

표시번호	대지권의 종류	대지권비율	등기원인 및 기타사항
1	소유권대지권	3,188분의 8.616	1986년 2월 26일 대지권 1986년 2월 26일 등기

【 갑 구 】 (소유권에 관한 사항)

순위번호	등기목적	접 수	등 기 원 인	권리자 및 기타사항
1 (전 2)	소유권이전	1987년 4월 16일 제6951호	1987년 1월 13일 매매	소유자 엄호득 480325-1****** 서울특별시 강남구 압구정동 375, 금성아파트 5동 806호
2	소유권이전	2010년 10월 7일 제25789호	2010년 8월 12일 매매	소유자 김장동 610905-1****** 서울특별시 영등포구 당산로 284, 207동 1302호(당산동, 희망아파트)
3	소유권이전	2017년 1월 15일 제6789호	2016년 10월 8일 매매	소유자 최고가 680302-1****** 서울특별시 송파구 송파대로 687, 102동 301호(잠실동, 행복아파트)

---- 이 하 여 백 ----

수수료 1,000원 영수함
관할등기소 서울동부지방법원 등기국 / 발행등기소 법원행정처 등기정보중앙관리소

이 증명서는 등기기록의 내용과 틀림없음을 증명합니다.
서기 2025년 10월 14일
법원행정처 등기정보중앙관리소 전산운영책임관

*실선으로 그어진 부분은 말소사항을 표시함.

문서 하단의 바코드를 스캐너로 확인하거나 인터넷등기소(http://iros.go.kr)의 발급확인 메뉴에서 발급확인번호를 입력하여 위·변조 여부를 확인할 수 있습니다. 발급확인번호를 통한 확인은 발행일부터 3개월까지 5회에 한하여 가능합니다.

발행번호 13598757581541948753715   1/1   발급확인번호 FWKJ-3626 발행일 2025/10/14

부 동 산 매 매 계 약 서

매도인과 매수인 쌍방은 아래 표시 부동산에 관하여 다음 계약 내용과 같이 매매계약을 체결한다.

1. 부동산의 표시

소 재 지	서울 송파구 송파대로 687, 102동 301호(잠실동, 행복아파트)				
토 지	지목구조	대	대지권의 비율 3,188 분의 8.616	대지권의 목적인 토지	10,539 ㎡
건 물		철근콘크리트	용 도 공동주택 (아파트)	전용면적	37.12 ㎡

2. 계약내용

제1조(목적) 위 부동산의 매매에 대하여 매도인과 매수인은 합의에 의하여 매매대금을 아래와 같이 지불하기로 한다.

매매대금	金 십오억원 (₩ 1,500,000,000)	
계 약 금	金 일억오천만원 (₩ 150,000,000) 은 계약 시에 지불하고 영수함.	영수자 : 최고가 (가최인고)
잔 금	金 십삼억오천만 (₩ 1,350,000,000) 2025년 5월 13일에 지불한다.	

제2조 (소유권 이전 등) 매도인은 매매대금의 잔금 수령과 동시에 매수인에게 소유권이전등기에 필요한 모든 서류를 교부하고 등기절차에 협력하며, 위 부동산의 인도일은 2025년 5월 13일로 한다.

제3조 (제한물권 등의 소멸) 매도인은 위의 부동산에 설정된 저당권, 지상권, 임차권 등 소유권의 행사를 제한하는 사유가 있거나, 제세공과금 기타 부담금의 미납금 등이 있을 때에는 잔금 수수일까지 그 권리의 하자 및 부담 등을 제거하여 완전한 소유권을 매수인에게 이전한다. 다만, 승계하기로 합의하는 권리 및 금액은 그러하지 아니하다.

제4조 (지방세 등) 위 부동산에 관하여 발생한 수익의 귀속과 제세공과금 등의 부담은 위 부동산의 인도일을 기준으로 하되, 지방세의 납부의무 및 납부책임은 지방세법의 규정에 의한다.

제5조(계약의 해제) 매수인이 매도인에게 중도금(중도금이 없을 때에는 잔금)을 지불하기 전까지 매도인은 계약금의 배액을 상환하고, 매수인은 계약금을 포기하고 본 계약을 해제할 수 있다.

제6조(채무불이행과 손해배상의 예정) 매도인 또는 매수인이 본 계약상의 내용에 대하여 불이행이 있을 경우 그 상대방은 불이행한자에 대하여 서면으로 최고하고 계약을 해제할 수 있다. 그리고 계약당사자는 계약해제에 따른 손해배상을 각각 상대방에게 청구할 수 있으며, 손해배상에 대하여 별도의 약정이 없는 한 계약금을 손해배상의 기준으로 본다.

【특약사항】
1. 현 시설 상태에서의 계약임.
2. 토지거래허가구역 내 부동산의 거래이나, 매도인 사정상 허가 없이 먼저 계약하고, 2025. 4. 30.까지 토지거래허가를 받기로 한다.
3. 등기부상 대출 없는 상태이며 잔금시까지 등기 권리상 변동 없기로 한다.
4. 본 특약사항에 기재되지 않은 사항은 민법상 계약에 관한 규정과 부동산매매 일반관례에 따른다.
5. 계약금과 잔금은 다음의 계좌로 입금한다. [신한은행 150-868-078624   예금주: 최고가]

본 계약을 증명하기 위하여 계약 당사자가 이의 없음을 확인하고 각각 서명·날인 후 매도인, 매수인은 각각 1통씩 보관한다.

2025년 1월 7일

매도인	주 소	서울 송파구 송파대로 687, 102동 301호(잠실동, 행복아파트)					최고가인
	주민등록번호	680302-1******	전 화	010-9876-5432	성 명	최고가	
매수인	주 소	서울 광진구 아차산로 76, 103동 401호(자양동, 미소아파트)					전찬성인
	주민등록번호	630702-1******	전 화	010-1234-5678	성 명	전찬성	
중개인	사무소명칭	잠실대박부동산	등록번호	9270-16875	성 명	김중개	김중개인

서울특별시 공고 제2024 - 1831호

토지거래허가구역 지정 공고

「부동산 거래신고 등에 관한 법률」 제10조에 따라 다음과 같이 토지거래허가구역을 다음과 같이 신규 지정합니다.

2024년 6월 12일
서 울 특 별 시 장

1. 허가구역 지정 대상지역

대상지역			면적(㎢)	비 고
합 계			13.04	
서울특별시	강남구	청담동, 삼성동, 대치동	13.04	아파트
	송파구	잠실동		

2. 허가구역 지정기간 : 2024년 6월 12일 ~ 2026년 6월 11일

3. 토지거래계약에 관한 허가를 받아야 하는 대상
   ○ 허가대상 용도 : 아파트

4. 토지거래계약에 관한 허가를 받아야 하는 면적

용 도 지 역		면 적
도시지역	주거지역	6㎡ 초과
	상업지역	15㎡ 초과
	공업지역	15㎡ 초과
	녹지지역	20㎡ 초과
	용도지역의 지정이 없는 곳	6㎡ 초과

서울특별시 공고 제2025 - 2835호

토지거래허가구역 해제 공고

「부동산 거래신고 등에 관한 법률」 제10조에 따라 지정한 토지거래허가구역을 다음과 같이 해제합니다.

2025년 8월 29일

서 울 특 별 시 장

1. 허가구역 해제 대상지역

대상지역			면적(㎢)	비 고
합 계			13.04	
서울특별시	강남구	청담동, 삼성동, 대치동	13.04	아파트
	송파구	잠실동		

2. 해제일자 2025년 8월 29일

[전찬성과 최고가가 2025. 5. 13. 주고받은 휴대전화 메시지]

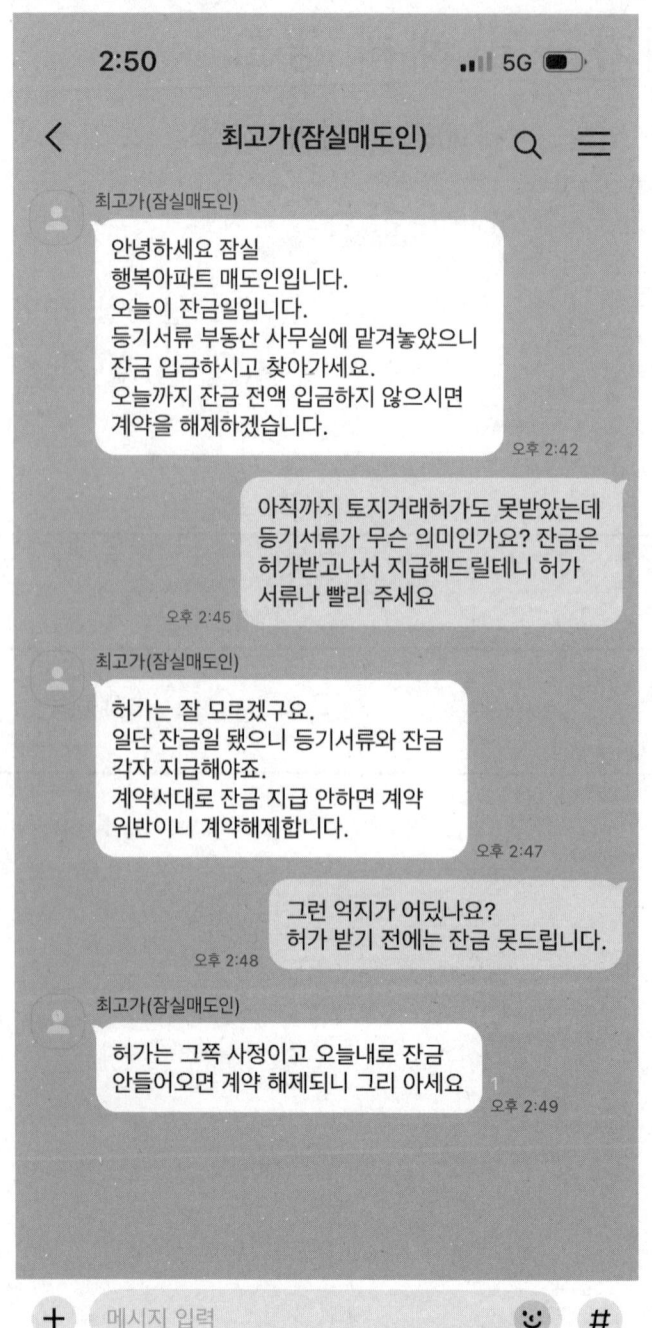

[전찬성과 김중개가 2025. 7. 8. 주고받은 휴대전화 메시지]

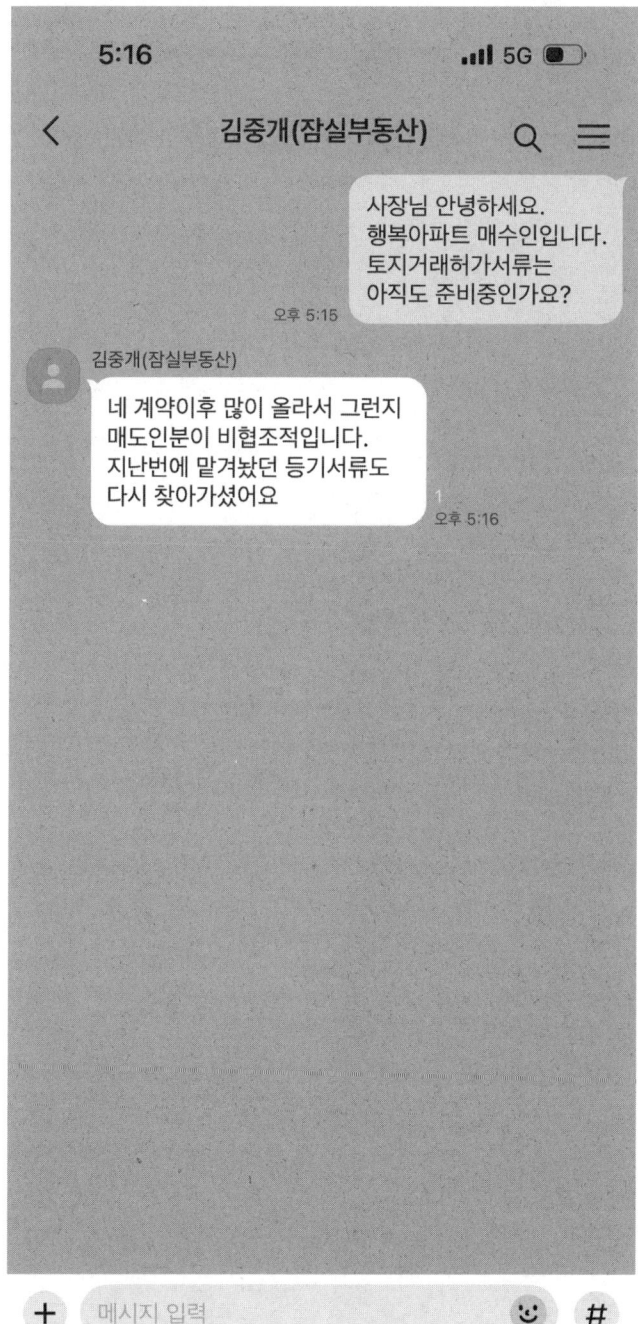

[전찬성과 최고가가 2025. 9. 4. 주고받은 휴대전화 메시지]

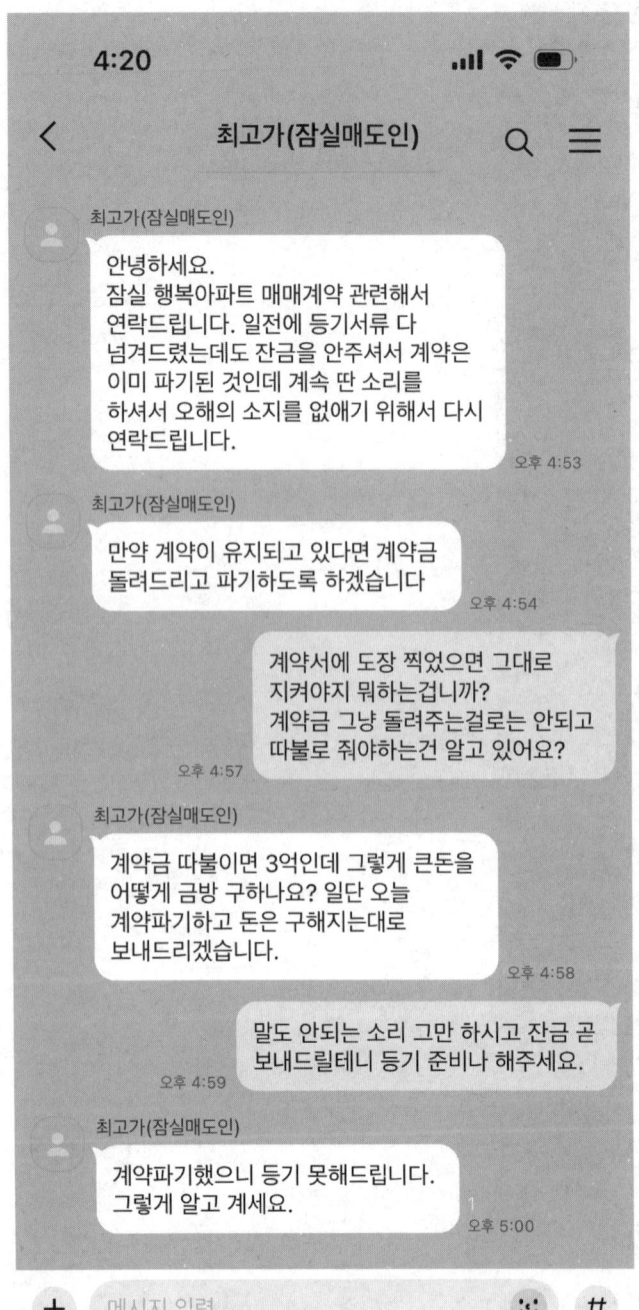

인터넷 뱅킹 이체확인증

신한은행

입금일 : [2025.9.5.] /시각 [11:27:18]   입금점 : [인터넷 뱅킹]/전화번호:[1577-1000]

보내시는 분	전찬성	받으시는 분	최고가
지급 계좌번호	180-***-137651	입금 계좌번호	신한은행 150-868-078624
타행처리번호		입금내역 (CMS코드)	
수수료	0원	금액	350,000,000원
보내는 분 통장메모	최고가	받은 분 통장 메모	행복APT잔금

▶ 위의 내용이 정상적으로 이체되었음을 확인합니다.
▶ 위 명세는 고객편의를 위해 제공되는 것으로, 거래의 참고용으로만 사용하실 수 있습니다.

기록이면표지

확 인 : 법학전문대학원협의회

Tip 1 - 민사기록형을 대하는 태도

여러분은 변호사입니다. 적어도 민사기록형 문제를 푸는 동안은 그렇습니다. 여러분은 변호사로서 문장 안에서 주어진 인물들의 권리 관계를 찾아야 하고, 의뢰인이 다른 인물에 대해서 어떤 방법으로 원하는 결과를 얻을 수 있을지 고민해야 합니다. 따라서 여러분은 정보가 추가될 때마다 선택할 수 있는 방법이 점점 줄어들거나, 조건에 맞추어서 그 방법을 변형하는 전략을 세우게 됩니다. 그리고 이러한 전략은 '청구취지'라는 공격포인트로 드러나게 될 것입니다.

어떤 청구취지를 결정할지는 여러분이 결정해서 의뢰인에게 알려주어야 합니다. 따라서 최선을 다해 주어진 모든 정보를 가지고 어떤 청구를 할 지 판단하고, 일단 판단한 뒤에는 최선을 다하여 그 청구취지의 근거(청구원인)를 채워야 합니다.

민사기록형은 앞으로 변호사로서 민사소송을 대리하게 될 업무를 가장 가깝게 연습할 수 있는 장입니다. 민사소송에서 변호사는 의뢰인이 들려주는 사실관계를 따라가며 쟁점을 짚고, 새롭게 드러나는 정보를 가지고 어떤 방법을 선택하는 것이 가장 의뢰인의 이익에 부합하는지 전략적으로 생각하여 의뢰인에게 제시하게 됩니다.

민사기록형 문제에는 의뢰인의 사실관계를 이미 정리해둔 자료가 주어지고, 역시 증거로 제출할 자료들 역시 이미 첨부되어 있습니다. 또한 주어진 모든 자료가 거짓이 아니라는 점도 출제지침으로 보장되어 있습니다. 따라서, 민사기록형 문제에 첨부되어 있는 모든 글-상담일지, 등기부, 가족관계증명서, 확인서, 내용증명 등-은 우리가 활용할 정보를 담고 있습니다.

이번 해설부터는 각 청구취지마다 어떤 근거로 이런 청구취지를 선택하게 되었는지 변호사로서의 전략적인 생각의 흐름을 메모처럼 기재해둘 것입니다. 이러한 청구취지에 도달하는 길과 생각이 다를 수 있습니다. 스스로 변호사로서 나는 어떤 청구취지를 어떤 이유로 선택할지 기록형 문제를 풀면서 근거를 하나씩 쌓아가시기 바랍니다.

Tip 2 - 민사기록형을 푸는 순서

사람들마다 민사기록형을 푸는 순서가 다릅니다. 어떤 사람은 '메모-청구취지 전부-청구원인 전부'의 순서로 풀고, 어떤 이는 '메모-청구취지 1번-청구원인1번-청구취지2번-청구원인2번…'의 순서로 풀기도 합니다. 이러한 방법은 괜찮습니다. 모든 변호사마다 다른 서면 스타일과 전략이 있으며, 여러분이 변호사로서 쌓아갈 스타일도 여러분의 고유한 스타일일 것입니다.

다만, 수험적합성을 고려할 때는 가장 큰 압박이 있는 '시간'을 생각할 수밖에 없습니다. 따라서 상담일지에서 쟁점이 번호 등으로 나눠져 있다고 해서, 메모하거나 증거자료들을 보는 시간까지 쟁점별로 나눠서 보지는 않는 것을 추천합니다. 적어도 메모하고 청구취지의 초안까지(또는 청구취지의 대략적인 형태)는 모든 문제를 처음부터 끝까지 읽고 파악하는 것을 먼저 하여야 합니다.

Tip 3 - 메모하는 방법

민사기록형을 메모하는 방법에 대해서, 모든 변호사들이 각기 다른 방법을 가지고 있습니다. 변호사의 숫자만큼, 사건을 대하는 방법이 있습니다. 그러나 어떤 방법이든 '메모는 최소 기재, 최대 정보'라는 효율성을 추구해야 합니다. 민사기록형은 메모내용으로 점수를 얻지 않습니다. 청구취지와 청구원인, 기타 형식적 기재사항으로 점수를 얻습니다.

민사 사건은 등장하는 인물의 '관계'에서 권리와 의무를 찾아가는 과정입니다. 따라서 1)상담일지를 읽으면서 대략의 사실관계를 도식화된 그림을 그려보는 것을 추천합니다. 인물을 적고, 그 인물과 다른 사람이 어떤 채권관계에 있는지 화살표 등으로 표시해보는 것입니다. 메모에 있는 사실관계도와 스스로 그려본 사실관계를 비교해보면서 나만의 사실관계도 작성법을 만들어가기 바랍니다.

2)상담일지 끝에 있는 사건관계인의 주장, 의뢰인의 희망사항을 읽고 사실관계도 아래에 원고의 청구와, 피고의 예상되는 항변을 간략하게 써봅니다.

3)뒤에 첨부되어 있는 서류들을 넘겨가면서 청구/항변 메모를 보충하거나, 제외합니다.

청구취지를 무엇으로 할지를 이 단계에서 생각해둡니다. 청구취지에서 시기와 종기 정도의 날짜는 메모해둡니다.

청구원인은 따로 메모하지 않아도 괜찮습니다. 청구원인 중에서 변제충당 또는 상계 등 계산이 필요한 경우에만 메모를 통해 계산을 해둡니다.

MGI Point — 2025년도 제3차 변호사시험 모의시험 민사법 기록형 메모장

원고 전찬성 / 소제기일: 2025. 10. 20. / 대여금반환 등 청구의 소
피고 1. 백일권 2. 차필승 3. 김말숙 4. 이진동 5. 김기봉 6. 최고가

청구원인	예상항변	결론(청구취지)

대여금 청구
(1) 1차 대여금
1억 / 월1% / 변-2025. 8. 20.
(2) 2차 대여금
2억 / 월1% / 변-2016. 2. 20.
 	
일부변제- 1.2억 / 2016. 8. 20.
변제충당- 합의 X, 지정 X → 법정
2016.8.20.기준
(1) 1억 + 2400만(1억*24개월*1%)
    (2014.8.21.~2016.8.20.)
(2) 2억 + 3600만(2억*18개월*1%)
    (2015.2.21.~2016.8.20.)
 	
- 이자, 지손금(6000만) 완제 - 원본
변제기 선도래 1차 1억에 충당
→ 1차 원금 4천만, 2차 원금 2억
+ 2016.8.21.부터 1,2차 지손금
	소멸시효 항변-(보조적)상행위-상사시효
	2025.10.20.(소제기일) 기준
	(1) 1차 원금 2015.8.20. ~ 5년 도과
	(2) 2차 원금 2016.2.20. ~ 5년 도과
	(3) 각 지손금 2016.8.21. ~ 5년 도과
	
	1차 대여금 시효중단
	(1) 시효도과 전 2016.8.20. 일부변제
	- 채무승인 시효 중단
	(2) 유체동산 가압류(이자,지연손해금 제외)
	- 유체동산 존재X - 집행불능
	- 집행종료 - 이때부터 부터 새로운
	시효 진행
	- 2020.8.5. 시효 중단(가압류신청시)
	- 2020.8.20.부터 시효진행
	(3) 2025.6.20. 카톡 변제 최고(1차
	원금,이자,지손금) - 6월 내 2025.10.
	20. 소제기 → 2025.6.20. 시효 중단
	(최고시)
	→ ~ 2020.6.20. 지손금은 시효 소멸
	
	2차 대여금 시효중단
	(1) 2016.8.20. 일부변제 채무승인.
	(2) 2020.8.1. 원금, 이자, 지연손해금
	- 부동산가압류신청, 가압류 기입등기.
		피고 백일권은 원고에게 240,000,000원 및 그 중 200,000,000원에 대하여는 2016. 8. 21. 부터, 나머지 40,000,000원에 대하여는 2020. 6. 21. 부터 각 다 갚는 날까지 월 1%의 비율로 계산한 돈을 지급하라.

부당이득반환청구 자동차 매매계약/2021.9.5./7천만 - 계약금 700만 계약일 지급. (인도x) 착오취소(민109조①) - 기망에 의한 착오도 109조 대상 - 매매객체는 중요부분 지연손해금은 상54? - 상행위 직접채무·동일성·그 변형-연6%	110조② 제3자 기망 주장 - 판례) 기망에 의한 착오시 109조만 적용될 뿐 110조② 적용안됨 - 통설에 따라 110조도 적용되더라도 원고가 109조 선택적 청구 가능 제척기간 내 - 2021.9.10. 인지. 착오취소 통지. 통지서에 취소 원인 기재 - 착오를 이유로 취소하겠다는 의사가 드러나면 足	피고 차필승은 원고에게 7,000,000원 및 이에 대하여 2021. 9. 12. 부터 이 사건 소장 부본 송달일까지는 연 6%의, 그 다음 날부터 다 갚는 날까지는 연 12%의 각 비율로 계산한 돈을 지급하라.

1. 김말숙-소유권이전등기 말소등기청구 - 원인무효 등기에 터잡은 상속의 소유권이전등기 2. 이전동-근저당권설정등기 말소등기청구 - 원인무효 등기에 터잡은 근저당권등기의 이전 부기등기 3. 김기봉-승낙 의사표시 청구 - 김말숙 소이등기에 가압류-등기의 말소에 관하여 이해관계 있는 제3자-승낙의무	취득시효 완성? - 점유취득시효-타주점유 - 등기부취득시효-타주점유 점유의 승계 / 점유하자의 승계 피고적격 근저당권설정등기 말소등기청구는 양수인만을 상대로. 양도인에게 피고적격 없음.	피고 김말숙은 원고에게 별지 목록 제1항 기재 부동산에 관하여 광주지방법원 영광등기소 2002. 3. 4. 접수 제1574호, 같은 등기소 2015. 1. 29. 접수 제748호로 각 마친 소유권이전등기의 말소등기절차를 이행하라. 피고 이진동은 원고에게 별지 목록 제1항 기재 부동산에 관하여 위 제3항 기재 등기소 2014. 7. 29. 접수 제3878호로 마친 근저당권설정등기의 말소등기절차를 이행하라. 피고 김기봉은 원고에게 별지 목록 제1항 기재 부동산에 관하여 위 제3항 기재 등기소 2015. 1. 29. 접수 제748호로 마친 소유권이전등기의 말소등기에 대하여 승낙의 의사표시를 하라.
1. 토지인도 청구 - 원고는 소유권자. 김말숙 무단점유. 2. 차임상당 부당이득반환 청구 - 부당이득의 발생 - 부당이득의 시기/종기 - 부당이득의 산정기준	유치권 - 불법행위-무단점유 → 유치권 요건 X - 유익비 지출하더라도 동일 과실수취권 - 피상속인의 점유/성질//태양은 그대로. - 악의 점유자로부터 점유 상속 → 선의 X	피고 김말숙은 원고에게 별지 목록 제1항 기재 부동산을 인도하고, 2015. 10. 21. 부터 위 부동산의 인도완료일까지 월 300,000원의 비율로 계산한 돈을 지급하라.
소유권이전등기청구 - 2025.1.7. 아파트 매매계약/ 15억 - 계약금 1.5억 당일 지급 / 잔금중 일부 3.5억 2025.9.5. 지급 - 계약당시 토지거래허가 2025.4.30.까지 받기로 약정	확정적 무효? - 토지거래허가구역 내 매매계약에서 일정한 기간 안에 토지거래허가를 받기로 한 약정 - 이행기의 정함일 뿐. 유동적 무효? - 허가구역 지정 해제시 확정적 유효. 이행지체 - 토지거래허가 전제 매매계약 - 허가 전에는 매수인에게 계약내용에 따른 대금 지급의무 없음. 해약금 해제 - 계약금 배액상환하면서 해제 의사표시 해야함. 적어도 배액 이행제공 필요.	피고 최고가는 원고로부터 1,000,000,000원을 지급받음과 동시에 원고에게 별지 목록 제2항 기재 부동산에 관하여 2025. 1. 7. 매매를 원인으로 한 소유권이전등기절차를 이행하라.

소송비용은 피고들이 부담한다.
 제1항, 제2항, 제4항은 각 가집행 할 수 있다.

1. 대여금 관련

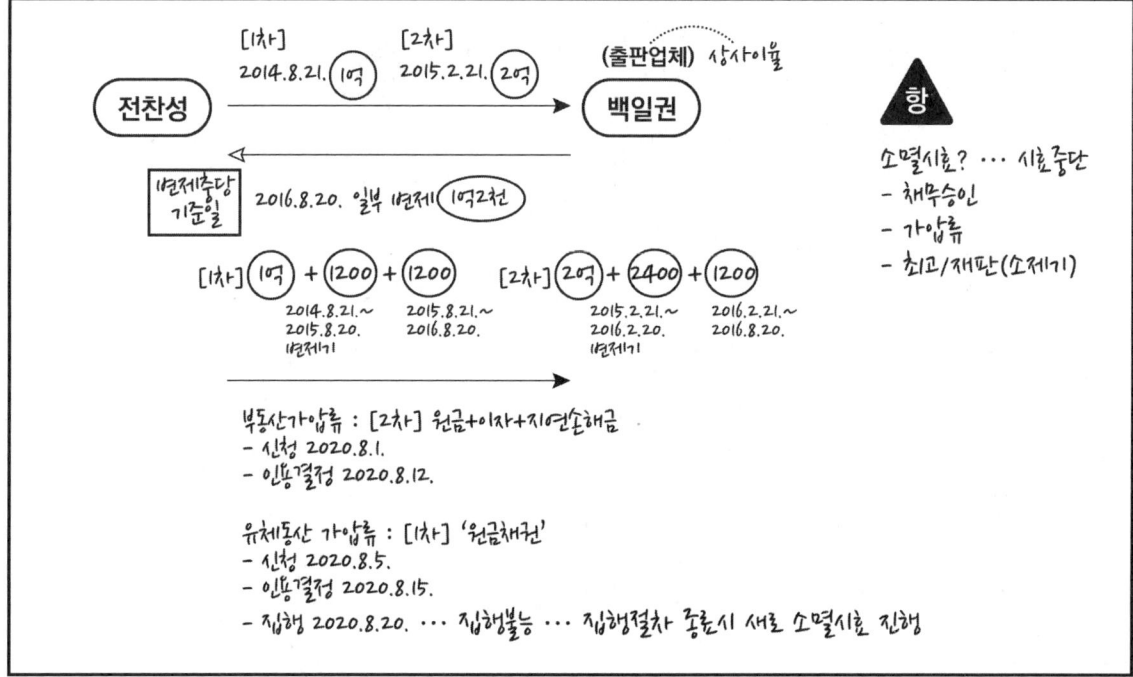

2. 자동차매매계약 계약금

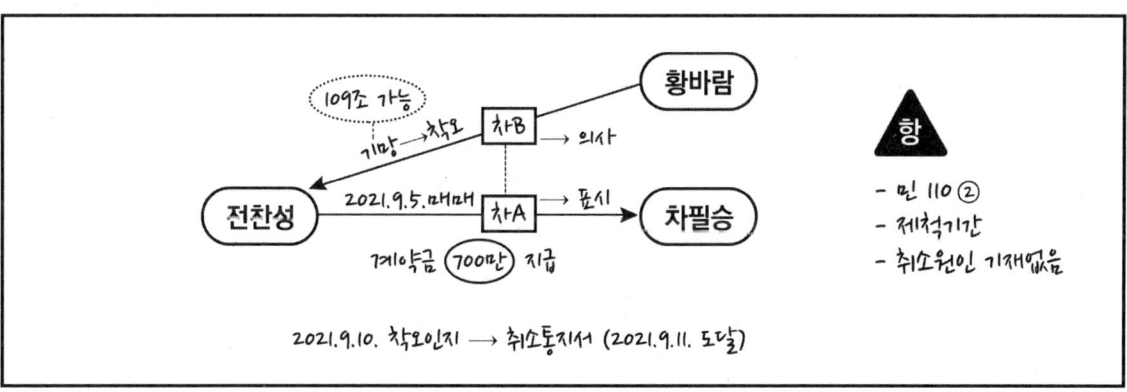

3. 영광군 토지 관련

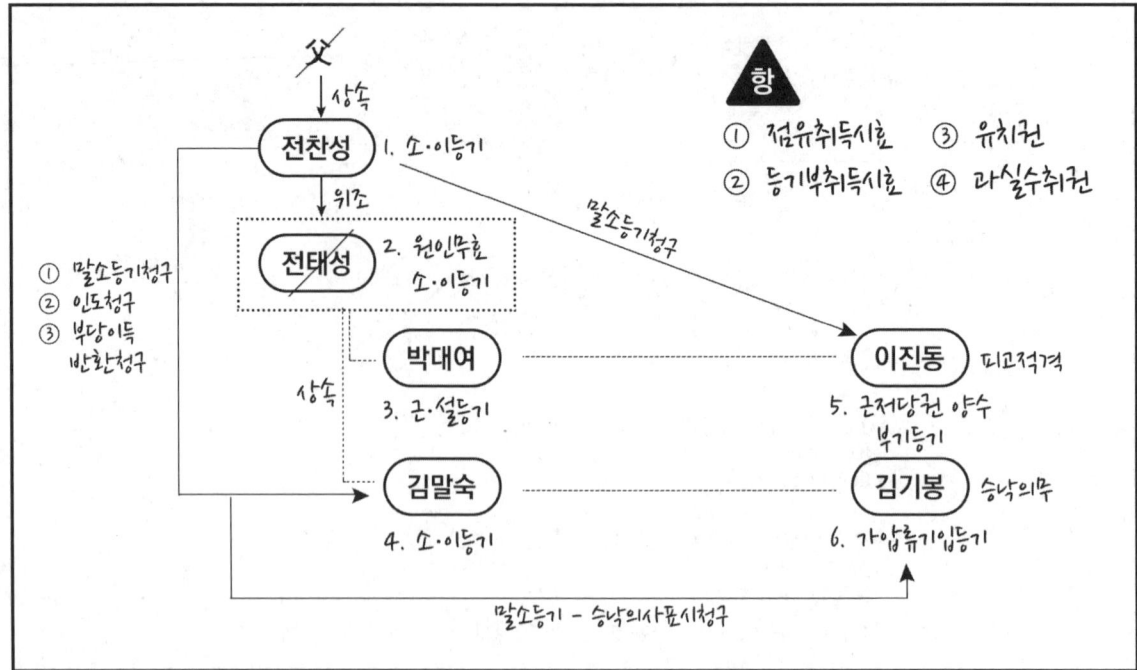

4. 송파구 아파트

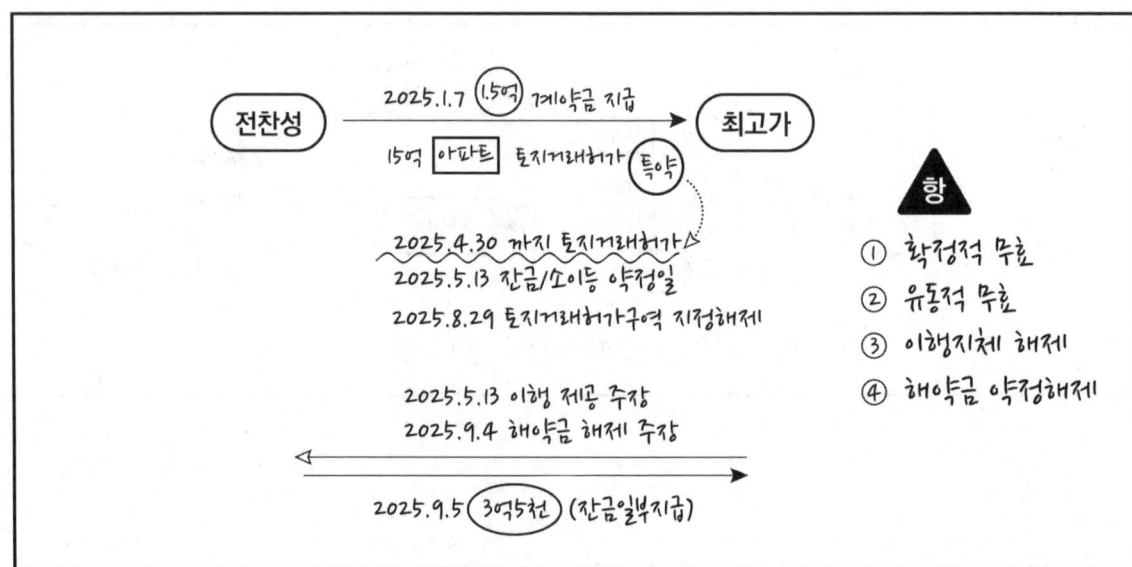

민사법 기록형

Contents

소 장
- **청구취지**
- **청구원인**

1. 피고 백일권에 대한 청구
   가. 원고의 피고 백일권에 대한 금전 대여
   나. 변제충당
   1) 변제충당의 순서
   2) 발생한 채무액의 계산
   3) 변제충당의 계산
   4) 소결
   다. 예상되는 주장(항변)에 대한 반박
   1) 소멸시효 항변 및 시효중단 재항변
   2) 1차 대여금 채권의 시효중단
      가) 일부변제 시효중단
      나) 가압류 시효중단
      다) 최고 및 소제기 시효중단
   3) 2차 대여금 채권의 시효중단
   라. 소결

2. 피고 차필승에 대한 청구
   가. 원고와 피고 차필승의 매매계약 체결
   나. 착오 취소에 따른 취소권 행사
   다. 예상되는 주장(항변)에 대한 반박
   1) 황바람의 기망을 부지하였다는 주장
   2) 원고의 취소권 행사가 제척기간 도과 후라는 주장
   3) 취소 원인이 기재되어 있지 않다는 주장
   라. 취소로 인한 부당이득반환청구
   마. 소결

3. 피고 김말숙, 이진동, 김기봉에 대한 등기 관련 청구
   가. 피고 김말숙, 이진동에 대한 소유권이전등기 말소등기 청구 및 피고 김기봉의 승낙의무

   1) 원고의 소유사실 및 원인무효의 등기사실
   2) 원인무효의 등기에 터잡은 후행등기
   3) 등기의 말소에 관하여 이해관계 있는 제3자
   나. 예상되는 주장(항변)에 대한 반박
   1) 취득시효 완성 주장
      가) 점유취득시효 완성 주장
      나) 등기부취득시효 완성 주장
   2) 피고적격 관련
   다. 소결

4. 피고 김말숙에 대한 토지 인도 및 부당이득 반환청구
   가. 토지 인도청구
   나. 부당이득반환청구
   다. 예상되는 주장(항변)에 대한 반박
   1) 유치권 주장
   2) 과실수취권 주장
   라. 소결

5. 피고 최고가에 대한 청구
   가. 소유권이전등기청구
   나. 예상되는 주장(항변)에 대한 반박
   1) 토지거래허가를 받지 못하여 무효라는 주장
      가) 확정적 무효 여부
      나) 유동적 무효 여부
      다) 확정적 유효
   2) 이행지체에 기한 해제 주장
   3) 계약금 해제 주장
   다. 소결

6. 결론

- **증명방법**
- **첨부서류**

소 장

원 고   전찬성
　　　　서울 광진구 아차산로 76, 103동 401호(자양동, 미소아파트)
　　　　소송대리인 변호사 정만대
　　　　서울 서초구 서초대로 54, 403호(서초동)
　　　　전화 02-530-8945, 팩스 02-530-7854, 전자우편 jmd@smail.com

피 고   1. 백일권
　　　　　서울 강동구 천중로 100, 105동 1046호(길동, 한라아파트)
　　　　2. 차필승
　　　　　서울 은평구 서오릉로 104, 205동 705호(대조동, 타운아파트)
　　　　3. 김말숙
　　　　　전남 영광군 대마면 영장로 248(월산리)
　　　　4. 이진동
　　　　　전남 영광군 영광읍 물무로 348(백학리)
　　　　5. 김기봉
　　　　　광주 북구 면양로 34번길 8, 103동 402호(문흥동, 주공아파트)
　　　　6. 최고가
　　　　　서울 송파구 송파대로 687, 102동 301호(잠실동, 행복아파트)

대여금반환 등 청구[1])의 소

---
1) '청구 등' 아님. '등' 다음에 '청구'를 써야 함.

청 구 취 지

1. 피고 백일권은 원고에게 240,000,000원 및 그 중 200,000,000원에 대하여는 2016. 8. 21.부터, 나머지 40,000,000원에 대하여는 2020. 6. 21.[2] 부터 각 다 갚는 날까지 월 1%의 비율로 계산하나 돈을 지급하라.
2. 피고 차필승은 원고에게 7,000,000원[3] 및 이에 대하여 2021. 9. 12.부터 이 사건 소장 부본 송달일까지는 연 6%의, 그 다음 날부터 다 갚는 날까지는 연 12%의 각 비율로 계산한 돈을 지급하라.
3. 피고 김말숙은 **원고에게 별지 목록 제 1항 기재 부동산에 관하여** 광주지방법원 영광등기소 2002. 3. 4. 접수 제1574호, 같은 등기소 2015. 1. 29. 접수 제748호로 각 마친 소유권이전등기의 말소등기절차를 이행하라.
4. **피고 김말숙은 원고에게 별지 목록 제1항 기재 부동산을** 인도하고, 2015. 10. 21.부터 위 부동산의 인도완료일까지 월 300,000원의 비율로 계산한 돈을 지급하라.[4]
5. 피고 이진동은 **원고에게 별지 목록 제1항 기재 부동산에 관하여** 위 제3항 기재 등기소 2014. 7. 29. 접수 제3878호로 마친 근저당권설정등기의 말소등기절차를 이행하라.
6. 피고 김기봉은 **원고에게 별지 목록 제1항 기재 부동산에 관하여** 위 제3항 기재 등기소 2015. 1. 29. 접수 제748호로 마친 소유권이전등기의 말소등기에 대하여 승낙의 의사표시를 하라.
7. 피고 최고가는 원고로부터 1,000,000,000원을 지급받음과 동시에 원고에게 별지 목록 제2항 기재 부동산에 관하여 2025. 1. 7. 매매를 원인으로 한 소유권이전등기절차를 이행하라.
8. 소송비용은 피고들이 부담한다.
9. 제1항, 제2항, 제4항은 각 가집행할 수 있다.[5]

라는 판결을 구합니다.

---

[2] 재판실무상 소멸시효기간을 역산하는 경우, 소 제기일(이행최고일 포함. 이하 같다)을 산입하는 경우와 소 제기일을 제외하는 경우가 혼재되어 있어 기산점을 2020. 6. 20.로 기재 가능
[3] 청구취지는 -만 원, -억 원 이라는 한글 숫자 기재 말고, '아라비아 숫자'로 기재한다.
[4] 밑줄과 굵은 글씨로 청구취지에서 중복되는 요소를 표시하였다. 이렇게 중복되는 요소는 청구취지의 하위 항목을 만들어서 하나의 문장이 되는 청구취지(제1항의 가.나.다…항)로 기재하여도 된다. 다만, 이번에는 가집행 청구취지의 기재 편리성과, 실수를 줄이기 위해 모든 청구취지를 별도로 나눠서 기재하였다.
[5] 비용 뒤에 가집행을 쓰는 순서 기억할 것. 가집행의 청구는 원칙적으로 협의의 집행력을 발생시키는 이행청구에 한하여 부가하여 청구할 수 있다. 철거, 퇴거, 인도, 금전청구 가집행 가능.

청 구 원 인

1. 피고 백일권에 대한 청구

> 키워드: 변제충당의 기재례
> ① 채무자 1인, 채권자 1인, 채무는 수개 - 변제충당
>   변제충당의 규정: 477, 478, 479조.
> ② 합의 X 지정 X → 법정 변제충당.
> ③ 변제기, 변제일 찾기 - 변제기부터 변제일까지 발생한 이자·지연손해금 계산.
> ④ (비용)-이자-원본(원금)순서. 이자·지연손해금부터 충당. (<u>479조 우선적용</u>)
> ⑤ <u>'변제이익'의 고려 → 변제이익이 동일한 채무? - 변제기 먼저 도래한 채무부터.</u>

가. 원고의 피고 백일권에 대한 금전 대여(사실)

원고는 2014. 8. 21. 피고 백일권에게 1억 원(이하 '1차 대여금'이라 합니다)을 이자 월 1%, 매월 20일에 지급하기로 하고, 변제기는 2015. 8. 20.로 정하여 대여하였습니다[6]. 원고는 이후 2015. 2. 21. 피고 백일권에게 2억 원(이하 '2차 대여금'이라 합니다)을 이자 월 1%, 매월 20일에 지급하기로 하고, 변제기는 2016. 2. 20. 으로 정하여 다시 대여하였습니다.[7]

나. 변제충당

1) 변제충당의 순서

피고 백일권은 2016. 8. 20. 원고에게 1억 2천만원을 변제하면서 원고와의 사이에서 충당에 관한 합의나 지정이 없이 변제하였습니다.[8]

변제충당은 충당하는 방법에 관하여 당사자 간 합의가 있으면 합의에 따라 충당하고(합의 충당), 합의가 없는 경우 당사자 일방의 지정에 의하며(지정충당), 당사자 사이에

---
[6] 문장은 '원고는 ---대여하였습니다'라고 주어와 서술어가 명확하게 드러나도록 작성.
[7] 기록 8쪽, 9쪽 각 차용증 참조.
[8] 기록 10쪽.

합의나 지정이 없는 경우 민법상 법정변제충당에 의해 충당하게 됩니다. 지정충당과 법정변제충당의 경우 비용, 이자, 원본의 충당순서를 규정한 민법 제479조 제1항이 우선 적용되어 지연손해금 및 이자부터 변제금을 채무 변제에 충당합니다.

따라서 위 1억 2천만원은 민법 제477조, 479조에서 정한 법정변제충당에 따라 충당됩니다.

2) 발생한 채무액의 계산

변제일 2016. 8. 20. 기준 발생한 채무의 내역은 1차 대여금의 경우 1억원(원금) + 1,200만 원(이자: 1억원 X 대여일인 2014. 8. 21. 부터 변제기인 2015. 8. 20. 까지 12개월 X 월 1%) + 1,200만원(지연손해금: 1억 원 X 변제기 다음날인 2015. 8. 21. 부터 2016. 8. 20. 까지 12개월 X 월 1%),

2차 대여금의 경우 2억 원(원금) + 2,400만원(이자: 2억 원 X 2015. 2. 21. 부터 변제기 2016. 2. 20. 까지 12개월 X 월 1%) + 1,200만원(지연손해금: 2억 원 X 2016. 2. 21. 부터 2016. 8. 20. 까지 6개월 x 월 1%)입니다.9)

3) 변제충당의 계산

백일권의 변제금 1억 2천만원은 우선 위 1차, 2차 대여금으로 발생한 이자 및 지연손해금 합계 6천만원에 먼저 충당됩니다(민법 제479조 제1항). 변제금 잔액 6천만원은 다시 원금의 충당에 사용되고, 1차, 2차 대여금 중 민법 제477조에 따른 충당 순서에 따라 충당하게 됩니다. 그런데 1차, 2차 대여금은 변제일 당시 변제기가 도래하였고 양 채권의 변제이익은 같으므로, 제477조 제3호에 따라 변제기가 먼저 도래한 1차 대여금의 원금부터 충당하게 됩니다. 따라서 1차 대여금 원금 4천만원, 2차 대여금 원금 2억 원이 잔존하게 됩니다.

4) 소결

따라서 피고 백일권은 특별한 사정이 없는 한, 1차 대여금에 대하여 4천만원 및 이에 대한 2016. 8. 21. 부터 월 1%의 비율로 계산한 지연손해금을, 2차 대여금에 대하여 2억원 및 이에 대한 2016. 8. 21. 부터 월1%의 비율로 계산한 지연손해금을 각 원고에게 지급할 의무가 있습니다.

---

9) 변제충당은 계산식을 기재하여 답안을 작성하여도 좋음.

다. 예상되는 주장(항변)에 대한 반박10)-(소멸시효 완성 항변)

> 키워드: 소멸시효와 시효중단
> ① 구조: 원고의 이행청구 - 피고의 소멸시효항변 - 원고의 소멸시효중단의 재항변 - 피고의 소멸시효중단사유의 소급적 실효 재재항변
> ② 시효기간 및 기산점 확정
> ③ 시효중단사유가 있는지 검토(민법의 규정을 숙지)
> ④ (시효중단사유의 소급적 실효 검토)

1) 소멸시효 항변 및 시효중단 재항변

피고 백일권은 1, 2차 대여금 채권의 시효기간이 도과하여 소멸시효가 완성되었다 주장할지 모릅니다.

이 사건 대여금은 상법 제46조 제6호의 출판, 인쇄 또는 촬영에 관한 행위를 영업으로 하는 상인인 피고 백일권이 그 사업자금으로서 차용한 것으로, 당사자 일방에 대하여 상행위가 되는 행위의 채권이며, 또한 상인이 영업을 위하여 하는 보조적 상행위도 이러한 상행위에 포함되므로 상사채권이고, 따라서 상법 제64조에 따라 5년의 소멸시효기간이 적용되며,11) 그 지연손해금 또한 상행위로 인한 채권에 해당하여 5년의 소멸시효기간이 적용됩니다.12)

따라서 본 소의 제기일인 2025. 10. 20. 기준 1차 대여금 중 4천만원의 잔금은 2015. 8. 20. 이후 5년의 소멸시효기간이, 2차대여금 중 2억 원의 원금 채권 역시 2016. 2. 20. 부터 5년의 소멸시효기간이, 또한 2016. 8. 21. 부터 발생한 각 대여금의 지연손해금 채권 역시 5년의 소멸시효기간이 일응 도과하였습니다.

그러나, 아래에서 보는 바와 같이 1, 2차 대여금 채권에는 소멸시효 중단 사유가 존재합니다.

---

10) 기록 6쪽 사건관계인의 주장 참조.
11) 대판 2018.06.15. 2018다10920
12) 대판 2007.04.12. 2006다14691, 대판 2008.03.14. 2006다2940

2) 1차 대여금 채권의 시효중단

가) 일부변제 시효중단

시효완성 전 채무 일부의 변제는 수액에 관하여 다툼 없는 한 채무승인으로서 시효중단의 효력이 있습니다.

앞서 살핀 것처럼, 피고 백일권은 2016. 8. 20. 1억 2천만 원의 변제를 하였고, 이는 1차 대여금 중 일부에 변제충당이 이루어졌습니다. 이는 1차 대여금의 변제기의 소멸시효기간 도과 전이었으므로, 1차 대여금의 잔존 부분은 채무승인으로서 시효중단의 효력이 발생하였습니다.

나) 가압류 시효중단

원고는 2020. 8. 5. 1차 대여금의 원금 채권을 집행채권으로 삼아 피고 백일권의 유체동산에 대하여 가압류신청을 하여, 법원으로부터 2020. 8. 15. 인용결정을 받은 후 2020. 8. 20. 가압류집행을 하였습니다.

이자와 지연손해금 채권은 가압류 청구 채권에 포함되지 않아[13] 시효중단효가 발생하지 않지만,[14] 그 청구채권인 1차 대여금 원금 채권은 가압류 집행으로 인해 민법 제168조 제2호에 의하여 소멸시효가 중단되었습니다.

다만, 위 가압류는 가압류 대상 유체동산이 존재하지 않았고, 이에 따라 집행불능이 되어 집행당일 그 집행절차가 종료되었으므로, 가압류 집행절차가 종료된 때에 새롭게 집행채권에 관한 소멸시효 기간이 진행됩니다.[15]

한편, 가압류에 의한 시효중단의 효력은 가압류신청을 한 때로 소급하므로,[16] 1차 대여금 원금 채권은 2016. 8. 20.부터 5년의 시효기간 도과하기 전 위 가압류신청일인 2020. 8. 5. 소멸시효가 다시 중단되었고, 가압류집행이 집행불능으로 종료된 2020. 8. 20. 이후부터 다시 소멸시효기간이 진행되었습니다.[17]

---

13) 기록 14쪽. '청구채권의 내용' 참조. 기록 11쪽의 결정문에서 청구채권의 내용 차이 확인 요.
14) 대판 2024.10.25. 2024다233212
15) 대판 2011.05.13. 2011다10044
16) 대판 2017.04.07. 2016다35451
17) 기록 16쪽 유체동산가압류 집행불능조서 참조.

다) 최고 및 소제기 시효중단

원고는 2025. 6. 20. 피고 백일권에게 문자메시지로 1차 대여금 및 이자, 지연손해금 변제를 최고하였고,[18] 위 최고일부터 6개월 내인 2025. 10. 20. 이 사건 소를 제기하여 위 채권의 지급을 청구합니다.

따라서 1차 대여금 및 그 지연손해금은 민법 제168조 제1호, 제174조에 의해 최고일인 위 2025. 6. 20. 소멸시효가 중단되었습니다.

그런데, 2025. 6. 20.은 가압류로 인해 원금채권의 시효가 중단된 2020. 8. 20. 부터 5년 이내의 기간이며, 2020. 6. 21. 이후 발생한 지연손해금도 시효기간 5년 이내이므로 충당 후 잔존 원금 및 이에 대한 2020. 6. 21. 이후 발생한 지연손해금 채권은 위 시효중단으로 인해 소멸시효가 완성하지 않았습니다.

다만, 2016. 8. 20. 변제 이후에 발생한 지연손해금 중 2016. 8. 21.부터 2020. 6. 20.까지 사이에 발생한 부분은 위 2025. 6. 20. 최고 당시 이미 시효로 소멸하였으므로, 이 부분은 청구 범위에서 제외합니다.

3) 2차 대여금 채권의 시효중단

2차 대여금의 경우 변제기 2016. 2. 20. 부터 시효기간 5년이 도과하기 전인 2016. 8. 20. 일부변제에 따라 채무승인으로 인한 시효중단이 발생하였습니다. 원고는 일부변제시부터 다시 5년 지나기 전인 2020. 8. 1.에 2차 대여금 2억 원 및 이에 대하여 그 대여일인 2015. 2. 21. 이후에 발생한 이자, 지연손해금 등을 청구채권으로 하여 피고 백일권의 건물에 대하여 부동산가압류신청을 하였습니다. 이에 2020. 8. 12. 법원의 인용결정이 있었고, 그 다음날 위 건물에 부동산가압류 기입등기가 마쳐진 후 현재까지 유지되고 있습니다.

따라서 잔존 2차 대여금 및 그 지연손해금은 위 부동산가압류 기입등기의 유지에 따라 시효가 중단된 상태입니다.[19]

---

[18] 기록 17쪽 문자메시지 참조.
[19] 기록 11쪽 결정문 참조. 기록 13쪽 등기사항전부증명서 참조. 기록 14쪽의 결정문과 '청구채권의 내용' 차이 확인해볼 것.

라. 소결

따라서 피고 백일권은 원고에게 2억 4천만원(2차 대여금 원금 전부 + 1차 대여금 잔존금액) 및 그 중 2차 대여금 원금 2억 원에 대하여는 2016. 8. 21. 부터, 1차 대여금 잔존 원금 4천만원에 대해서는 위 2020. 6. 21. 부터 각 다갚는 날까지 약정이율인 월 1%의 비율로 계산한 지연손해금을 지급하여야 합니다.

2. 피고 차필승에 대한 청구

> 키워드: 취소에 따른 부당이득반환청구, 기망에 의한 착오
> ① 법률행위의 착오 취소 - 민법 제109조 제1항 (착, 중, 중)
> ② 기망에 의한 착오? - 착오 취소 대상임 (판례, 아래 ④참조)
> ③ 중요부분 착오? 무중과실? - 목적물(객체)의 동일성의 착오는 중요부분의 착오
>   - 부동산중개업자가 다른 점포를 매매 목적물로 잘못 소개하여 매수인이 매매 목적물에 관하여 착오한 경우 - 중요부분 착오이며, 중과실 없음
> ④ 사기 취소와의 관계?
>   - 착오가 제3자의 기망행위에 의하여 일어난 경우 110조 2항이 아닌 109조 문제(판례)
>   - vs.109조, 110조 각 적용가능(통설) - 설령 110조 대상이 되더라도, 선택적 행사 가능
> ⑤ 취소의 제척기간 - 추인가능일~3년, 계약일~10년 (민법 제146조)

가. 원고와 피고 차필승의 매매계약 체결(사실)

원고는 2021. 9. 5. 피고 차필승으로부터 중고 BMW 528i자동차(756부9878차량, 이하 '이 사건 자동차'라 합니다)를 매매대금 7천만원, 2021. 9. 5. 계약금 700만원을 지급하고, 2021. 9. 10. 자동차 인도와 동시에 잔금 6,300만원을 지급하기로 약정하여 매수하였습니다[20](이하 '이 사건 자동차 매매계약'이라 합니다).[21]

같은 날 원고는 피고 차필승에게 계약금 700만 원을 지급하였습니다(계약금 지급사실).

---

[20] "원고는 ~를 ~조건으로 약정하여 매수하였습니다."와 같이 주어, 약정 조건, 행위가 한 문장에 들어가면서 법률관계(매도인-매수인 지위)가 드러나도록 기재하는 것이 좋은 문장임.
[21] 기록 18쪽 참조.

나. 착오 취소에 따른 취소권 행사

그런데 이 사건 자동차 매매계약의 대상이 된 이 사건 자동차는 본래 원고가 매수하려던 차량이 아니었습니다. 원고는 시가 1억 원 상당의 다른 차량을 시가보다 저렴하다는 인식 하에 이 사건 자동차로 착오하고 매수한 것이고, 이 사건 자동차는 원고가 매수할 의사가 전혀 없던 시가 5천만 원의 다른 자동차입니다. 따라서 원고에게는 자신의 의사와 다른 법률효과를 발생시키는 내용의 서면을 오인한 상태에서 서면에 기명날인하여 표시상의 착오[22]가 존재합니다.[23]

의사표시의 착오는 법률행위의 내용의 중요부분에 착오가 있고, 표의자의 중과실이 없을 때 취소할 수 있습니다(민법 제109조 제1항). 이 사건 자동차 매매계약에서 이 사건 자동차는 매매계약의 대상이 되는 목적물이므로 계약의 중요부분에 착오가 존재하는 것이며, 이는 피고 차필승이 부탁하여 목적물을 소개한 황바람의 잘못된 소개 내지 기망행위에 의한 것이어서 원고의 중과실도 부정된다고 할 것입니다.[24] 따라서 원고는 이 사건 자동차 매매계약을 취소할 수 있습니다.

원고는 2021. 9. 10. 피고 차필승에게 이 사건 자동차 매매계약을 취소한다는 통지를 보내 2021. 9. 11. 그 통지가 도달하였으므로 이 사건 자동차 매매계약은 적법하게 취소되었습니다.[25]

다. 예상되는 주장(항변)에 대한 반박[26]

1) 황바람의 기망을 부지하였다는 주장

피고 차필승은 원고가 제3자인 황바람의 기망으로 착오에 빠진 것이며, 피고는 황바람의 기망사실을 알지 못하므로 민법 제110조 제2항에 따라 착오 취소는 불가능하다고 주장할 지 모릅니다.[27]

---

[22] 표시상의 착오와 내용의 착오는, 전자에서 표의자가 사용하고자 하지 않은 표시부호가 사용된 반면, 후자에서는 표의자가 사용하고자 했고 실제로 사용한 표시부호의 의미를 잘못 이해한 것이라는 점에서 구별될 수 있지만, 양자가 언제나 명확하게 구별되는 것은 아니며 구별이 긴요한 것도 아니다(지원림, 민법강의 제17판(2020), p.242).
[23] 대판 2005.05.27. 2004다43824
[24] 대판 1997.11.28. 97다32772,32789
[25] 기록 19쪽, 20쪽 각 참조.
[26] 기록 23쪽.
[27] '착오취소와 사기취소의 경합'의 쟁점에서, 판례는 경합 부정설, 통설은 경합 긍정설이나, 기록시험의 특성상 의뢰인에게 유리하며 판례의 입장이기도 한 부정설의 입장에서 먼저 서술하고, 설령 통설에 의하더라도 결론은 달라지지 않음을 서술함.

그러나, 민법 제110조의 사기에 의한 의사표시는 타인의 기망행위로 착오에 빠져 의사표시를 하는 것으로, 의사와 표시의 불일치가 존재하지 않고, 의사의 형성과정 중 동기에 착오가 있는 경우입니다. 따라서 이 사건 자동차 매매계약의 경우와 같이 원고가 표시상의 착오로 매매계약을 체결한 경우는 사기에 의한 의사표시 법리와 관련한 민법 제110조 제2항이 적용되지 않고, 그와 같은 착오가 제3자의 기망행위에 의한 것이어도 착오에 의한 의사표시 법리만이 적용됩니다.[28]

설령 원고의 의사표시에 민법 제110조가 적용된다고 하더라도, 착오에 의한 의사표시 취소는 사기 의사표시 취소와 인정근거와 요건을 달리하는 별개의 제도여서 원고는 착오를 이유로 의사표시의 취소권을 행사할 수 있는 것입니다.

2) 원고의 취소권 행사가 제척기간 도과 후라는 주장

피고 차필승은 원고가 제척기간이 지난 이후에 취소권을 행사하여서 취소의 효력이 없다고 주장할 지 모릅니다.

취소권은 추인가능한 날부터 3년, 법률행위 한 날부터 10년 내에 행사하여야 합니다(민법 제146조). 이때, 추인할 수 있는 날은 취소원인의 종료로 취소권 행사에 대한 장애가 없어져서 취소권자가 법률행위를 추인할 수도 있고, 취소할 수도 있는 상태로 된 때를 말합니다.[29]

원고는 이 사건 자동차 매매계약을 체결한 후 이 사건 자동차 인도기일인 2021. 9. 10. 에 이 사건 자동차 매매계약의 계약서에 기재된 자동차와 원고가 매매대상으로 생각한 자동차가 다르다는 것을 알았습니다. 따라서 원고는 계약일 2021. 9. 5. 부터 10년, 착오를 인지한 2021. 9. 10. 부터 3년 내에 취소권을 행사할 수 있습니다. 그런데 원고는 2021. 9. 10. 피고 차필승에게 이 사건 자동차 매매계약을 취소한다는 내용의 취소 통지서(이하 '이 사건 통지서')를 보내어 통지하였고 이는 그 다음날 도달하였으므로, 제척기간 내에 이 사건 자동차 매매계약에 대하여 적법하게 취소권을 행사한 것입니다.

3) 취소 원인이 기재되어 있지 않다는 주장

피고 차필승은 이 사건 통지서에는 취소 원인이 기재되어있지 않아, 취소의 효력이 없

---

[28] 대판 2005.05.27. 2004다43824
[29] 대판 1998.11.27. 98다7421

다고 주장할지 모릅니다.

그러나 취소원인이 기재되어 있지 않은 취소통지라고 하더라도, 취소자가 착오를 이유로 취소를 하겠다는 의사가 드러나면 취소의 효력은 발생합니다(취소원인의 진술없이도 취소의 의사표시는 유효합니다).[30]

이 사건 통지서에 취소 원인이 명확하지 않은 것은 맞습니다. 그러나 그 내용상 매매대상 차량이 75부9878로 잘못 기재되었고, 실제 매매계약 대상은 80부7383이라는 취지로 착오의 사실관계를 구체적으로 적시하였으며, 착오를 이유로 매매계약의 효력을 배제하려는 의사가 명확하게 드러나 있습니다.

따라서 원고가 피고 차필승에 대하여 취소권을 행사할 수 없다는 피고 차필승의 주장은 이유 없습니다.

라. 취소로 인한 부당이득반환청구

매매계약이 취소되면 이 사건 자동차 매매계약은 효력이 없게 되므로, 원상회복에 따라 매매대금 반환의무는 성질상 부당이득반환 의무입니다. 그리고 부당이득 반환의무의 수익자는 이행 청구 받은 다음날부터 이행지체로 인한 지연손해금을 배상하여야 합니다.[31]

이 사건 통지서에는 계약금 700만 원의 반환을 청구하는 취지도 함께 기재되어 있었으므로, 피고 차필승은 원고에게 지급받은 700만원 및 이에 대한 이행청구를 받은 2021. 9. 11.의 다음날인 2021. 9. 12. 부터 지연손해금을 지급할 의무가 있습니다.

이 때 상행위로 직접 생긴 채무 뿐만 아니라 그와 동일성이 있는 채무 또는 그 변형으로 인정되는 채무도 상행위로 인한 채무이므로[32], 지연손해금에는 상법 제54조에 따른 상사 법정이율 연6%가 적용됩니다.

마. 소결

결국 피고 차필승은 원고에게 700만원 및 이에 대한 2021. 9. 12. 부터 이 사건 소장부본 송달일까지는 상법상 연 6%의, 그 다음날부터 다 갚는 날까지는 소송촉진 등에 관한 특례법상 연 12%의 각 비율로 계산한 지연손해금을 지급하여야 합니다.

---

[30] 대판 2005.05.27. 2004다43824
[31] 대판 2018.07.19. 2017다242409, 대판 2008.02.01. 2007다8914
[32] 대판 2020.08.27. 2016다26198

3. 피고 김말숙, 이진동, 김기봉에 대한 등기 관련 청구

> 키워드: 원인무효 등기와 승낙의무, 근저당권설정등기에 부기등기가 있는 경우 말소청구 방법
> ① 등기를 중심으로 한 사실관계 정리(숫자는 시간 순서)
>   1.진정한 소유자(원고) … 2.위조 등 최초의 원인무효 등기(전태성)
>   → 3.원인무효 등기에 터잡은 근·설등기(박대여) → 5.근저당권 양수 부기등기(이진동)
>   → 4.원인무효 등기에 터잡은 상속 소·이등기(김말숙) → 6.가압류기입등기(김기봉)
> ② 원인무효 등기 및 그에 터잡은 후속 등기(2~5) - 모두 무효로 말소등기청구 대상
> ③ 원인무효 등기에 터잡은 근·설등기(3)에 이전 부기등기(5)가 있을때 청구 방법
>   - 청구대상: 주등기(3)
>   - 피고적격: 부기등기(5)에 기재된 양수인
> ④ 원인무효 등기에 터잡은 가압류(6) - 등기부상 소유자(4) 말소등기에 대한 승낙 의무
> ⑤ 원인무효 등기에 터잡은 점유 및 등기(4) - 취득시효 불가

가. 피고 김말숙, 이진동에 대한 소유권이전등기 말소등기 청구 및 피고 김기봉의 승낙의무

1) 원고의 소유사실 및 원인무효의 등기사실

원고는 별지 목록 제1항 기재 부동산(이하 '이 사건 토지'라 합니다)을 상속받아 1998. 1. 경부터 소유하고 있는 소유권자입니다. 그런데 전태성이 등기서류를 위조하여 이 사건 토지에 관하여 광주지방법원 영광등기소 2002. 3. 4. 접수 제1574호로 매매를 원인으로 하는 전태성 명의 소유권이전등기를 마쳤습니다.

2) 원인무효의 등기에 터잡은 후행등기

전태성은 2015. 1. 2. 사망하였고, 그 배우자 피고 김말숙이 전태성을 단독 상속하고 이 사건 토지에 관하여 같은 등기소 2015. 1. 29. 접수 제748호로 상속을 원인으로 하는 소유권이전등기를 마쳤습니다.

한편, 이 사건 토지에 관하여 박대여가 같은 등기소 2014. 7. 29. 접수 제3878호로 근저당권설정등기를 마쳤고, 피고 이진동이 위 근저당권을 양수한 후 같은 등기소 2020. 5. 3. 접수 제1879호로 근저당권이전의 부기등기를 마쳤습니다. 그리고 피고 김기봉은

2024. 7. 28. 피고 김말숙을 상대로 광주지방법원 2024카단35789호로 부동산가압류결정을 받고, 이 사건 토지에 관하여 같은 등기소 2024. 8. 1. 접수 제2745호로 가압류등기를 마쳤습니다.

이 사건 토지에 관하여 마쳐진 전태성 명의의 소유권이전등기는 아무런 등기원인 없이 부적법하게 경료된 것이어서 무효인 등기이고, 그에 터잡아 경료된 박대여 명의 근저당권설정등기, 피고 김말숙 명의 소유권이전등기 또한 무효인 등기입니다.

따라서 이 사건 토지의 정당한 소유권자인 원고에게 원인무효 등기를 마친 전태성의 상속인이자 또 다른 원인무효 등기의 명의인 피고 김말숙은 위 각 소유권이전등기의 말소등기절차를, 원인무효 근저당권의 양수인인 피고 이진동은 위 근저당권설정등기의 말소등기절차를 각 이행할 의무가 있습니다.

3) 등기의 말소에 관하여 이해관계 있는 제3자

또한 피고 김기봉은 김말숙 명의 소유권이전등기의 말소등기에 대하여 등기상 이해관계 있는 제3자이므로, 그 말소에 대하여 승낙의 의사표시를 해줄 의무가 있습니다.

나. 예상되는 주장(항변)에 대한 반박[33]

1) 취득시효 완성 주장

피고 김말숙은 전태성이 2002. 3. 4. 경부터 이 사건 토지를 점유하였고, 피고 김말숙이 상속인으로서 전태성의 점유를 승계한 이상 2022. 3. 4. 점유취득시효가 완성되었으니 피고 김말숙의 등기는 실체적 권리관계에 부합한 등기로서 말소를 할 수 없다고 주장할지 모릅니다.

가) 점유취득시효 완성 주장

그러나 점유취득시효를 완성하기 위해서는 그 점유가 소유의 의사 있는 자주점유여야 합니다. 점유개시 당시에 소유권 취득원인이 없음을 알면서 점유한 것은 타주점유에 해당하므로, 전태성은 이 사건 토지에 관하여 아무런 권한 없이 위조 서류로 등기를 마치고 점유를 개시했으므로, 전태성의 점유는 취득시효 완성의 기초가 될 수 없는 타주점유에 해당하고,[34] 그에 기해 점유취득시효 완성을 주장할 수 없습니다.

---
[33] 기록 6쪽, 33쪽.

나) 등기부취득시효 완성 주장

나아가 김말숙이 등기부취득시효의 완성을 주장한다고 하더라도, 등기부취득시효 역시 그 요건으로 자주점유가 필요합니다. 상속에 의하여 점유를 취득한 경우 선대의 점유가 타주점유인 이상 선대로부터 상속에 의하여 점유를 승계한 점유도 특별한 사정이 없는 한 자주점유로 될 수 없고, 그 점유가 자주점유가 되려면 점유자가 소유자에 대하여 소유의 의사가 있음을 표시하거나 새로운 권원에 의하여 다시 소유의 의사로써 점유를 시작해야 합니다.[35] 피고 김말숙이 타주 점유자인 전태성의 점유를 상속하면서 승계한 이상, 타주점유에 해당합니다.

따라서 피고 김말숙의 취득시효 완성 주장은 이유 없습니다.

2) 피고적격 관련

피고 이진동은 이 사건 토지에 근저당권설정등기를 마친 사람은 박대여서 자신에게는 피고적격이 없다고 주장할 지 모릅니다.

그러나 근저당권이 양도되어 이전의 부기등기까지 마쳐진 경우, 근저당권설정등기의 말소등기청구는 양수인만을 상대로 하여야 하고, 양도인에게는 피고적격이 없다는 것이 판례의 태도입니다.[36]

따라서 피고 이진동에게는 피고 적격이 있습니다.

다. 소결

따라서 피고 김말숙은 원고에게 이 사건 토지에 관하여 광주지방법원 영광등기소 2002. 3. 4. 접수 201574호, 같은 등기소 2015. 1. 29. 접수 제748호로 각 마친 소유권이전등기의 말소등기절차를 이행하고, 피고 이진동은 원고에게 같은 등기소 2014. 7. 29. 접수 제3878호로 마친 근저당권설정등기[37]의 말소등기절차를 이행하고, 피고 김기봉은 원고

---

34) 대판 1997.08.25. 95다28625(전합)
35) 대판 1997.12.12. 97다40100
36) 대판 2000.04.11. 2000다5640
37) 위 2000다5640은 근저당권설정등기(주등기) 원인무효(또는 변제소멸)의 경우 말소청구의 대상은 주등기임에도 불구하고, 그 피고는 (비록 부기등기에 기재된 자라고 할지라도) 현재의 근저당권자인 양수인이라는 판례이다. 반면, 주등기 자체는 유효하나 근저당권의 '이전'이 무효인 경우에는, 주등기에 대한 말소청구를 할 수 없고, 부기등기의 말소청구를 해야한다. 물론 이 경우에도 피고는 양수인. - "근저당권이전의 부기등기가 기존의 주등기인 근저당권설정등기에 종속되어 주등기와 일체를 이룬 경우에는 부기등기만의 말소를 따로 인정할 아무런 실익이 없지만, 근저당권의 이전원인만이 무효로 되거나 취소 또는 해제된 경우, 즉 근저당권의 주등기 자체는 유효한 것을 전제로 이와는 별도로 근저당권이전의 부기등기에 한하여 무효사유가 있다는 이유로 부기등기만의 효력을 다투는 경우에는 그 부기등기의 말소를 소구할 필요가 있으므로 예외적으로 소의 이익이 있다(대판 2005.06.10. 2002다15412,2002다15429)".

에게 피고 김말숙이 같은 등기소 2015. 1. 29. 접수 제748호로 마친 소유권이전등기의 말소등기에 대하여 승낙의 의사표시를 하여야 합니다.

4. 피고 김말숙에 대한 토지 인도 및 부당이득 반환청구

> 키워드: 토지 인도 청구, 차임 상당 부당이득
> ① 토지 무단점유 → 인도청구권 → 부당이득 차임
> ② 부당이득의 기재례 구성 3가지 - 1.부당이득 발생사실(법률상 원인 없는지), 2. 부당이득의 시기/종기, 3.부당이득의 산정기준.
> ③ 사안의 경우 - 1.임대차 등 법률관계 전혀 없음, 2.무단 사용수익 개시일 이후에 소멸시효 완성일 이후/인도완료일, 3.차임 기준-부동산시세확인서
> ④ 유치권? - 요건(타견변적특): 1.타인의 물건 또는 유가증권, 2.목적물과 채권의 견련성, 3.채권의 변제기 도래, 4.<u>적법하고 계속적인 점유</u>, 5.유치권 배제 특약 없음. - 불법점유 유치권 성립 불가 - 유익비 지출? 여전히 유치권 성립 불가
> ⑤ 과실수취권? - 피상속인 악의 점유 → 새로운 권원의 고유점유 않는 한 상속인도 악의 점유

가. 토지 인도청구

원고는 위에서 말씀드린 것처럼 이 사건 토지의 정당한 소유자입니다. 피고 김말숙은 이 사건 토지에서 권원 없이 농사를 지으며 토지를 무단으로 점유하고 있으므로, 원고에게 이 사건 토지를 인도할 의무가 있습니다.

나. 부당이득반환청구

피고 김말숙은 이 사건 토지를 무단으로 사용 수익하여 법률상 원인없이 이익을 얻고 있고 원고는 토지를 사용하지 못하여 손해를 입고 있으므로 피고는 원고에게 부당이득을 반환하여야 합니다. 부동산의 사용 수익으로 인한 이득액은 부동산의 차임 상당액이고, 이 사건 토지의 차임은 2015. 1. 1. 부터 현재까지 1제곱미터당 월 300원이므로, 무단 사용수익 개시일 이후에 부당이득반환청구 채권의 소멸시효가 완성되지 않은 2015. 10.

21. 부터(시기) 이 사건 토지의 인도 완료일(종기)까지 월 30만원의 비율로 계산한 돈을 피고는 원고에게 지급하여야 합니다.

다. 예상되는 주장(항변)에 대한 반박38)

1) 유치권 주장

피고 김말숙은 전태성이 이 사건 토지를 개간하여 유익비를 지출하였고, 전태성의 상속인 피고 김말숙에게 유익비상환청구권을 기초로 하는 유치권이 있으므로 토지 점유권원이 있다고 주장할지 모릅니다.

그러나 점유가 불법행위로 인한 경우 유치권은 성립하지 않는 바(민법 제320조 제2항), 자신의 권리 없음을 알면서 타인의 소유물을 점유한 전태성의 점유의 경우 불법행위에 해당하여 유치권의 기초가 되는 점유가 될 수 없습니다39). 또한 전태성이 유익비를 지출한 것이 사실이라 하더라도, 그에 기한 유치권은 성립하지 않습니다.

따라서 피고 김말숙의 이 부분 주장은 이유 없습니다.

2) 과실수취권 주장

피고 김말숙은 선의 점유자로서 과실수취권이 있다고 주장할 지 모릅니다.

그러나 피고 김말숙은 전태성의 상속인으로서 이 사건 토지의 점유권을 취득한 것이므로, 상속인이 새로운 권원에 의하여 자기 고유의 점유를 개시하지 않는 한 피상속인의 점유와 그 성질 내지 태양은 달라지지 않습니다.

따라서 피고 김말숙은 악의 점유자인 전태성으로부터 점유를 상속받은 것인 바, 과실수취권은 인정되지 않습니다.

따라서 피고 김말숙의 이 부분 주장은 이유 없습니다.

라. 소결

따라서 피고 김말숙은 원고에게 이 사건 토지를 인도하고, 2015. 10. 21. 부터 이 사건 토지의 인도완료일까지 월 30만원의 비율로 계산한 돈을 부당이득으로서 지급하여야 합니다.

---

38) 기록 6-7쪽, 33쪽 참조.
39) 대판 2011.12.13. 2009다5162

5. 피고 최고가에 대한 청구

> 키워드: 토지거래허가 기간 특약, 확정적/유동적 무효, 이행지체, 해약금
> ① 토지거래허가구역 내 토지 - 유동적 무효
>   - 특약사항 '~까지 토지거래허가 꼭 받자' - 특약 못 지키면 확정적 무효?
>   NO. 이행기만 어긴 것.
>   - 허가구역 지정 해제시 확정적 유효
> ② 이행지체 - 토지거래허가 전제 매매 - 허가 전까지는 대금 지급의무 없음.
> ③ 해약금 해약 - 해제의 의사표시와 동시에 계약금 배액상환도 해야함. 적어도 배액상환의 이행제공은 필요.

가. 소유권이전등기청구

원고는 2025. 1. 7. 피고 최고가로부터 별지 목록 제2항 기재 부동산(이하 '이 사건 아파트'라 합니다)을 매매대금 15억, 그 중 계약금 1억 5천만원은 계약 당일에 지급하고 잔금 13억 5천만원은 2025. 5. 13. 소유권이전등기에 필요한 서류교부와 동시에 지급하기로 약정하여 매수하였습니다.[40] 또한 원고는 계약 당일에 피고 최고가에게 계약금 1억 5천만원을 지급하였고, 2025. 9. 5. 잔금 중 일부로 3억 5천만원을 지급하였습니다. 따라서 피고 최고가는 원고로부터 잔존한 잔금 10억원을 지급받음과 동시에 원고에게 이 사건 아파트에 관하여 2025. 1. 7. 매매를 원인으로 하는 소유권이전등기절차를 이행하여야 합니다.

나. 예상되는 주장(항변)에 대한 반박

1) 토지거래허가를 받지 못하여 무효라는 주장

피고 최고가는 이 사건 아파트는 계약 당시 토지거래허가구역 내에 있었고, 이 사건 아파트 매매계약의 특약으로 2025. 4. 30. 까지 토지거래허가를 받기로 약정하였는데, 그 기간 내에 토지거래허가를 받지 못하였으므로, 이 사건 아파트 매매계약은 무효라고 주장할지 모릅니다.

---

[40] "원고는 ~매매대상을 ~로 약정하여 매수하였습니다." 익숙해지면 편한 기재례이고, 법률관계를 명확하게 드러내면서 깔끔하게 서면을 작성할 수 있다.

가) 확정적 무효 여부

그러나 매매계약 체결 당시 일정 기간 내에 토지거래허가를 받기로 약정하였어도 이는 이행기의 정함에 불과하고, 이러한 약정기간이 경과한 사정만으로 매매계약이 확정적으로 무효가 된다고 볼 수 없습니다.[41]

나) 유동적 무효 여부

또한 토지거래허가구역 지정기간 중 허가구역 내 토지에 대한 토지거래허가 없이 한 토지거래계약은 유동적 무효이나, 허가구역 지정이 해제된 때에는 그 토지거래 계약은 더 이상 관할 행정청으로부터 토지거래허가를 받을 필요가 없이 확정적으로 유효가 되므로, 거래 당사자는 그 계약에 기하여 바로 토지의 소유권 등 권리의 이전 또는 설정에 관한 이행청구를 할 수 있는 것입니다.[42]

다) 확정적 유효

따라서 이 사건 아파트에 관한 토지거래 허가구역 지정이 2025. 8. 29. 해제되어 이 사건 아파트 매매계약은 확정적으로 유효가 되었고, 원고는 이 사건 아파트 매매계약에 따른 소유권이전등기절차의 이행을 청구할 수 있습니다.

따라서 이 사건 아파트에 대한 매매계약이 무효라는 피고 최고가의 주장은 이유 없습니다.

2) 이행지체에 기한 해제 주장

피고 최고가는 2025. 5. 13. 소유권이전등기에 필요한 서류를 공인중개사 사무소에 맡겨 이행제공 상태에 두었는데도 원고가 잔금을 미지급하였으므로 이행지체라면서 매매계약 해제를 주장할지 모릅니다.

그러나 토지거래허가를 전제로 한 매매계약의 경우 허가가 있기 전에는 매수인에게 그 계약내용에 따른 대금의 지급의무는 없습니다. 따라서 설령 그 전에 매도인 피고 최고가가 소유권이전등기에 필요한 서류의 이행제공을 하였어도 매수인인 원고가 이행지체에 빠지는 것은 아닙니다.[43]

따라서 피고 최고가의 이 부분 주장은 이유 없습니다.

---

41) 대판 2009.04.23. 2008다50615
42) 대판 2010.03.25. 2009다41465
43) 대판 1994.08.26. 94다23319

3) 계약금 해제 주장

피고 최고가는 해약금 약정에 따른 해제권을 행사하겠다고 주장할 지 모릅니다. 그러나, 계약금을 수수하면서 계약해제권을 유보한 경우 계약금을 받은 자는 지급받은 계약금의 배액을 상환하면서 해제의 의사표시를 하거나, 적어도 계약금배액의 이행제공을 하여야 해제의 효과가 발생합니다.44)

따라서 피고 최고가의 2025. 9. 4. 계약해제 의사표시는 계약금 배액의 이행 제공 없이 한 것으로 그 효력이 없습니다.

따라서 피고 최고가의 이 부분 주장은 이유 없습니다.

다. 소결

피고 최고가는 원고로부터 이 사건 아파트 매매계약에 따른 미지급 잔금 10억 원을 지급받음과 동시에 원고에게 이 사건 아파트에 관하여 2025. 1. 7. 매매를 원인으로 한 소유권이전등기절차를 이행하여야 합니다.

6. 결론

위 청구원인과 같은 이유로 위 청구취지와 같은 판결을 구합니다.45)

증 명 방 법(생략)
첨 부 서 류(생략)46)

2025. 10. 20.47)48)

원고 소송대리인 변호사 정만대

서울동부지방법원49) **귀중**

---

44) 대판 1966.06.21. 66다699
45) 또는 '원고의 위(이 사건) 청구를 모두 인용하여 주시기 바랍니다'.
46) 작성요령에 따라 별지목록을 따로 쓸 필요 없음.
47) 증명방법, 첨부서류 아래에 날짜를 기재하여야 함. 민사실무 I(2018), 131쪽 참조. 작성요령 1번.
48) 기록 1쪽. 작성요령 1번.
49) 기록 1쪽 작성요령 4.항 참조. 민사소송법상 보통재판적인 피고의 주소지 기준으로 정하였음. 피고 백일권, 최고가 기준 서울동부지방법원, 피고 차필승 기준 서울서부지방법원, 피고 김말숙, 이진동, 김기봉 기준 광주지방법원 가능함.

MEMO